WITHDRAWN

L'eau

Francophone Cultures and Literatures

Tamara Alvarez-Detrell and Michael G. Paulson
General Editors
Vol. 4

PETER LANG
New York • Washington, D.C./Baltimore • San Francisco
Bern • Frankfurt am Main • Berlin • Vienna • Paris

Yolande Helm

L'eau

Source d'une écriture dans les littératures féminines francophones

PETER LANG
New York • Washington, D.C./Baltimore • San Francisco
Bern • Frankfurt am Main • Berlin • Vienna • Paris

Library of Congress Cataloging-in-Publication Data

Helm, Yolande.
 L'eau: source d'une écriture dans les littératures féminines francophones
/ Yolande Helm.
   p.   cm. — (Francophone cultures and literatures; vol. 4)
 Includes bibliographical references and index.
 1. French literature—Women authors—History and criticism.
 2. French literature—French-speaking countries—History and criticism.
 3. Women and literature—French-speaking countries.   4. Women and
literature—France.   5. Water in literature.   I. Title.   II. Series.
 PQ149.H45   840.9′36—dc20   94-28220
 ISBN 0-8204-2616-4
 ISSN 1077-0186

Die Deutsche Bibliothek-CIP-Einheitsaufnahme

Helm, Yolande:
L'eau: source d'une écriture dans les littératures féminines francophones /
Yolande Helm. - New York; Washington, D.C./Baltimore; San Francisco;
Bern; Frankfurt am Main; Berlin; Vienna; Paris: Lang.
  (Francophone cultures and literatures; Vol. 4)
  ISBN 0-8204-2615-6
NE: GT

Drawing on the front cover by Manu Van De Velde.
Cover designed by Nona Reuter.

The paper in this book meets the guidelines for permanence and durability of
the Committee on Production Guidelines for Book Longevity of the
Council on Library Resources.

Printed in the United States of America.

DÉDICACE

À ma mère,
À Christiane Makward,

mes deux sources d'inspiration.

Y.H.

REMERCIEMENTS

Nombreux sont ceux qui ont participé à la création de ce recueil. En tout premier lieu, je veux citer et remercier les auteurs de la préface et des essais: leur dévouement à la promotion des Lettres franco-féminines ainsi que leur talent et discipline m'ont permis de mener à bien et à terme ce projet académique. Pendant sa gestation, j'ai reçu de précieuses informations et suggestions de la part d'un certain nombres d'amis et de collègues. Je remercie entre autres, Paul et Elsa Willems, Joëlle Vitiello, Evelyne Wilwerth, Colette Nys-Mazure, Metka Zupančič, Anne-Marie Gronhovd et Odile Cazenave.

Mes remerciements vont aussi aux Editions Gallimard, Seuil, Julliard, La Bartavelle, l'Âge d'Homme, Unimuse, au Centre Froissart, à la Maison de la Poésie d'Amay, à la revue *Lieux d'Être*, au Centre Culturel du Brabant Wallon et à l'éditeur Rougerie qui m'ont accordé la permission de reproduire des extraits de textes et poèmes. Je suis également infiniment reconnaissante à Manu Van De Velde de m'avoir donné l'autorisation de reproduire son dessin à l'encre de chine "Ostende Symbiose" qui figure sur la couverture de ce recueil.

Je remercie de même l'équipe de Peter Lang Publishing, en particulier Nona Reuter et Heidi Burns qui ont pu allier expertise, compréhension sensible et attitude critique pertinente, donc encourageante.

Je tiens également à rendre hommage à Christiane Makward et profite de cette occasion pour la remercier chaleureusement de m'avoir encouragée et judicieusement conseillée durant mes années d'études à l'université de Penn State. Sans elle, cet ouvrage n'aurait pu être conçu. Puisse-t-elle trouver dans mon travail le témoignage de ma profonde reconnaissance et affection.

Enfin, mes remerciements, et non des moindres, vont à ma mère et à mon époux qui, pendant la création de ce recueil, ont fait preuve d'une grande patience et d'un soutien infaillible: sans leur appui, je n'aurais pu donner toute ma mesure au cours de l'exécution de ce travail.

PRÉFACE

"Femmes dans leur élément"

Évelyne Wilwerth

Entrer dans cet essai, c'est plonger dans un bain multiple. Découvrir mille reflets d'un même élément. C'est aussi pénétrer dans les eaux du questionnement. Flux et reflux des hypothèses, intuitions, ombres de réponses.

Les femmes, plus que les hommes, vivent intimement le liquide. Sang menstruel, eaux du placenta, lait maternel, etc. De là à les refouler dans le "fluide", il n'y eut qu'un pas, franchi par Lacan et ses compères. Le "fluide" étant, par essence, inférieur au "solide", apanage masculin (la rationalité, le discours, le pouvoir). Luce Irigaray dénonce cet asservissement féminin. Mais s'agirait-il vraiment d'asservissement?

Parmi les liquides, l'eau. L'eau palpable et insaisissable. L'eau intime, universelle. L'eau du quotidien, à travers douches, vaisselles, lessives.

Pour aimer l'eau, je crois qu'il faut s'abandonner. Les femmes, plus que les hommes peut-être, s'arrêtent pour jouer avec l'eau. Je pense à ce geste si féminin : la main qui caresse l'eau, lors d'une promenade en barque.

Et les écrivaines? Il semblerait qu'elles plongent volontiers dans des "Histoires d'eaux". Plus que les hommes peut-être. En fermant les yeux. A travers tous les genres littéraires. Et, surtout, à travers différentes nationalités, différentes cultures.

Dans cette mer aux reflets infinis, quelques vagues prédominantes.

Celle du plaisir. L'eau est source de plaisir de vivre, chez Françoise Lison-Leroy. Plaisir du corps, des corps. Source de sensualité ou d'érotisme, chez Assia Djebar.

La vague, plus trouble, de l'ambivalence. L'eau, chez Marguerite Duras, est force rédemptrice ou force menaçante, selon les marées de la vie. Chez Colette Nys-Mazure, l'eau symbolise l'ancrage serein ou l'errance inquiète.

La vague sombre. Celle qui incarne la mort. L'eau dangereusement fascinante, dans l'oeuvre d'Eugénie De Keyser.

Enfin, la vague puissante de la libération. Elle est particulièrement présente chez des écrivaines appartenant à la culture arabe. Libération joyeuse chez Assia Djebar : ses personnages féminins échappent au joug masculin en s'abandonnant à l'eau régénératrice du bain maure. Libération plus douloureuse chez Nina Bouraoui : le "je" féminin tente de s'extraire de son "abîme liquide" pour créer, inventer.

Mais dépassons ces vagues. Aventurons-nous dans les profondeurs. Jusqu'à cette lame de fond qui me semble porter, soulever toutes ces oeuvres féminines. Comme si les écrivaines se laissaient emporter vers les origines aquatiques, yeux fermés. Eau prénatale, bonheur, paradis perdu. Mer/mère enfouie. Mythes obscurs. Cet abandon total ne serait qu'une apparente régression. En fait, une libération de la pensée rationnelle. Un recul pour mieux sauter. Ouvrir les bras. "Embrasser la totalité de l'expérience humaine" (Marianne Bosshard). En retrouvant une parole ancestrale. En se jettant dans une écriture sauvage, brute, libre, fluide, fluctuante, "liquide". Des exemples? Marguerite Duras, Annie Cohen, Anne Hébert.

Nous sommes loin de l'asservissement du "fluide"! Nous sommes même aux antipodes. Car les écrivaines, manifestement, aiment plonger—les yeux fermés—dans les abysses originelles. Pour émerger, ou mieux émerger et créer une littérature à l'architecture fluide.

Observez bien les écrivaines qui s'offrent une balade en barque : un bras à la dérive et une main qui caresse l'eau, voluptueusement.

PROLÉGOMÈNES

Yolande Helm

La composition de ce recueil s'est élaborée à partir d'une réflexion sur la question de l'eau dans des écrits de femmes du monde francophone, écrivaines diversifiées par leur statut littéraire et leur origine ethnique. Par l'entremise d'une thématique fort riche, le présent ouvrage pose les éléments d'un dialogue entre les textes d'auteures françaises post-modernes (Marguerite Duras, Hélène Cixous, Annie Cohen, Luce Irigaray) et d'écrivaines francophones dont la renommée est établie (Anne Hébert, Assia Djebar, Maryse Condé, Andrée Chédid) ou dont l'émergence est en procès (Hélène Ouvrard, Werewere Liking, Calixthe Beyala, Corinna Bille, Colette Nys-Mazure, Nina Bouraoui, Marie Gevers, Eugénie De Keyser, Françoise Lison-Leroy et Marie Redonnet). La liste des écrivaines traitées dans ce recueil ne se prétend pas exhaustive; sont incluses celles qui ont suscité le plus d'intérêt, à l'époque de la gestation de ce livre, auprès de spécialistes de littératures francophones. Il est aussi important de remarquer que cette entreprise, l'exploration de la thématique de l'eau dans la littérature féminine, n'implique en aucune manière que cet élément n'est pas fondateur dans des textes masculins, comme Bachelard, entre autres, s'est chargé de le montrer. Mais notre entreprise est une invitation à de plus amples recherches du côté des hommes (et donc des femmes) et de l'eau.

Comme l'ont remarqué nombre de critiques féministes, dont Luce Irigaray, l'élément aquatique et les fluides en général constituent l'un des espaces de prédilection de l'imaginaire féminin. Hélène Cixous a souvent évoqué l'eau comme métaphore maternelle dont le "flux" produit le texte féminin. Dans "La Venue à l'écriture", elle souligne le caractère "orgasmique" de l'acte d'écrire: démarche qui ne s'acquiert pas péniblement mais qui, au contraire, est un geste d'amour, un don de soi. Le plaisir de la créativité passe par l'imagerie aquatique, s'exprimant plus particulièrement par la métaphore de l'écrivaine/"poissonge"/ sirène:

> . . . Plus tard, si je sors de mes eaux toute ruisselante de mes plaisirs, si je remonte le long de mes rives, si j'observe depuis mon bord les ébats de mes poissonges, je remarque les figures innombrables qu'ils produisent dans leur danse; ne suffit-il pas que coulent nos eaux de femme pour que s'écrive [*sic*] sans calcul nos textes sauvages et populeux? Nous-mêmes dans l'écriture comme les poissons dans l'eau, comme les sens dans nos langues et la transformation dans nos inconscients. (63)

Le joli fantasme d'Hélène Cixous sous-tend donc la thématique de ce recueil et lui confère une signification d'autant plus profonde.

Le présent ouvrage s'est aussi "abreuvé" aux sources de Gaston Bachelard qui souligne l'importance de ". . . comprendre la psychologie de l'inconscient créateur, sur les expériences de la fluidité, de la malléabilité" (*L'eau et les rêves* 19). Selon ce critique, le symbolisme des eaux implique aussi bien la mort que la renaissance, son contact est synonyme de régénération ou d'extinction, et il ne cesse d'insister sur sa nature bi-polaire et son caractère ambivalent. Bachelard a consacré un chapitre entier aux eaux maternelles (155) dans lequel il affirme "le substantialisme féminin" de l'eau (171). On verra que sa "vision psycho-philosophique" de l'élément aquatique sous-tend généreusement la réflexion de nos critiques.

Dans les textes présentés, chaque protagoniste ou narratrice trouve à se "ré-incarner" dans une cosmogonie aquatique. La constance de l'eau comme élément fondateur symboliserait donc le souvenir de celle qui n'abandonne pas et le retour aux sources maternelles sécurisantes. Toutes les auteures traitées dans ce recueil "vivent" l'eau, à travers leurs personnages ou leur "moi" autobiographique, mais ce vécu revêt diverses formes. La substance aquatique alimente le texte par ses masques multiples: le corps féminin, les sources de l'enfance, les phénomènes météorologiques, le pays natal, le gouffre, la vie et la mort. Ambivalente, elle est à la fois génitrice et "bonne mère", amante sensuelle ou monstre qui tue et engloutit: elle manifeste une nature bienveillante et paradoxalement une force maléfique.

Les "eaux de la mort" qui paraissent dans les mythologies orientales anciennes, asiatiques et océaniennes (*Le Sacré et le Profane* 115) constituent le leitmotif des textes de Nina Bouraoui. Dans *La Voyeuse interdite* (1991) et *Poing mort* (1992), un "je" féminin lutte pour émerger d'un abîme liquide et visqueux où il est entravé. Fikria, la "voyeuse", séquestrée dans la maison d'un père musulman, cherche avec *angst* son identité en fantasmant un monde "liquide" où le flux des paroles comble le "déluge" psychologique et ralentit l'anéantissement total du 'moi'. Dans *Poing mort*, la protagoniste, "gardienne de cimetière", donc de la mort, vit sa propre tourmente dans les images néfastes de l'eau: le lac, en particulier, d'où émerge "la femme en habit d'os", la "mauvaise mère" et dont les eaux sombres engloutissent le corps d'Ada, "amie" de la narratrice. La mort par noyade dans le texte de Bouraoui représente ainsi un ultime espoir de renaissance. Les eaux chez Marguerite Duras présentent souvent, elles aussi, un aspect morbide et néfaste: elles ont en effet, un "double pouvoir". La substance aquatique est liée à la jouissance et à la "folie" dévastatrice qui, comme un cataclysme, emporte tout sur son passage. La créativité de Duras qui se nourrit de la conjonction des contraires et de l'insaisissable, donne ainsi toute sa mesure dans l'élément informe par excellence.

Dans le roman de Werewere Liking, *Orphée Dafric* (1981), l'eau mythologique est l'espace où s'affrontent la vie et la mort. Une jeune épouse disparaît dans les eaux fatales immédiatement après la cérémonie de mariage. La quête que poursuit l'auteure, à savoir ce que signifie existence et non-existence, est alimentée par cette noyade. Le projet de Liking, la quête d'une écriture subversive et "féminine" s'inscrit en parallèle à la traversée spirituelle du héros à la recherche de son amour à travers les eaux. Le thème de la noyade est également omniprésent dans le texte d'Hélène Ouvrard au titre révélateur, *La Noyante*. Son héroïne, Eléonore, est un "foetus" au sein d'un "pays noyé d'eau"; espace symbolique et mystérieux où se noie la mère de la narratrice. Afin de retrouver la mère perdue, l'imaginaire féminin de la protagoniste transforme la rivière en eaux amniotiques et métamorphose un objet banal, la baignoire, en corps maternel.

Marie Gevers, elle aussi, s'écrit et inscrit ses protagonistes dans un pays d'eaux et de brumes. Dans ses textes autobiographiques, elle évoque la maison familiale encerclée d'un étang: source de vie et de rêves à laquelle son esprit s'alimente dès son plus jeune âge: "il" est la mère, le lieu de convergence où la narratrice revient inlassablement se "ressourcer". L'eau est également une constante dans les récits fictifs où Marie Gevers met en scène de manière magistrale les fleuves, la mer, les rivières, les sources qui regorgent dans son pays natal, la Belgique. De même, Corinna Bille "vit" l'eau et les paysages de la Suisse de manière triomphale. Les sources et les lacs en particulier constituent les lieux où travaille l'imaginaire onirique si important dans sa créativité. Le Rhône de son pays l'aide à comprendre la grandeur de la "Noble Contrée" qu'il régit. Corinna Bille rêve la substance aquatique et la transforme pour explorer la limite du merveilleux. Chez Andrée Chédid, le paysage, lui aussi, en particulier le Nil, prend des proportions spirituelles. En effet, cet espace surconnoté transgresse la réalité pour devenir une eau mythologique. Dans *Le Sixième Jour* (1960), le fleuve est précisément le lieu de passage entre vie et mort; sa présence est, en effet, essentielle à la survie du pays mais elle est aussi porteuse des miasmes engendrant le choléra et . . . il mène à la mer.

Les textes de Marie Redonnet, *Splendid Hôtel* (1986), *Forever Valley* (1986) et *Rose Mélie Rose* (1987) représentent un "triptyque" qui se construit autour du thème aquatique et de son caractère double: à la fois instrument du néant et de la survie. Les voix narratrices des trois textes partagent un même but: elles tentent avec acharnement de sauver les vestiges d'un passé dans un espace hostile d'où l'eau est absente ou présente et en tout cas problématique. Le "Splendid Hôtel" se situe le long d'un marais qui risque incessamment de le submerger et de l'infecter de ses impuretés. "Forever Valley", hameau bâti sur un sol rocailleux et stérile, se situe au-dessus d'une étendue d'eau qui sera exploitée pour l'inonder. La ville d'Oat dans *Rose Mélie Rose*, elle aussi, envahie par une lagune, force ses habitants à l'abandonner. L'eau dans le triptyque de Marie Redonnet, à la fois stérile et féconde, est ainsi cet élément qui "efface" et qui "anime". Pour les personnages de Maryse Condé dans son roman *Traversée de la mangrove*, la "substance" liquide fournit l'image matérielle liée à la vie et à la mort. Les habitants de cette région guadeloupéenne refusent de s'enterrer dans "la boue saumâtre" et s'offrent au toucher intime de l'eau pure, retrouvant ainsi un refuge dans la figure de la mère perdue. Les révélations communiquées par l'eau et par le vent représentent une source à laquelle "les descendants à l'écoute" puisent le courage qui leur permet de parcourir à rebours, le chemin du salut personnel et collectif, vers les sources originelles.

Calixthe Beyala met en scène, consciemment et savamment, les métaphores de l'eau sous toutes ses formes. Ateba, l'héroïne de *C'est le soleil qui m'a brûlée* entreprend une quête à travers l'image de l'eau vive, plus précisément du ruisseau qui longe son quartier miséreux; elle y dépose des papiers pliés en forme de bateaux, messages dont les destinataires sont les Femmes et Dieu. La quête d'Ateba lui permet ainsi de réaffirmer le mythe selon lequel la Femme est "Reine de vie". Beyala présente le cheminement intérieur de son héroïne à travers les eaux et le fleuve-folie dont les digues, entravant le féminin collectif, se rompent: ainsi, Ateba retrouve son identité vitale dans la création. Quant à Cixous, elle privilégie le thème mythique et biblique du "déluge" et le déconstruit de manière à le "ré-inscrire" dans un contexte intérieur. Les cataclysmes—orages, déluges, tempêtes—sont vécus par la femme comme conjonctures internes qui engendrent paradoxalement la destruction mais aussi la régénération. Dans la quête de sa propre identité et de celle de son bien-aimé, le personnage "Ascension" prend diverses formes: solides, sèches et liquides. Ainsi, le refus d'univocité et la conjonction antinomique propres à l'écriture de Cixous se manifestent à travers l'eau mais également son contraire, le feu, la pierre, le cristal et l'aridité. La mouvance de l'écriture d'Annie Cohen la mène incessamment, elle aussi, aux sources aquatiques pour faire ressortir de l'oubli et du passé "la trame obscure de tout". L'imaginaire de Cohen, hanté par l'Histoire judaïque, l'horreur de l'holocauste, "régresse" vers les eaux souterraines et produit une écriture pleine qui débouche sur l'espace "fertile et fécond du verbe". Ainsi se tisse la trame d'une poétique floue et non-malléable sur fond d'une faille chtonienne et aquifère.

Quant à Luce Irigaray, elle dénonce la prédominance du solide sur le fluide dans le contexte symbolique phallogocentrique. Lacan, lui, définit d'une part le solide, le masculin, comme synonymes de "rationalité"; et d'autre part, il évoque le fluide, le féminin, en tant qu'"inconscient" et "babillage" excessif. Irigaray reprend le point de vue lacanien et le déconstruit; au monde dur, masculin et clos, elle oppose l'univers féminin, souple, continu et toujours ouvert. Anne Hébert, elle, démystifie, déconstruit les mythes de l'eau traditionnellement associés à la maternité. *Le Torrent* (1950), le poème "Alchimie du jour" (1960) et *Les Fous de Bassan* (1982) mettent en scène des protagonistes qui circulent entre deux "caps": la transgression du "corps marin" au "corps social" s'opère pour faire émerger le féminin. L'écriture d'Anne Hébert émerge des flux et reflux et transgresse une réalité sociale par les métaphores fantastiques de l'eau. La fonction sociale de l'eau se marque également dans les textes d'Assia Djebar, particulièrement en ce qui concerne les multiples facettes du "hammam". Il représente pour la femme arabe l'espace "au féminin" par excellence, le lieu des découvertes, de la purification, du rituel pré-nuptial et d'un avant-goût de liberté, seule sortie permise par l'ordre patriarcal. Djebar capte ainsi un univers féminin qu'elle célèbre au nom de la collectivité des femmes arabes.

Chez Colette Nys-Mazure, la présence constante de l'eau, élément vital prend différentes formes. Elle fait partie de l'univers quotidien et est aussi liée à tout rite de passage. Les êtres poétiques de ses textes en sont assoiffés et se trouvent toujours entre deux "eaux": stabilité et errance. Les oeuvres d'Eugénie De Keyser et de Françoise Lison-Leroy, elles aussi écrivaines belges, sont intimement liées aux eaux de leur pays natal. Miroir ou tombeau pour les solitaires d'Eugénie, eaux familières du ruisseau, de la plage balayée de vent pour Françoise. Dans les textes de ces deux écrivaines, l'élément liquide constitue, avec la terre, l'espace fertile où germe l'inspiration poétique. Le dernier essai, comme son titre l'indique, "Scientificité, symbolisme et sensibilité de l'écriture d'Anne Decrosse sur l'élément eau", relève plutôt du discours scientifique que littéraire. Il nous a cependant paru important de l'inclure dans ce recueil car l'écrivaine traitée invite à la connaissance scientifique de l'eau, à ses fonctions techniques et capte également les représentations mythologiques et symboliques nées dans l'imaginaire des humains et en particulier des femmes.

Ces "histoires d'eaux" manifestent la femme, sa créativité et un imaginaire qui n'est plus entravé. Des fantasmes et rêves d'eaux, émerge un discours chatoyant, parfois une écriture déliée, transgressive et subversive; flux féminin contemporain échappant à toute prise et incessamment en mouvement: ". . . une fusion, une coulée en fusion, . . . comme si [elle s'incitait]: 'laisse-toi faire, laisse passer l'écriture, laisse-toi tremper; lessiver, détends-toi, deviens le fleuve, lâche tout, ouvre, déboucle, lève les vannes, roule, laisse-toi rouler. . . '" (Hélène Cixous, *La Venue à l'écriture* 61).

PAROLE DE L'EAU: LES TOURBILLONS DU MOI ET DE L'ÉCRITURE DANS *La Voyeuse Interdite* ET *Poing mort* DE NINA BOURAOUI

Armelle Crouzières-Ingenthron

> L'être voué à l'eau est un être
> en vertige. Il meurt à chaque
> minute, sans cesse quelque chose
> de sa substance s'écroule.. . . la
> mort quotidienne est la mort de
> l'eau . . . la peine de l'eau est -
> infinie". (*L'Eau et les rêves* 8)

Vertige, mort, peine, mots-clé de la citation de Gaston Bachelard[1] ci-dessus, définissent l'essence même de l'oeuvre de Nina Bouraoui, jeune romancière talentueuse de 26 ans.[2] Or, l'eau, composante essentielle de ses deux romans, *La Voyeuse interdite* (1991) et *Poing mort* (1992), et instrument du destin, manipule, orchestre et détermine le cours des deux récits où évoluent les deux narratrices, Fikria, "la voyeuse interdite", et le "je" de la "gardienne de cimetière" (14). Recluses et tourmentées par le vide de leur existence, un désir de mort et leur "moi", les deux jeunes femmes élaborent un univers liquide où se mêlent le réel et l'imaginaire, unique moyen de survie dans une société patriarcale impitoyable. Ces êtres torturés échappent à la mort en tuant symboliquement le corps à l'aide des paroles liquides de l'imagination dans *La Voyeuse interdite*, et en tuant réellement, par noyade, l'autre, Ada, sorte de projection détestable du moi accepté par la société dans *Poing mort*. Bien qu'il s'agisse de deux femmes, deux sociétés, deux souffrances différentes, les narratrices ont le même but: transcender leur "moi", s'élever dans l'imaginaire et, donc, exister par le biais de l'écriture. Ce travail se propose d'analyser la tourmente personnelle de Fikria et de la gardienne, toutes deux à la recherche d'une identité, ainsi que de tracer leur évolution psychologique à partir du désir, de la douleur, de la pourriture, du désir de pureté et de la mort, phénomènes représentés dans diverses images de l'eau.

Bien que les deux narratrices de *La Voyeuse interdite* et de *Poing mort* appartiennent à des mondes distincts, l'un musulman et l'autre chrétien, leur souffrance, identique, provient de l'ennui et de la solitude qu'elle éprouvent. Dans le premier roman, Fikria, jeune fille à marier, écartée de la société mâle par son seul statut de femme, vit cloîtrée sous la maison tutélaire, "temple de l'austérité" (63), où elle cherche à savoir "comment ne pas s'ennuyer" (65) avant de s'installer dans la prison conjugale. Dans le second roman, le personnage féminin principal, connu uniquement sous le "je" de la narration, déclare: "Je suis gardienne de cimetière. . . . Je vis avec la mort et je meurs d'ennui avec la vie" (14). La solitude de la première lui fait "cultiver l'imagination qui [vous] déportera dans un autre temps à l'ombre d'un arbre fécond, celui de la création" (65), c'est-à-dire qu'en jouant à la voyeuse derrière la fenêtre interdite, elle s'invente un monde à partir de multiples observations de la rue. Le récit, long monologue intérieur déversé dans un flot de paroles, lui permettra de survivre dans une société oppressante et annihilante pour la femme.

Dans *Poing mort*, la narratrice ne crée pas d'univers verbal liquide dans son monologue mais réalise un semblant de vie qui lui permet en fait d'atténuer la mort autour d'elle et de remédier à sa propre solitude de pariah urbaine: "Je ratisse, je tasse, je sème, j'arrose, je fleuris, je taille, j'embellis avec les moyens de fortune la terre des défunts pour le recueillement des vivants" (14). L'eau, sous-entendue dans "j'arrose", est source de vie dans le domaine des morts, le cimetière. En versant l'eau sur les plantes des tombes, le "je" tisse un lien entre le monde des morts et celui des vivants et devient ainsi un être transitoire entre la mort et la vie. Parallèlement, le langage du monologue ou le flot de paroles unit dans *La Voyeuse interdite* le monde intérieur de la maison-prison-mort et le monde intérieur du moi profond qui se débat pour émerger et vivre. Ainsi, toutes deux, après avoir été plongées dans le néant d'une existence stérile, l'une enfermée loin des vivants, l'autre subsistant dans le monde des morts, ont la sensation éphémère d'appartenir à leur société et d'être acceptées.

Toutefois, la stérilité existe et "flotte" tout autour d'elles : Fikria se compare à un "pot de terre sans fleur" (15). En effet, on n'arrose pas les plantes du jardin d'hiver : "Avec leur tige sèche en guise de vaillant gardien, les plantes de la serre poussiéreuses sont semblables à des monstres miniatures qui s'obstinent à vivre en se contentant d'un demi-verre d'eau quotidien" (25). Absence d'eau signifie absence de plante, de sève, donc de désir et de vie. D'autre part, on arrache la fleur du pot de terre pour éradiquer toute association sexuelle: "Ma mère ne se cache même plus pour arracher les rares fleurs arrivant à terme ! . . . la fornication florale pourrait me donner des idées !" (25). En conséquence, émerge la métaphore Fikria/plante "sèche" parce que toute notion de sexualité lui est refusée. Elle devient donc le "vaillant gardien" de sa fenêtre, ouverture sur l'extérieur, et comble ainsi le désir inconscient. Elle s'imagine "poussiéreuse" car, ne sortant jamais à l'air libre, elle se perçoit comme un "monstre miniature", copie conforme de sa mère : "La stérilité de mon existence a germé dans le ventre de ma mère" (17). Mais, le "demi-verre d'eau quotidien", liquide nourricier, lait, nourriture spirituelle vient de l'imagination. Si les plantes parviennent à survivre avec si peu, elle aussi, survit grâce au torrent d'imagination qui déferle en elle.

Contrainte d'aller à l'école, la narratrice de *Poing mort* se compare à "une éponge suspendue à un fil de corde, . . . qui se vidait goutte à goutte sur l'estrade qui s'amusait de [son] ignorance en couinant bêtement" (31). Elle n'est pas consciente du désir qui vit en elle. Sorte d'éponge gorgée de désir, son corps voudrait s'offrir mais son a-sociabilité l'en empêche. Le "goutte à goutte" évoque ici la souffrance intérieure. L'éponge se trouve en équilibre, prête à tomber, "suspendue à un fil" comme le "je" l'est entre deux mondes: la société et la névrose. L'estrade est associée à la maîtresse et aux écoliers. Par le biais de la personnification ("qui s'amusait"), la narration suggère de façon ironique et moqueuse ("couinant bêtement") la punition et la condamnation ultérieures de la société. La maîtresse devient alors juge et les écoliers, l'auditoire. En effet, l'institutrice conduit la narratrice sur l'estrade pour la punir de son comportement marginal et non-conformiste (que nous analyserons un peu plus bas) en la frappant avec une règle (34–35), sanction humiliante puisque publique. Cette image du désir, de la peine et de la solitude s'éclaircit alors un peu plus loin dans la phrase suivante:

> J'avais dix ans et je ne savais rien, une corde avait fait son noeud entre mes jambes, quelque chose s'élargissait, je n'arrivais pas à le dire. Ceux de l'autre âge s'étreignaient, ils étaient toujours deux. Peut-être plus. . . . J'avais dix ans et emprisonnais quelques brises de réconfort dans le bas de mon ventre. (32–34)

Elle ne sait comment réagir au désir naissant et entame "une danse du diable" (33) en classe, ce qui la fait "mettre à l'index" et "[lui] fait passer [sa] dernière année d'école dans la solitude et la condamnation" (35).

Ne sachant exprimer son désir selon les normes imposées par le groupe social, elle le réduit à l'abject[3], seul sentiment qu'elle sache extérioriser socialement : "Je grimpai sur ma table et crachai en l'air pour obtenir un regard. Le molard fila droit au mur et se dispersa en filets transparents" (32). Elle crache pour attirer l'attention, exister sous le regard de l'autre, exulter le désir, appartenir et s'unir à l'autre. L'autre est cependant bivalent: d'une part, il est la sexualité qui s'éveille et, d'autre part, il représente l'enfant "idéal" prototype de son âge auquel elle voudrait ressembler. De cela naît une séparation, une division, une exclusion "comme si l'opposition fondamentale était, ici, entre Je et Autre, ou, plus archaïquement encore, entre Dedans et Dehors. Comme si cette opposition subsumait celle, élaborée à partir des névroses, entre conscient et inconscient" (Kristeva, *Pouvoirs de l'horreur* 15). On pourrait également définir le "je" de *Poing mort* selon l'analyse kristévienne de l'abject par lequel l'individu existe: "C'est un *jeté* qui (se) place, (se) sépare, (se) situe et donc *erre*, au lieu de se reconnaître, de désirer, d'appartenir ou de refuser" (15). Or, ici, la seule différence se situe dans l'intention du "je" qui, au départ, utilise l'abject pour manifester le désir, faire partie du groupe, se reconnaître en tant que soi. "Le molard" (32), "la danse du diable" (33), le crachat "sur une blouse trop blanche" (35), le "cataclysme et la fureur" (36), le "rire" (36) produisent l'effet opposé et la condamnent à la solitude et à l'exil comme nous l'avons déjà vu.

Le désir des deux narratrices n'est pas uniquement refoulé ou transformé par la parole de Fikria ou par la manifestation de l'abject dans *Poing mort*, au contraire il doit être assouvi. Dans *La Voyeuse interdite*, la jouissance se révèle sous deux aspects: dans la photo de la nageuse et chez la servante noire, Ourdhia. L'eau refait donc son apparition : "Au-dessus de mon bureau, une nageuse en costume de bain d'époque est plaquée contre le mur. . . . si on regarde de plus près, c'est en fait l'eau d'un dernier plongeon qui court sur sa peau" (24). La nageuse mouillée déclenche la jouissance de l'imagination qui élabore des histoires à partir de la photo. Elle incarne, surtout, la liberté, la possibilité de sortir, de se vêtir légèrement, de nager, de voir la mer, de s'y fondre et d'en jouir. L'amour est dans l'esprit de la narratrice également associé au maternel car elle a souvent entendu sa mère et sa tante évoquer avec nostalgie leurs souvenirs de jeunesse dont Fikria se rappelle:

> La plage des souvenirs, neuve, étincelante, s'étire dans la maison amenant avec elle de nouvelles bâtisses, de nouveaux personnages sous un nouveau soleil. La ville est bien loin. Mon père aussi. Le regard d'un jeune homme, une oeillade pour un volet clos, une main derrière les rideaux et derrière plus encore se trame l'histoire d'un amour imaginaire dans une chambre obscure mais au bord de la mer. (81)

La mer suggère la nouveauté (l'adjectif "nouveau" et "neuve" sont repris plusieurs fois), donc un changement de vie, une autre existence. Les oppresseurs, la ville et le père, ont disparu pour céder la place à l'amour ("un jeune homme"), au romanesque ("se trame l'histoire"), à la sensualité ("regard", "oeillade", "une main"), au déferlement d'émotions ou d'états d'âme dus au paysage ("au bord de la mer"). Il ne s'agit vraisemblablement que d'un rêve, d'un fantasme qui devient une sorte de réalité grâce à Ourdhia, la nomade noire, servante mystérieuse à "l'aura mystique" (50) qui "par hasard, avait sonné à notre porte . . . , et remerciait l'eau de couler à flots" (51). Ourdhia voue une véritable vénération à l'eau, denrée rare et précieuse pour sa tribu du désert, les Touareg. Ourdhia satisfait les besoins de Fikria qui trouve en la "kahloûcha"[4] désir, jouissance, amour: ". . . son aura, si présente, me transperçait et je sombrais dans une guelta[5] où le temps avait interrompu sa marche inéluctable, son envie de toucher à la fin abyssale de sa fonction"(50). La "guelta" évoque la matrice, le ventre de la mère, douillet, protecteur, un retour aux sources, au foetus, à "mâtritamâh"[6], le monde utérin enveloppant. Le désir de la mère se poursuit, déplacé sur Ourdhia : "Toujours là pour prodiguer quelques fractions de tendresse, je tétais son sein vide pendant l'orage, enfouissais ma tête dans son ventre creux. . . . Oui, je l'avoue, je l'ai préférée à vous [ma mère] !" (50).

Dans *Poing mort*, le lac joue un rôle fondamental, double, complémentaire: il permet d'étancher le désir et fait figure de mère (il la remplace, en fait, totalement). Tout ce qui l'entoure suggère la sexualité : comparé à une "huître pleine ouverte au ciel" (66), le lac ressemble au sexe affamé de la narratrice. "Des animaux d'une autre époque forniquaient les jours de grande lune . . . Ça sentait l'urine chaude et la moiteur d'un sexe en éveil" (66–67). Une fois de plus, l'abject, sous forme d'urine, permet de faire face à la pulsion que déclenche le désir, tout comme le crachat l'avait fait précédemment. Or, ici, le désir n'est pas refoulé : il s'opère une union à la fois symbolique et physique, une fusion érotique de deux corps, le lac et la narratrice : "Le lac prenait mon souffle, je prenais sa respiration,. . . Les mollets nus, la tunique remontée, je me trempais le ventre et priais" (67). Par ailleurs, cet échange sensuel s'est déjà opéré entre Fikria et Ourdhia dans *La Voyeuse interdite*. Amant, confesseur, géniteur, le lac prend une dimension humaine et maternelle : "C'est ici que je venais conter ma plainte. . . . Le lac avait eu pitié de moi" (67). Selon Cirlot, l'eau est en psychologie "a symbol of the unconscious, that is, of the non-formal, dynamic, motivating female side of the personality. The project of the "mother-imago" into the waters endows them with various numinous properties characteristic of the mother" (365).

Le lac prend davantage forme humaine dans un des fantasmes allégoriques de la narratrice : "la femme en habit d'os" (19) ou la mort qui, en général, "traînait près des hôpitaux, des morgues et des cimetières, autour des ports et des hangars peu sûrs. Moi, je l'ai trouvée au milieu d'un lac, elle avait déployé sa chevelure de sel et marchait sur l'eau comme un hippocampe ivre de coups bas" (20). "La femme en habits d'os" ou "d'eau" s'associe à la mère car la jeune femme l'a trouvée sur le lac, élément féminin et maternel par excellence. Intime et inhabituel, ce lieu suggère une relation privilégiée et évoque également la sensualité par "la chevelure déployée et de sel", symbole féminin qui rejoint encore le mouvement de l'eau (Bachelard 117). La "femme en habit d'os" fait figure de vierge miraculeuse qui a le pouvoir de marcher sur l'eau mais qui n'incarne cependant ni amour ni pardon. Il s'agirait plutôt d'une sorcière maléfique, figure liée à la mort et à la condamnation. La gardienne de cimetière devient alors le disciple, l'esclave et le double du diable : "Clouée dans le fossé de mon enfance, je suis le porte-parole de la femme en habit d'os, le fantôme de chair des années passées, la porteuse de faux et de couteaux et, les nerfs à vif, je me jette dans la gueule du loup" (53).

Ainsi, le fantasme de la mère et le besoin d'amour chez les deux narratrices se transforment en une douleur intérieure intense, conséquence du départ d'Ourdhia dans *La Voyeuse interdite* et de l'association fantasmagorique avec "la femme en habit d'os" dans *Poing mort*. Elles réalisent qu'elles ne sont qu'une continuité de la mauvaise mère, d'une part, et de la "femme en habit d'os", d'autre part, car elles n'existent que par elles. Le besoin de la mère est une sorte de condamnation à mort du moi qui, englouti dans l'autre, ne peut émerger car il se noie au fond des eaux maternelles utérines, dans le premier roman, et dans le gouffre des eaux intérieures dans le second. "Ma demeure a le calme d'un fond marin tapissé d'algues vénéneuses, le mutisme de la mort" (16): cette phrase décrit l'univers de Fikria qui est passée du monde utérin clos de "la poche de la génitrice" (34) à la maison-prison, "fond marin" empoisonné, silencieux et mortel. A la chaleur rassurante des eaux maternelles se substitue le froid inquiétant de la maison paternelle.

Lorsque, allant chercher un verre d'eau, Fikria surprend par hasard ses parents en plein acte sexuel, elle éprouve une peur panique à l'idée de devenir comme sa mère "outre grasse et poussive qui se débattait sur la berge" (36). Le père brutalise la mère dont le sexe est réduit à "un gouffre sans fond aux parois rugueuses et inconfortables" (38). Ces images troublantes de l'eau associées à la figure maternelle incarnent, tel un miroir vivant, le devenir de Fikria, elle aussi "outre éventrée" (53). La mère engendre la fille qui, à son tour, procréera. Il ne reste que les larmes dérisoires et transmises d'une génération féminine à l'autre. A la mémoire d'un souvenir d'enfance, la tante de Fikria pleure: "Une larme coule sous le maquillage de ma tante, le petit serpent de sel creuse entre les pores et la crème une rigole pour se frayer un passage" (83). Fikria, elle aussi, le jour de son mariage, pense à Ourdhia et pleure (141). Les larmes de femmes évoquent ainsi une plainte collective et universelle. La mère de Fikria, elle, ne peut plus pleurer: "[elle] fronce les sourcils mais rien ne vient" (83) car elle n'est plus qu'"un cratère asséché" (35). En revanche, sa fille le peut encore car "[son trou] est rose de l'extérieur comme le corps d'un nouveau-né, gluant de l'intérieur comme le cordon qui nous reliait" (35). Tandis que Fikria adhère toujours par les larmes au code féminin de la société arabe (où l'on trouve traditionnellement des pleureuses) Zohr, sa soeur, ne peut elle non plus pleurer car elle est "en guerre contre sa nature, nature féminine, pourriture pour notre père, honte pour notre mère" (27). Elle veut mettre à mort son corps et son désir de femme: "[en resserrant son] savant corset de bandelettes qui masque deux seins dont les pointes sans support suffoquent derrière la bande de tissu" (27). Ainsi, Zohr anéantit toute émotion en elle, d'où son irrésistible envie de "voler" les larmes de sa soeur, restée femme et humaine:

. . . en "s'appropriant" mes larmes et de nouveaux maux fraîchement extériorisés, Zohr incarnait à mes yeux toute la misère de la nature humaine, je voyais en elle mon sombre destin et mes larmes alors redoublaient, elles partaient du fin fond de la gorge, traversaient l'intérieur du visage, et, arrivés à l'ouverture orbitale, elles s'étalaient sans discipline sur l'enveloppe de leur source initiale. (29)

Les larmes viennent du fond de la psyché, de la matrice et de l'intense douleur héréditaire transmise par la mère.

Dans *Poing mort*, la narratrice, servante de la mort, esclave de "la femme en habit d'os/" (d'eau?), refuse la vie, retrouve un état prénatal et devient un foetus mort-né ou noyé: ". . . je me recroqueville dans le corps d'une méduse . . . , je parle telle une sauvée in extremis, les poumons encore pris par les eaux, . . . les yeux blancs. . . . Je ne suis plus libre de mes gestes . . . , je suis emmaillotée comme un nouveau-né, comme un vieux mort, volé à la vie" (55). En conséquence, le moi se débat dans l'univers visqueux de la méduse, de l'eau du lac, du traumatisme de la naissance, de la prison où elle vit contre son gré. Ses larmes sont intérieures, sorte de cri étranglé, elles ne réussissent pas à émerger du fond du corps: "J'étais tassée dans un petit corps et mes cris, désormais trop faibles, ne pouvaient traverser le drap. . . . Le son venait d'un puits noyé par les eaux vieilles, il s'accrochait aux pierres et s'effondrait dans un éboulis de vase et de poudreuse" (76). Le moi emprisonné dans "un petit corps" ou foetus, se débat dans sa propre pourriture suggérée par "les eaux vieilles" et "la vase". Ces images évoquant la décomposition et la moisissure rappellent bien sûr les "eaux noires et remuantes" du lac (66) et le contact de la narratrice avec "la dame en habit d'os".

Dans *La Voyeuse interdite,* la mère est associée à la pourriture présente dans son statut de femme qui "n'engendrait que la mort" (38). Elle ne peut en effet concevoir que des filles ou des morts-nés : elle a eu "treize couches dont dix immondes disparues dans les galeries obscures de la tuyauterie" (25). Le foetus se putréfie avant de naître et passe de l'eau utérine maudite à l'eau des sanitaires sans transition aucune: "Elle se contentait de l'immerger dans la cuvette des W.C. L'eau formait autour de la bestiole des tourbillons puis l'emportait vers un paysage de gros tuyaux noirs dont elle seule connaissait l'issue" (39). Fikria, une des trois survivantes, est née de cette même eau utérine maladive et, se considérant comme un double microcosmique de la mère, elle remarque en elle-même la putréfaction cyclique passée de génération en génération. Etre femme signifie donc être pourrie: ". . . dans le royaume des hommes, je suis LA souillure, sur l'échiquier des dames" (61). Elle vit dans la "PEUR" (108) et fait un cauchemar effrayant où "la terre accoucha par césarienne d'un monstre noir, fluide et odorant: une nappe de goudron jaillit" (112). Il s'agit bien sûr du liquide utérin noir car il enfante la mort. Monstre, il provient de la femme. Goudron car poisseux, il emprisonne. La mère transmet son angoisse à sa fille: la césarienne implique la douleur et évoque "l'outre poussive et éventrée" (la mère), discutée plus haut. Fikria s'invente ainsi un "ventre d'où sortaient en une colonie de chairs monstrueuses [ses] entrailles nues et écarlates" (112). Un déplacement s'opère ainsi de la mère à la fille.

L'idée de pourriture est intrinsèque à *Poing mort* par le choix du métier même de la narratrice qui confronte la mort et les corps en décomposition chaque jour. Son contact constant avec la mort lui donne l'impression d'être corrompue et possédée par "la femme en habit d'os": "Maudite parmi les maudites, . . . la pluie me pénètre, le soleil cloque ma peau. . . . Une odeur de pourri a imprégné ma peau et mes vêtements" (71–72). L'eau, la pluie et le lac sont reliés à la désagrégation : ". . . les remous du lac, eux, sentaient la mort. Une charogne jouait un air de flûte indienne au soleil... Je lavais mes croûtes dans son sable [du lac]" (67). La symbiose entre le lac et la narratrice atteint son paroxysme lorsque cette dernière boit l'eau du lac, ultime fusion qui garantit la corruption: "Il [le lac] diffusait la maladie. Je buvais dans son bol" (67). Le "je" témoigne d'un plaisir masochiste et d'une pulsion suicidaire: "Une fille aux yeux désespérément blancs avale au grand goulot de l'eau. De l'eau du lac" (97).

Boire l'eau ou se laver représente en principe un désir de pureté: "C'est parce que l'eau a une puissance intime qu'elle peut purifier l'être intime, qu'elle peut redonner à l'âme pécheresse la blancheur de la neige. Est lavé moralement celui qui est aspergé physiquement" (Bachelard 194). La purification se révèle toutefois ambiguë dans *Poing mort* car la narratrice souhaite se fondre dans les eaux noires du lac. Elle ne se purifie donc pas: au contraire, elle plonge dans le monde liquide du mal en pénétrant dans le lac ou en buvant son eau: "Jamais l'eau lourde ne devient une eau légère, jamais une eau sombre ne s'éclaircit. C'est toujours l'inverse. Le conte de l'eau est le conte humain d'une eau qui meurt" (Bachelard 66). Il s'agit ici d'une "purification" ambivalente dans le mal. D'autre part, elle éprouve en elle le désir latent de blanchir son âme et d'expier ses fautes quand, à la fin du roman, après avoir noyé Ada, elle déclare: ". . . l'assassin se lave les mains" (95). Il faut plutôt voir dans cet acte le renouvellement d'un voeu de fidélité ou d'un pacte signé avec "la femme en habit d'os", métaphore de la mort et du mal.

Les valeurs du "je" sont ainsi bouleversées, voire inversées: au lieu de purification, il y a pourriture de l'âme, souillure qui se manifeste de façon évidente dans la réaction de l'autre. Ceux qui se trouvent en contact avec la narratrice la considèrent comme un être impur dont le moindre regard salit et offense. Le "je" est souillure: "Les yeux qui frôlaient mon regard allaient se rincer à l'eau et au savon, on avait pris l'habitude d'interdire ma voix et mes pensées, d'anéantir mon souvenir. Ils me fuyaient et l'âme bavait sur la peau" (63). L'âme maléfique transperce le corps même de la narratrice. Afin d'éviter la contamination spirituelle, "ils" fuient et se lavent. Un axe antithétique s'établit donc entre eau noire et eau claire. On pourrait évoquer ici le concept sartrien exprimé dans *Huis-clos,* "L'Enfer, c'est les autres". L'autre, miroir infernal, se révèle double dans *Poing mort*. En effet, si la gardienne est une incarnation humaine du mal, et donc de l'enfer, les personnes dont elle décrit seulement les "yeux", s'associent aux forces diaboliques par leur regard qui juge et condamne.

Cette opposition se remarque également dans *La Voyeuse interdite*: le père, poussé par ses besoins sexuels, se jette brutalement sur la mère qu'il violente pour assouvir son désir. Une fois l'acte bestial accompli, il "s'arracha au piège visqueux puis se récura les mains avec un savon de ménage" (37). Partagé entre concupiscence et dégoût[7], le père s'abandonne un instant au plaisir éphémère et irrésistible. La réaction qui suit l'acte est immédiatement reliée au besoin impulsif de se purifier: il faut se laver du péché charnel. Le sexe de la femme n'est en fait pour lui qu'un "oursin ouvert" (37). Les fluides provenant de ce sexe ne peuvent que contaminer, pourrir l'homme et son âme.

Fikria aspire elle aussi à la pureté car elle lui rendrait l'innocence et lui permettrait de retrouver l'amour du père qui, depuis sa puberté, lui refuse l'écoute et la parole. Sa condition de femme implique en effet des liquides monstrueux: l'eau utérine, les règles, les eaux de la maternité, la putréfaction en quelque sorte. Elle voudrait tuer le désir qu'elle éprouve pour la mère, le lait maternel, le sein, la matrice, tous liés aux liquides. Elle souhaite même rejeter Alger, ville-mère impure, souillée, comme sa propre mère, "une vieille séductrice endormie" (68). La ville est passée de la condition de "muse, modèle, savante un peu folle, mère nourricière, amoureuse grisée,. . . berceau des audaces, de la joie et de la gloire" (69) où "écrivains, poètes, peintres, sculpteurs s'endormaient dans le creux de son ventre" (69) au statut de "vieille fille, flêtrie par les années, piétinée... catacombe ouverte au public, . . . un amas d'entrailles moisies, . . . entre deux cuisses fatiguées, qui s'écartent pour bénir les fruits de la patrie mourante" (69–70).

En Alger, *Terra Mater*, elle se retrouve et l'innocence meurt, désagrégée par l'eau même de la ville et donc de la mère : ". . . les petites filles munies de seau en plastique bleu boivent l'eau du caniveau, l'eau cholérique" (72). Le cycle de la pourriture est donc établi de la mer à la baie, à la tuyauterie, aux égouts, à la mère, à la fille. Impuissante, la narratrice s'écrie alors:

> . . . deux longues années au cours desquelles mon corps n'a pas arrêté de suinter l'impureté. . . . j'ai beau me laver, panser mes plaies cycliques et épiler les poils de mon intimité, je reste sale et indigne de sa parole; je suis un épouvantail articulé, une femelle au sexe pourri qu'il faut absolument ignorer afin d'échapper à la condamnation divine! (31)

Il s'agit de la condamnation du père, en tant que représentant d'Allah. Elle se traduit par l'enfermement, le silence et, enfin, par le mariage de convenance. Evidemment, les libations ne purifient pas Fikria car elle est femme venant de femme et l'eau d'Alger, pestilentielle, insalubre et ordurière, ne le permet pas, même symboliquement. Comme nous l'avons vu plus haut, la soif s'avère aussi négative puisque ce besoin déclenche en elle un dégoût profond de la mère et, par conséquent, d'elle-même.

L'eau qu'on boit engloutit le moi dans les deux romans, qu'il s'agisse du lait maternel, de l'eau d'Alger dans *La Voyeuse interdite* ou bien de l'eau du lac dans *Poing mort*: "L'eau n'est plus une substance qu'on boit; c'est une substance qui boit; elle avale l'ombre comme un noir sirop" (Bachelard 77). L'eau ne désaltère, ni ne nourrit le corps, ni ne purifie l'âme. La fusion eau/"je" est telle que la gardienne de cimetière dans *Poing mort* pourrait être comparée à la déesse Nut qu'Erich Neumann étudie dans *The Great Mother*: "Nut is water above and below, life and death, east and west, generating and killing, in one.. . . She is the ocean of life with its life and death-bringing seasons, and life is her child, a fish eternally swimming inside her" (221–22). Le moi de la narratrice donne la vie aux plantes mais dispense aussi la mort puisqu'elle noie Ada. Le "je" ne vit qu'en buvant l'eau du lac qui est à la fois mère et enfant. D'une part, la narratrice s'en désaltère et s'en abreuve et d'autre part, elle nourrit le lac, comme elle allaiterait un enfant. L'offrande humaine, c'est-à-dire Ada, remplace ici le lait maternel.

La mort d'Ada est précédée du meurtre symbolique des poupées. Jouets, elles s'associent à l'enfance, à l'instinct maternel et, même parfois, à un modèle de perfection dans le cas des poupées-mannequins. Tuer la poupée signifie tuer l'autre, par exemple ses camarades d'école qui la traitent en pariah, ou tuer le foetus potentiel, la progéniture future, le modèle auquel elle ne ressemblera jamais. Elle obtient ainsi du pouvoir dans la cruauté et le mal puisque, ne sachant pas ce qu'est l'amour, elle n'est pas capable d'aimer. Elle ne trouve de sens et d'identité que dans l'immonde qui lui permet de contrôler sa propre peur:

> Il s'agit précisément des rites de la souillure et de leurs dérivations, qui reposant sur le sentiment d'abject et convergeant tous vers le maternel, essaient de symboliser cette autre menace pour le sujet qu'est l'engloutissement dans la relation duelle où il risque de perdre non pas une partie (castration) mais de se perdre tout entier comme vivant. Ces rites religieux ont pour fonction de conjurer la peur chez le sujet d'engouffrer sans retour dans la mère son identité propre (Kristeva, *Pouvoirs de l'horreur* 70).

La torture des poupées implique en effet tout un rite de mutilation:

> Les rares poupées qui arrivaient entre mes mains avaient une durée de vie très limitée. Je coupais d'abord les cheveux synthétiques des beautés silencieuses . . . , je les plongeais ensuite dans un bidet dont l'usage variait selon l'humeur: urinoir, baignoire pour enfant, lavoir de sexes et de pieds, récipient d'émail qui prend si bien la forme des fesses . . . puis avec une pince, j'arrachais un à un les cils de ces yeux toujours ouverts. Je mutilais mes victimes avec respect. Munie d'une clé anglaise miniature, je creusais un trou très profond entre les cuisses, . . . avortant les fausses créatures qui n'aspiraient qu'au jeu de l'enfantement (*Poing mort* 21–22).

Couper les cheveux prive l'autre de sa féminité. Plonger la poupée dans l'urine ou l'eau souillée désacralise. Arracher les cils signifie retirer un à un, avec cruauté, les attributs associés en général à la beauté féminine. Creuser un sexe symbolique à l'aide d'un outil permet de meurtrir, de violer les poupées, d'avorter le foetus mais aussi d'éradiquer tout désir maternel.

La noyade des poupées dans l'urinoire annonce ainsi celle d'Ada dans le lac: "L'événement eut lieu dans les eaux noires du lac de la ville" (75). Ada, camarade de classe, affiche sa sexualité provocatrice:

> [elle avait les] cheveux gras, [la] gorge cerclée comme l'esclave, [des] seins aux veines vertigineuses, . . . on voyait la naissance d'une envie obsédante et charnelle . . . son corps se donnait en spectacle, tantôt mou, tantôt dressé comme s'il reposait sur le lit de l'amour. (76–77)

Elle incarne pour la narratrice tout ce qu'elle aurait voulu être: "Ada l'insouciante, Ada la vie ! . . . Langoureuse Ada" (76–77). Elle lui inspire également un dégoût prononcé: "Elle buvait de l'huile dans une bouteille en plastique, avalait des sardines, rotait son lait, suçait un coin de mouchoir et grattait sa tête d'où tombaient quelques flocons de neige sèche" (77). En mal de puissance, la narratrice, "[la] demi-femme" (78), décide de réduire Ada, la femme, à l'esclavage tout comme la "femme en habit d'os" avait fait d'elle son esclave: "Elle était Ma victime, personne ne devait me la ravir" (78).

Tout ce qui entoure Ada suggère aussi l'eau: son nom, le jour de l'enlèvement, le jeu des deux jeunes filles et sa mort. Le prénom d'Ada contient en effet une résonance liquide, d'abord cyclique parce que ses lettres inversées forment le même prénom, puis symbolique: "La voyelle *a* est la voyelle de l'eau. Elle commence aqua, apa, wasser. C'est le phonème de la création par l'eau. L'*a* marque une matière première. C'est la lettre du repos d'âme dans la mystique thibétaine" (Bachelard 253).

Le jour de l'enlèvement d'Ada, les circonstances météorologiques annoncent aussi la noyade ultérieure. C'est "un jour de pluie" et "sur le corps des filles, naissait le collage de deux peaux: l'une faite de grains, plus ou moins bruns, l'autre faite d'eau. . . . L'averse frappait le sol à cadence accélérée" (79). Le jour semble donc propice à la narratrice car elle se trouve dans son élément, l'eau, et ses capacités s'intensifient. Elle hait la vitalité d'Ada car, par contraste, le "je" se voit comme "un nénuphar mort mais encore gorgé d'eau" (82), c'est-à-dire à moitié vivante, "une demi-femme". Le moment qui précède la noyade semble irréel car marqué par le silence lourd de la nature et des animaux (83), ainsi que par la morbidité dominante du lac: "nous nous sommes assises au bord de l'eau, contemplant le trou noir de la ville". L'atmosphère se révèle pesante: "on entendait juste la soufflerie de la chaleur" (83). Il s'opère un déplacement du moi de la narratrice sur l'eau: "Nous regardions les eaux et leurs petits ronds, des esquisses de tourbillons embryonnaires qu'une mouche pondeuse animait" (83). En effet, les tourbillons de l'eau reflètent les tourbillons du moi : la mouche-mère pond tout comme la narratrice offre Ada l'enfant, la poupée, la femme modèle, au lac. Enfin, le jeu en apparence innocent symbolise la noyade: "Nous jetions des galets contre le calme et la platitude de l'étendue, très vite le caillou sombrait" (83). Tout parle dans le silence étouffant. Il faut tuer Ada car elle cause la souffrance du "je" et représente tout ce qu'elle aurait pu être et ne sera jamais: "Car ce qui parle au fond des êtres, du fond des êtres, ce qui parle dans le sein des eaux, c'est la voix d'un remords. Il faut les faire taire, il faut répondre au mal par la malédiction du silence" (Bachelard 95).

Le passage atteint son paroxysme lorsqu'Ada, prise de désir par la fraîcheur de l'eau sur son corps en ce jour d'été, trouve son destin. Tandis que le plaisir et la mort se rencontrent, la symphonie de la nature reprend de façon triomphale comme pour célébrer l'événement: "Elle avait fermé les yeux et lâchait des petits cris de plaisir qui parcouraient la peau entière. J'ai poussé Ada. Le lac a rugi et les animaux se sont mis à chanter" (83–84). Apaisées et assouvies, la colère, la folie du "je" cessent et la nature reprend son cours interminable. Noyer Ada, c'est retrouver son moi, le reposséder: "Le lac prenait Ada comme il avait pris mes songes d'enfant" (84). En faisant un tel don au lac, elle reprend possession de son identité. Désormais, observer l'eau a une signification bipolaire: c'est contempler Ada et, ainsi même, se regarder: "L'appel de l'eau réclame en quelque sorte un don total, un don intime. L'eau veut un habitant. . . . Voir l'eau, c'est vouloir être en elle" (Bachelard 221).

Ada ressemble au poisson (vu comme foetus et enfant) mentionné un peu plus haut dans la comparaison entre la narratrice et la déesse Nut: "Ada suppliait puis perdait le fil, gênée par les remous, elle redescendait alors vers le fond très noir du lac. Elle s'est ensuite retournée en position de poisson mort. . . . La femme en habit d'os a alors plongé pour appuyer sur le corps" (84). Ada remplace auprès de la "femme en habit d'os" le "je", désormais libéré de son association avec la mort et le lac. Ada vit au fond de l'univers du lac et la narratrice renaît: "Immersion in water signifies a return to the preformal state *(le poisson ou le foetus)*, with a sense of death and annihilation on the one hand, but of rebirth and regeneration on the other, since immersion intensifies the life-force" (Cirlot 365). De la mort de l'autre naît le moi.

La narratrice perçoit Ada comme un "double monstrueux"[8], c'est-à-dire l'autre. "Double" parce qu'elle est miroir et "monstrueux" parce que le "je" abhorre ce qu'Ada représente. Pour la narratrice, le sacrifice d'Ada constitue un acte de purification et d'exorcisation en quelque sorte: "Le sacrifice peut se définir en fonction du seul sacré, c'est-à-dire de la violence maléfique polarisée par la victime et métamorphosée par l'immolation en violence bénéfique ou expulsée au dehors" (Girard 385).

Or, la libération du moi de Fikria s'effectue par la mise à mort à la fois réelle et symbolique de son corps de femme ou plutôt de ses organes féminins, et par l'épuration de tous les liquides corporels: ". . . le petit cintre[9] s'amusait à l'intérieur de moi, piquant au vif les plus gros organes . . ., j'avais l'impression de me faire longuement vidanger, tout sortait, les espoirs de ma mère, la souillure, la pureté, l'impureté; l'obsession, la cible de mon futur époux, et je m'assoupis dans un grand éclat de rire" (109).[10] Comme il est impossible d'accéder à l'état pur, Fikria fait abstraction de son corps par le pouvoir du fantasme et de la liquidité des mots. Elle atteint le monde de l'Imaginaire auquel Ourdhia l'avait initiée, et de la spiritualité en transcendant et en donnant naissance à son moi:

> Poussée par l'instinct de survie je chasse la décadence par la décadence, le mal
> et le mal se suffisent à eux-mêmes, se retournent brusquement vers le bien, et
> par la douleur de l'interdit, je réveille mon corps, le sauve in extremis[11] de
> la chute, le couvre de pensées meurtrières et je m'enfante moi-même! (44)

Elle suit donc la même logique de pensée que le "je" de *Poing mort*: elle exorcise le mal par le mal (le corps impur par l'auto-mutilation symbolique), tout comme le "je" tue Ada pour se retrouver. Fikria et le "je" s'acharnent "sur une victime unique qui représente toutes les autres. . . . C'est le double monstrueux, ce sont tous les doubles monstrueux en la personne d'un seul . . . qui font l'objet de la violence unanime" (Girard 238), à savoir le corps de la femme et Ada.

Dans la conclusion du texte, Fikria, sur le point de se marier, se perçoit comme "une fleur sans pétale qui trempe dans un vase d'eau grise, le vase de l'amertume" (134). Le "je" de *Poing mort* est "une méchante petite fille aux doigts pleins de sang" qui "crache l'histoire" devant "le tribunal des raisons" (102) où elle va être jugée pour meurtre. L'eau est grise parce qu'elle évoque la femme, la future mère et l'épouse. Fikria, la "fleur" a certes perdu ses pétales mais elle possède toujours un centre, le coeur de la fleur, c'est-à-dire une âme et donc son moi transcendé. L'imaginaire continue d'exister: "la sève de l'aventure coulait des murs, et des larmes opaques roulaient à [ses] pieds" (136). Fikria vit grâce à sa créativité fantasmatique et conserve son essence humaine par les larmes. La "méchante petite fille" se tourne, elle, une nouvelle fois, vers l'abject. Les deux jeunes femmes survivent grâce au pouvoir des paroles et à leur activité cérébrale. En évoquant les mythes et les déesses de l'Antiquité dans *The Fragility of Goodness*, Martha Nussbaum décrit cette faculté mentale comme étant "flowing water given and received" (20). Nous pouvons alors nous poser la question de Bachelard : "Où est le réel : au ciel ou au fond des eaux ? L'infini, en nos songes, est aussi profond au firmament que sous les ondes" (67).

Si l'eau domine les deux romans par ses images violentes et récurrences troublantes associées au monde patriarcal oppresseur, le langage des deux récits la rend d'autant plus présente par sa fluidité car "la liquidité est un principe du langage, le langage doit être gonflé d'eaux" (Bachelard 258). Sémantique, l'eau dialogue avec les deux narratrices et avec le lectorat.[12] Il est évident qu' "il y a en somme continuité entre la parole de l'eau et la parole humaine. . . . Organiquement, le langage humain a une liquidité, un débit dans l'ensemble, une eau dans les consonnes. . . . Cette liquidité donne une excitation psychique spéciale, une excitation qui déjà appelle les images de l'eau" (Bachelard 22). Ainsi, dans *La Voyeuse interdite* et *Poing mort*, le choix du langage est propice et enclin aux images de l'eau. Révélant les pulsions refoulées au plus profond du moi, la parole devient alors libératrice dans un univers miné par l'enfermement extérieur et intérieur où vivent les deux narratrices. Nina Bouraoui a créé et agencé deux romans où les mots flottent, coulent et se déversent par un processus de créativité féminin unique et prometteur.

Notes

1. Les citations de Bachelard dans cet article sont toutes tirées de son texte *L'Eau et les rêves* (Corti, 1942).

2. Nina Bouraoui est née le 31 juillet à Rennes. Elle a vécu 14 ans à Alger. Elle vit actuellement à Paris où, après avoir étudié le droit puis la philosophie, elle se consacre désormais à l'écriture. *La Voyeuse interdite*, son premier roman, a reçu le Prix du Livre Inter 1991. Son second roman, *Poing mort*, a été publié en 1992.

3. C'est ce que Julia Kristeva, dans *Pouvoirs de l'horreur*, relie à l'abjection qui "apparaît comme rite de la souillure" et "persiste comme exclusion au tabou" (24).

4. Ce terme signifie "négresse" en arabe. C'est ainsi que la population musulmane d'Alger nomme Ourdhia pour la démarquer et exprimer son racisme.

5. Signifie "trou d'eau".

6. Dans *A Dictionary of Symbols*, Cirlot donne plusieurs définitions de l'eau dont la suivante: "In the Vedas, water is referred to as "mâtritamâh" (the most maternal) because, in the beginning, everything was like a sea without a light" (363).

7. Cette réaction ambivalente est définie par Freud comme étant un "mental conflict": ". . . signs of contradictory and opposed wishes, or, as we say, of "mental conflict", are regularly found. One side of the personality stands for certain wishes, while another part struggles against them and fends them off. There is no neurosis without such a CONFLICT. . . . Conflict is produced by frustration, . . . in order to become pathogenic "external" frustration must be supplemented by "internal" frustration" (358).

8. Terme emprunté à Girard dans *La Violence et le Sacré*.

9. Parallèlement, la narratrice de *Poing mort* est, elle, "fascinée par le bout de fil de fer qui retient les os du squelette. . . . Une fois la chair disparue, on a besoin du métal pour se tenir droit" (55).

10. Il est à noter que le rire est également présent dans *Poing mort* directement après la noyade et la réappropriation du moi par la narratrice: "Je suis rentrée chez moi avec un nouveau rire dans la bouche" (84), ce qui met bien en parallèle les deux situations et les émotions des deux narratrices.

11. Nina Bouraoui semble avoir une préférence lexicologique pour l'expression "in extremis" qui implique une notion d'urgence et de quasi-destruction. Fikria (44) et le "je" (54) se sauvent en effet *in extremis*.

12. Terme accepté dans *Le Petit Robert* de 1993 et faisant référence à l'ensemble des lecteurs et lectrices.

L'EAU DANS LES ÉCRITS DE MARGUERITE DURAS
UN DOUBLE POUVOIR

Noëlle Carruggi

Toute création appartient au domaine de l'instable et du mouvant. L'oeuvre de Marguerite Duras échappe à toute univocité de sens et refuse systématiquement la consistance pleine. Il n'est donc pas surprenant que l'eau, substance insaisissable représentant l'infini des virtualités, tienne une place privilégiée dans cette oeuvre qui se place tout entière sous le signe de l'ambiguïté.

Dans son livre, *Duras, une lecture des fantasmes*, Madeleine Borgomano note que "la mer—et plus largement l'eau—compose l'horizon habituel des romans et des textes durassiens"(42).[1] Des quatre éléments, l'eau est peut-être le plus fortement symbolique d'un double pouvoir. Dans *Le Sacré et le Profane*, Mircea Eliade écrit: "L'eau «tue» par excellence; elle dissout, elle abolit toute forme. C'est justement pourquoi elle est riche en «germes», créatrice" (117). Dans l'oeuvre durassienne, l'eau telle qu'elle apparaît sous ses diverses formes, est à la fois créatrice et destructrice, pouvoir de vie et pouvoir de mort. Selon Bachelard, "une matière qui n'est pas l'occasion d'une ambivalence psychologique ne peut trouver son 'double poétique' qui permet des transpositions sans fin" (*L'Eau et les rêves* 19). Cette ambivalence est fortement présente chez Duras, en particulier dans son rapport à la mer, qui se traduit par l'alliance de la fascination: "La mer est complètement écrite pour moi" (*Les Lieux* 91) et de l'épouvante: "La mer me fait très peur, c'est la chose au monde dont j'ai le plus peur" (*Les Lieux* 84). Ces deux propositions illustrent la thèse de Bachelard qui affirme que la double participation du désir et de la crainte est nécessaire pour que "l'élément matériel attache l'âme tout entière" (19).

Certes nous ne prétendons pas réduire les écrits à une interprétation autobiographique. Cependant, dans une oeuvre où la part d'autofiction est aussi considérable, et face à des textes tels *L'Amant* et *L'Amant de la Chine du Nord* qui "[adoptant] le «pacte autobiographique» [. . .] confondent auteur, narrateur et personnage en leur donnant un référent «réel»" (Borgomano, *Fascination du vide* 47), on ne peut s'empêcher de noter des interférences entre le vécu et l'écrit.[2] Dans *Les Lieux*, recueil de ses entretiens avec Michelle Porte, Duras explique comment son enfance se place tout entière sous le signe de l'eau; dans *La Vie Matérielle,* elle déclare: "mon pays natal, c'est une patrie d'eau" (69). En effet, les paysages qui marquent cette enfance sont ceux du Sud de l'Indochine française[3], pays des moussons, du grand fleuve Mékong, et surtout de la mer de Chine, (le Pacifique dans le *Barrage*), dont la présence ressurgit dans l'écrit: "J'ai toujours été au bord de la mer dans mes livres . . . J'ai eu affaire à la mer très tôt dans ma vie, quand ma mère a acheté le barrage, la terre du *Barrage contre le Pacifique* et que la mer a tout envahi, et qu'on a été ruiné (*Les lieux* 84).

La volonté d'écrire de Duras date de 1926, deux ans environ après l'achat de la terre maudite, "une terre qui n'était pas une terre" mais "était envahie par l'eau six mois de l'année" (*Les Lieux* 56). Dans une certaine mesure, écrire a pour fonction de réparer l'injustice, puisque "toutes les plaintes [sont tombées] à l'eau" (*Les Lieux* 59) et que Marie Donnadieu, la mère de Duras, est devenue folle de douleur. Dans le texte le plus autofictif de l'oeuvre, à savoir, *l'Amant de la Chine du Nord*, le désir de raconter l'histoire des rizières envahies par les marées et des barrages écroulés est énoncé par la voix de "l'enfant": "Raconter cette histoire c'est pour moi plus tard l'écrire. Une fois j'écrirai ça: la vie de ma mère" (97). C'est dans le troisième roman, *Un Barrage contre le Pacifique*, que cette histoire apparaît d'abord: "Sa concession était incultivable. elle était annuellement envahie par la mer. Il est vrai que la mer ne montait pas à la même hauteur chaque année. Mais elle montait toujours suffisamment pour brûler tout, directement ou par infiltration (20).

Autour de cette tragédie, l'écriture se fait pareille aux vagues de la mer qui inlassablement déferlent sur les mêmes rivages. L'image originelle des terres noyées revient ponctuer le texte durassien avec une qualité obsédante. La répétition et les variations de cette image font glisser le terrain durassien du réalisme brutal du *Barrage* au territoire mythique du *Vice-consul*, "un pays d'eau, à la frontière entre les eaux et les eaux, douces, salées, noires qui dans les baies se mélangent déjà à la glace verte de l'océan" (176). Dans *L'Amant de la Chine du Nord*, l'autofiction rejoint la légende de "ce pays indécis d'enfance qui avait le même sol que la mer" (48).

Selon Bachelard, "l'eau de mer [est] une eau inhumaine [et] manque au premier devoir de tout élément qui est de servir directement les hommes" (173–74), alors que "l'eau douce sera toujours dans l'imagination des hommes une eau privilégiée" (179). L'eau douce et l'eau fraîche possèdent en effet un pouvoir purificateur et régénérateur, effacent les souillures et abreuvent les terres asséchées. A la saison sèche, la mère de *L'Amant* émerge tout d'un coup de son abattement et de son désespoir pour "[faire] laver la maison de fond en comble, pour nettoyer [. . .] pour assainir, rafraîchir" (76). La même élévation qui protège la maison contre les inondations "permet de la laver à grands seaux d'eau, [de] la baigner toute entière comme un jardin" (76). A l'image de désolation des terres brûlées par l'eau salée et des récoltes dévastées vient se substituer l'image riante d'une maison métamorphosée en jardin. A L'image de l'eau de mer montant à l'assaut de la plaine succède celle d'une eau fraîche descendant du haut de la maison vers le jardin: "L'eau descend par les perrons, envahit le préau vers les cuisines . . . L'eau descend jusque dans les allées . . . Toutes les chaises sont sur les tables, toute la maison ruisselle, le piano du petit salon a les pieds dans l'eau . . ." (76–77).

À la folie du désespoir qui avait engendré l'entreprise insensée des barrages, succède une folie ludique. Être de la démesure, la mère n'abandonne jamais tout à fait le combat; si les eaux des marées ont fait son malheur, c'est cependant par l'eau qu'elle échappe à sa détresse. Au pouvoir destructeur de l'eau salée elle oppose le pouvoir guérisseur de l'eau douce. Vaincue dans sa lutte forcenée contre l'océan, la mère peut néanmoins rivaliser avec l'eau de mer en créant à son tour une inondation. L'acte d'inonder la maison symbolise la réactualisation d'un événement primordial, transformé par un rite purificatoire qui exorcise l'image originelle du cataclysme et du déluge. Le monde familier régresse temporairement à une modalité chaotique qui efface l'usure du temps et rend à l'être humain son énergie originelle.

Le grand nettoyage devient ainsi prétexte à des réjouissances collectives et se déroule dans une atmosphère d'allégresse générale: "Les petits boys sont très heureux, on est ensemble avec les petits boys, on s'asperge, et puis on savonne le sol avec du savon de Marseille. Tout le monde est pieds nus, la mère aussi. La mère rit" (76). L'eau n'est pas seulement une substance qui permet de nettoyer mais elle possède également un pouvoir rédempteur. En lavant la maison, on efface toutes les traces de la souillure faite à la mère par la crapulerie des agents cadastraux. Le rituel purificatoire, fait renaître le temps de l'innocence première, celui d'avant la chute et le malheur:

> La maison tout entière embaume, elle a l'odeur délicieuse de la terre mouillée après l'orage, c'est une odeur qui rend fou de joie surtout quand elle est mélangée à l'autre odeur, celle du savon de Marseille, celle de la pureté, de l'honnêteté, celle du linge, celle de la blancheur, celle de notre mère, de l'immensité de la candeur de notre mère". (76–77)

Dans le désert créé par la calomnie des administrateurs coloniaux, la maison inondée devient une oasis où viennent "les familles des boys . . ., les visiteurs des boys aussi, les enfants blancs des maisons voisines" (77). L'eau de cette oasis est une eau de jouvence qui rend à l'être sa force créatrice originelle. Le temps morose du quotidien, laisse place au "temps de la licence créatrice" (Caillois 149), celui du temps sacré de la fête: "la mère va dans le salon, elle se met au piano . . . Elle chante. Quelquefois elle danse tout en chantant" (77).

La fête "lieu idéal des métamorphoses et des miracles" (Caillois 137) marque le retour périodique du monde au temps du chaos comme existence simultanée de toutes les possibilités: "cette maison défigurée [. . .] devient soudain un étang, un champ au bord d'une rivière, un gué, une plage" (77). Le rituel de purification par l'eau reflète le mythe cosmogonique de l'univers dissout dans les eaux primordiales pour être ensuite recréé. Ce nouvel univers prend dans le texte durassien la forme de paysages aquatiques.

L'eau fraîche et l'eau douce jouent également un rôle important dans l'éveil des jeunes héroïnes durassiennes à la sensualité. Dans *Le Barrage contre le Pacifique*, Suzanne partage avec son frère la joie complice et innocente de se baigner nue dans les racs et l'embouchure des rivières; elle découvre aussi le plaisir de se savonner, transformant ainsi en rituels ses bains quotidiens: "heureuse, Suzanne se savonnait . . . elle se baignait deux ou trois fois par jour pour avoir l'occasion de se savonner" (91).[4] En matière de sensualité, l'eau de pluie est un élément privilégié. Dans *L'Amant de la Chine du Nord*, l'enfant, le petit frère aimé d'un amour incestueux, et l'amant chinois ont tous trois "des peaux de pluie" (144), métaphore qui souligne la "somptueuse douceur" (*L'Amant* 49) de leur peau. Substance fluide, l'eau accompagne le passage de la sensualité à la sexualité et les ablutions font partie du rituel érotique des amants:

> nous nous sommes baignés ensemble avec l'eau fraîche des jarres, nous nous sommes embrassés . . . (*L'Amant* 102)

> Elle le douche avec l'eau de pluie. Elle le caresse, elle l'embrasse, elle lui parle. (*L'Amant de la Chine du Nord* 132)

Lorsque l'écriture pénètre dans les territoires de la sensualité et de l'érotisme, la qualité de la poétique durassienne est primordialement celle de la fluidité. La rêverie de l'eau crée un univers onirique dans lequel les correspondances abolissent la distance entre l'être humain et l'univers. L'érotisme est lieu privilégié d'ouverture aux forces élémentaires. L'interpénétration de l'univers érotique et de l'univers cosmogonique est reflétée dans le glissement sans heurts de l'écriture. Par un procédé d'enchaînement analogue à la technique cinématographique du fondu-enchaîné, les gestes et les sensations des amants s'inscrivent dans le paysage environnant. L'image du couple endormi se fond dans l'image du fleuve et le lit du fleuve se subsitue au lit des amants: "Le fleuve. Loin. Ses méandres entre les rizières. Il prend la place des amants" (*L'Amant de la Chine du Nord* 135). Le même procédé est employé pour évoquer l'indicible de la jouissance féminine, suggérée par l'image de "la mer, sans forme, simplement incomparable" (*L'Amant* 50). Selon Marcelle Marini, dans les paysages aquatiques du *Vice-consul*, "partout se dit l'énigme du désir érotique, plaisirs des eaux multiples qui s'unissent doucement à l'océan" (*Territoires du féminin* 141).

Mais si l'eau est la matière privilégiée de la poétique érotique, "elle est aussi liée à l'interdit, à la mort, à la peur" (Ligot 56). Les fleuves sont souvent symboliques d'un aspect inquiétant de la sexualité. Le Mékong, en particulier, auprès duquel Duras dit avoir joué, dormi, vécu pendant dix ans de sa vie, possède pour la narratrice de *l'Amant* un pouvoir de fascination inéluctable: "Jamais de ma vie entière je ne reverrai des fleuves aussi beaux que ceux-là, aussi grands, aussi sauvages, le Mékong et ses bras qui descendent vers les océans, ces territoires d'eau qui vont aller disparaître dans les cavités de l'océan" (17).

La rencontre de l'enfant de quinze ans et de son amant chinois a lieu sur le bac qui traverse le Mékong. Le passage d'une rive à l'autre marque aussi le passage de l'enfance à l'adolescence, des eaux claires de l'innocence aux remous et aux turbulences de la passion amoureuse. Le courant du fleuve symbolise le flot du sang dans le corps et la force dévastatrice du désir: "le fleuve coule sourdement, il ne fait aucun bruit le sang dans le corps . . . tout est emporté par la tempête profonde et vertigineuse du courant intérieur, tout reste en suspens à la surface de la force du fleuve (30–31).

Dans *Le Vice-consul* Le danger de la sexualité est lié à la fécondité.[5] La mendiante est irrémédiablement chassée de son village "parce-qu'elle est tombée enceinte . . ." (20). Condamnée par sa propre mère à une errance sans fin, elle marche en quête de nourriture et avance sous une pluie incessante en suivant le cours des fleuves rencontrés sur son chemin. La description du fleuve Tonlé-Sap établit une première correspondance entre l'univers cosmogonique et le corps humain. En traversant le pays natal, ce fleuve "plein à ras bords" (19) grossit jusqu'à devenir "un lac", "un océan d'eau douce" (11). Le gonflement du fleuve métamorphosé en lac, évoque celui du ventre de la mendiante enceinte. La correspondance est renforcée par la métaphore qui assimile les mouvements du fœtus à ceux des poissons du lac: "l'enfant lui grouille dans le ventre de plus en plus: bataille de poissons dans son ventre" (12). Symbole matriciel, le lac est aussi symbole de fécondité: "si les enfants sont en vie dans ce pays, c'est grâce aux eaux poissonneuses du Tonlé-Sap" (12). Mais dans les lieux de famines que sont l'Inde et l'Indochine, la fécondité est un fléau, une catastrophe naturelle au même titre que les marées et les inondations puisqu'elle produit plus d'enfants que la terre ne peut en nourrir: "il en étaient de ces enfants comme des pluies . . . des inondations. Ils arrivaient chaque année par marées régulières . . . (*Barrage* 101).

Les territoires traversés par la mendiante du *Vice-consul* révèlent également le sens cryptique de son errance: *regressus ad uterum*. En effet ces territoires sont tous symboliques de l'espace matriciel, domaine du préformel dans lequel va s'effectuer le passage de l'informe à la forme constituée; baignant dans le clair obscur d'une lumière crépusculaire, ce sont des lieux de l'entre-deux, formés d'éléments composites, ni tout à fait solides, ni tout à fait liquides. La terre est envahie par les eaux des fleuves qui, en descendant du Nord vers la mer, forment un labyrinthe, "une sorte de vaste étendue de marécages vides que des talus traversent en tout sens on ne voit pas pourquoi" (9). Le marécage est formé d'une matière indifférenciée, mélange de terre et d'eau qui se solidifie parfois en boue, symbole de la matière primordiale, féconde et nourricière; dans sa quête de la nourriture absente, la mendiante affamée se souvient des mots de sa mère: "sais-tu qu'il y a de la boue qui peut se manger?" (20).

L'élément terre disparaît parfois complètement d'un univers qui semble se liquéfier tout entier: "il y a de l'eau partout, le ciel est si bas qu'il touche les rizières" (26). Mais on retrouve la terre à l'intérieur de l'eau. Les eaux des fleuves ne sont pas des eaux claires mais des eaux troubles qui sous leur apparence parfois faussement placides, recèlent un danger: "les eaux du Tonlé-Sap sont étales, leur courant est invisible, elles sont terreuses, elles font peur" (11). Le Stung Pursat, est un fleuve "plein d'une eau purée d'argile" (15) qui tout comme le Tonlé-Sap grossit démesurément, "continue à se remplir . . . est plein à ras bords . . . déborde d'une eau jaunâtre" (19).

Les fleuves sont également symboliques du courant de la vie et de la mort, de l'écoulement des formes. La descente des eaux vers l'océan représente le retour à l'indifférentiation alors que la remontée du fleuve symbolise le retour à la source divine, au principe. La mendiante remonte des fleuves qui descendent tous du Nord, et elle "voit le Sud se diluer dans la mer, . . . le Nord fixe" (12); en choisissant le Nord, c'est vers la terre de l'en-deçà et de l'au-delà de la vie qu'elle dirige ses pas, donnant ainsi à son périple une dimension initiatique, celle de la quête du pays des origines.

Dans l'univers durassien, l'initiation à l'ordre secret du monde a également lieu sur des plages. Pour Duras, "regarder la mer, c'est regarder le tout" (*Les Lieux* 86). Ceci apparaît dans l'écrit dès le second roman, *la Vie tranquille*.[6] La seconde partie de ce roman de jeunesse, que Duras dit avoir relu récemment et trouvé "magnifique" (*Écrire* 44), est consacrée à une retraite à la mer qui représente indéniablement la méditation sur l'être la plus remarquable du corpus durassien. Françou, l'héroïne de *La Vie tranquille*, quitte sa famille familiale après le suicide de son frère qui, après avoir failli "sombrer dans le bonheur" (59), a fini par sombrer dans le malheur. Dans la ferme familiale, la mère "est en voyage, elle vogue sur une mer de douleur" (207). La jeune fille en quête de son identité, "entre dans les Ordres de la Solitude" (169) sur une plage de l'Atlantique; au bord de la mer, elle contemple ce qu'a été sa vie , "un marécage" (170) dans lequel tous ses gestes et actes n'ont produit qu'un "même clapotement d'ennui" (170). Au terme de sa retraite, elle atteint le détachement qui lui permet de n'être plus qu'attention et de "[se couler] au travers [des événements]" (211). Sa méditation sur l'être glisse inexorablement de la recherche du 'qui suis-je' à la découverte de l'appartenance du sujet à un tout. Le mode de compréhension analytique laisse place à la contemplation et les pensées "flottent au même niveau", deviennent "épaves sur la mer" (135). La correspondance entre le corps de la femme et les éléments marins est profondément ressentie comme expérience d'un état de fusion avec le monde: "Je ne voyais qu'elles, les vagues. Bientôt elles étaient ma respiration, les battements de mon sang . . . elle visitaient ma poitrine et me laissaient en se retirant, creuse et sonore comme une crique" (174).

Mais pour que l'être puisse véritablement passer d'un état ontologique à l'autre, il lui faut d'abord mourir pour ensuite re-naître. La baignade de Françou représente un rite de passage, une renaissance spirituelle précédée d'une mort symbolique. "L'immersion équivaut à une dissolution des formes. C'est pour cela que le symbolisme des Eaux implique aussi bien la mort que la renaissance" écrit Mircea Eliade (*Le Sacré et le Profane* 113). Dans *La Vie tranquille* les limites du sujet s'abolissent dans la fusion avec l'eau de mer: "Trente mètres d'eau vous séparent de tout: d'hier et de demain, des autres et de ce soi-même qu'on va retrouver dans la chambre tout à l'heure . . . On est eau de la mer" (146).

Tout rite initiatique comporte sa part de danger et selon Bachelard "le saut dans la mer ravive, plus que tout autre événement physique, les échos d'une initiation dangeureuse, d'une initiation hostile"(*L'Eau et les rêves* 187). Dans *La Vie tranquille*, la baignade de Françou prend la forme d'un affrontement, d'un corps à corps avec l'hydre, où le sensualisme a partie liée avec la violence:

> J'ai voulu qu'elle me touche avec son écume . . . elle a glissé son doigt froid entre mes cheveux . . . la crête de la vague vous gifle . . . On est les yeux dans les yeux pour la première fois avec la mer . . . Elle vous veut tout de suite, rugissante de désir. Elle est votre mort à vous, votre vieille gardienne.(144–45)

Si Françou sort victorieuse de ce combat et peut alors contempler de sa fenêtre "la mer, la mort [. . .] en cage" (146), la noyade est souvent le lot de ceux qui se risquent à braver les flots déchaînés. Borgomano remarque que, le plus souvent dans les textes durassiens, "on ne pénètre [dans la mer] que pour s'y noyer (*Lecture des fantasmes* 42). A la mort symbolique de Françou correspond la mort véritable d'un baigneur englouti par les vagues. Cette noyade est présentée sous un double aspect. Certes il s'agit d'un "drame" (202), mais par le biais de la poésie le drame devient élévation: "l'homme noir à la cigarette" (146) atteint en se noyant la grandeur et la beauté qui lui faisaient défaut: "il était descendu dans la mer très lentement, tout droit et déployé avec la somptuosité immobile de l'algue" (175).

Lorsque la noyade est un suicide, le drame atteint la dimension de la tragédie. Dans *L'Amant* et *L'Amant de la Chine du Nord*, les passagers du paquebot qui ramène l'héroïne vers la France sont témoins du suicide d'un jeune garçon qui se jette à la mer. Face à "la mer vide . . . le matin" (*Amant de la Chine du Nord* 226) il n'y a de place que pour le silence "tellement le malheur était grand que personne ne pouvait l'énoncer, le dire" (224).

Le suicide peut aussi être présenté sous forme allusive et perdre son aspect tragique pour ne plus garder qu'une dimension symbolique, celle d'un retour à l'élément originel. Dans *India Song* la disparition d'Anne-Marie Stretter sur la plage garde toute son ambiguïté. Duras explique: "je ne sais pas si c'est un suicide . . . elle rejoint comme une mer . . . elle rejoint la mer indienne comme une sorte de mer matricielle . . . Je pense que c'est un suicide complètement logique qui n'a rien de tragique" (*Les Lieux* 78). En effet, en rejoignant la mer, c'est son propre élément que va rejoindre Stretter, héroïne durassienne la plus emblématique de la féminité[7], et ce qui disparaît n'est que "l'accidentel d'elle-même" (*Les Lieux* 78). Pour l'héroïne du *Vice-consul* et de *India Song*, l'eau est "un type de destin, un destin essentiel qui métamorphose sans cesse la substance de l'être" (Bachelard *L'Eau et les rêves*, 13). Stretter, personnage préféré de Duras[8], "porte toute l'obscurité et toute la lumière du jour premier (Blot-Labarrère 145) et est placée tout entière sous le signe de l'eau. Cette femme aux traits changeants, vient de Venise, ville du masque et des eaux dormantes; insaisissable, elle évoque une "eau qui dort" (*Vice-consul* 110) et selon Vircondelet symbolise "la femme absolue, ambigue et duelle" (289). Comme l'eau, Stretter possède un double visage et peut être à la fois douce et cruelle: "Y a-t-il de la férocité dans son regard ou au contraire de la douceur" (*Vice-consul* 125)? D'une part, Stretter est un modèle parental, celui de la mère irréprochable, et un modèle féminin, celui de "ces femmes accueillantes . . . celles qui ont l'air de dormir dans les eaux de la bonté sans discrimination" (*Vice-consul* 120). D'autre part, Stretter a les traits de la femme fatale; le refuge qu'elle fait miroiter à ces amants est une invitation à mourir. Elle "recèle en elle [un] pouvoir de mort, celui de prodiguer la mort, de la provoquer" (*Les Lieux* 64–65). Il en va de contempler cette femme "instruite de l'existence de la douleur" (*Vice-consul* 191), comme de contempler les eaux dormantes "matière de la mélancolie" (Bachelard *L'Eau et les rêves*,78). C'est à la mélancolie qu'est allié le pouvoir de séduction de Stretter. A l'hôtel du Prince of Wales dans le Delta du Gange, Stretter, offerte aux regards de ses admirateurs, laisse échapper ces paroles en écoutant le bruit de la mer et en regardant l'orage: "je pleure sans raison que je pourrais vous dire, c'est comme une peine qui me traverse, il faut bien que quelqu'un pleure, c'est comme ci c'était moi" (198). Avec ses larmes Stretter perd goutte à goutte sa substance propre qui en s'écoulant devient emblématique de la douleur universelle; "traversée par ce fleuve de douleur" (*Parleuses* 175), elle est ouverte au désespoir de tous de la même manière qu'elle s'ouvre au désir de tous. Sous le double signe d'Éros et de Thanatos, ce personnage féminin atteint dans l'oeuvre durassienne une dimension qui rejoint le mythe des eaux élémentaires à la fois pouvoir de vie et pouvoir de mort.

Le double pouvoir de l'eau apparaît dans l'oeuvre durassienne sous les diverses formes que nous avons montrées. Les éléments d'intertextualité que nous avons soulignés montrent comment la continuité entre les textes se manifeste d'une part dans les métaphores nées de l'imaginaire des eaux, d'autre part dans les mouvements répétitifs et les fluctuations de l'écriture autour des mêmes questions. Que l'eau, élément privilégié de la poétique durassienne, soit la matière de l'ambivalence ne signifie pas pour autant que son double pouvoir soit représentatif d'une opposition inconciliable. Il n'y a pas opposition entre les deux pouvoirs mais complimentarité, polarité. Pleinement "féminine", l'écriture durassienne proclame le double aspect de tout phénomène, refuse l'antithèse et nie l'opposition de la vie et de la mort, du plein et du vide, reflétant en cela le double visage de la mer qui, pour l'auteur, "est comme des pages, . . . , des pages pleines, vides à force d'être pleines, illisibles à force d'être écrites, d'être pleines d'écriture" (*Les Lieux* 91). Un autre propos énigmatique de Duras souligne un aspect différent du lien entre l'eau et l'écriture; parlant de ses écrits, elle dit: "c'est comme des puits. On va chercher de l'eau dedans et cette eau, les gens . .

. les gens connaissent cette eau, ils la boivent quelque part en eux" (*Les Parleuses* 185). Le premier propos a trait à la mer, le second à l'eau comme breuvage vital; la transformation de l'eau salée en eau douce s'opère par l'alchimie de l'écriture.

Notes

1. Voir les deux rubriques respectivement intitulées *les profondeurs de l'eau* et *le vert des eaux*.

2. Pour la question de l'autobiographie, voir l'ouvrage D'aliette Armel, *Duras et l'autobiographie* et *Marie-Thérèse Ligot présente* "Un Barrage contre le Pacifique". p. 66.

3. Duras naît en 1914 à Gia-Dinh, près de Saïgon. En 1924, elle part avec sa mère, Marie Donnadieu pour Sadek, puis Vinh-Long, sur les bords du Mékong. C'est cette année là que la mère achète la concession incultivable. En 1932, Duras âgée de dix-huit ans, Duras s'embarque sur un paquebot en partance pour la France et quitte à jamais sa terre natale.

4. Voir dans *Marie-Thérèse Ligot présente* "un barrage contre le Pacifique" (56–57), comment le plaisir innocent des ablutions glisse l'interdit en devenant l'objet du regard de M. Jo.

5. Pour une analyse détaillée du périple de la mendiante et du symbolisme du paysage, Marcelle Marini, *Territoires du féminin*, et Noëlle Carruggi, "Marguerite Duras, une expérience intérieure: 'le gommage de l'être en faveur du tout'", chapitre "territoires de l'indifférentiation.

6. Voir Duras, "Une expérience intérieure 'le gommage de l'être en faveur du tout'", chapitre "un périple initiatique".

7. "[je] me demande si les autres femmes de mes livres ne l'ont pas masquée longtemps . . ." (*Les Lieux* 69).

8. "Mes films et mes livres sont des histoires d'amour avec elle . . ." (*Les Lieux* 69).

LA PUISSANCE DE L'EAU:
DISSOLUTION ET RECHERCHE DE FORME
DANS L'OEUVRE DE WEREWERE LIKING[1]

Bettina Soestwohner

J'imagine un désir sinusoïde
Un désir qui ondule par approches successives
Et trouve son éternité dans le rythme
Tel l'océan: il n'est jamais bandé et jamais ne
sera flasque . . .
C'est une vague
La vague monte avec la certitude d'atteindre
son sommet
La crête de la vague ondule en chute
Avec la certitude de remonter
D'engendrer toujours une autre vague
De survivre éternellement
Puisqu'il n'y a pas coupure entre le creux et la
crête de la vague.

(Werewere Liking, *Elle sera de jaspe et de corail* 68-69)

Werewere Liking est née au Cameroun en 1950 parmi le peuple des Bassa. Depuis plus de dix ans, elle vit en Côte d'Ivoire pour des raisons d'ordre politique. Elle confesse avoir eu "peu d'années d'école occidentale"; elle est plutôt "passée par une série d'enseignements traditionnels," (Hawkins 235). Quel que soit le contenu spécifique de ces formations, elles ont incité Werewere Liking à s'investir dans de nombreux domaines artistiques depuis plus de vingt-cinq ans.   Après une brève carrière de chanteuse—elle écrivait ses propres textes et mélodies—elle s'est mise à peindre, puis à écrire des poèmes. Vivant dans "un milieu où l'on faisait beaucoup de théâtre", elle a développé un goût pour l'art dramatique. Le théâtre africain des années 70 lui paraissait cependant "trop occidental": selon Liking, il y manquait "une réflexion basée sur un apport personnel" de la part des Africains dont l'histoire ne devrait pas s'épuiser dans une esthétique occidentale (Hawkins 235).

Liking s'intéresse toujours à l'expérience artistique en tant que connaissance qui lie l'art aux développements personnels de tous ceux qui y participent, qu'il s'agisse d'artistes ou de spectateurs. A ces développements, elle donne le nom d'"initiation" à partir de rites africains traditionnels. Elle explique que "l'initiation commence là où il y a une ouverture de l'individu qui va lui permettre de commencer un cheminement personnel. C'est quelque chose qui nous rend unique" (Pillot 56). Selon Liking, "l'art, c'est quand la technique rencontre l'esprit" (Pillot 57).

Pour créer un terrain apte à promouvoir une telle maturation spirituelle, Werewere Liking a fondé une communauté d'artistes qui vivent ensemble dans la Villa Ki-Yi en dehors d'Abidjan. La villa Ki-Yi est devenue, au cours des années, un centre culturel et de recherches artistiques où se forment les participants. Le travail du groupe se caractérise par des mélanges culturels à travers des types variés de créations, et qui se produisent surtout au cours des représentations théâtrales quotidiennes.

Les travaux de Werewere Liking dépassent également le cadre des genres occidentaux plutôt traditionnels tels qu'ils ont été présentés à l'intérieur du système éducatif colonial. Le mélange créatif de genres propre à Liking rejoint, selon l'artiste-même, ce qu'un nombre de traditions africaines prévoit depuis très longtemps. Dans un entretien, elle explique:

> Nous nous inspirons des mécanismes et techniques de communication des rituels traditionnels. Mon théâtre et mes autres oeuvres puisent à cette même source. Mais, la littérature orale n'influence que la forme de ces oeuvres qui généralement, tiennent de tous les genres à la fois. La thématique, quant à elle, est plutôt moderne, quotidienne. (Ndachi Tagne 195)

Post-moderne selon la critique occidentale en ce qui concerne l'utilisation de genres artistiques, la signification même des termes "moderne" et "traditionnel" est ainsi mise en cause.[2] Quant au traditionnel, il serait difficile de trouver des images plus répandues que le rite d'une traversée de l'eau. De même, l'immersion dans l'eau en tant que symbole d'une renaissance est hautement significative.

La façon dont les textes de Liking abordent ce qu'il y a de plus traditionnel ne soutient, cependant pas leur classification comme textes entièrement conventionnels. Car rien n'est valorisé ou rejeté par le simple fait d'appartenir ou non à de vieilles traditions. Pour ce qui est du travail littéraire, l'avant-garde africaine présente, par exemple, le dédoublement de traditions africaines jamais réalisées en forme de textes écrits. Ainsi, la recherche de nouvelles expressions artistiques aussi bien que l'inscription dans la tradition marquent toujours le travail de Werewere Liking. Etant donné la multitude de sujets et de formes venant de traditions diverses, une telle créativité ne surgit, dans l'oeuvre de Liking, qu'au bord de ce qui se distingue, de façon presqu'imperceptible, d'une reconstitution à partir d'éléments entièrement reconnaissables.

En 1981, Werewere Liking a publié le court roman *Orphée-Dafric* qui est suivi, dans le même recueil, par l'adaptation théâtrale du texte, elle même intitulée *Orphée d'Afrique*.[3] L'utilisation du mythe grec d'Orphée s'inscrit dans la tradition occidentale par sa thématique aussi bien qu'en tant que nouvelle version d'un thème traité maintes fois dans l'art occidental. En même temps, le texte est lié à des traditions africaines, vu que le mythe d'Orphée connaît une tradition aussi longue, sinon plus longue, en Afrique qu'en Europe étant donné que—selon la thèse de Martin Bernal—les peuples d'Europe sont eux-mêmes venus d'Afrique. Un autre aspect traditionnel d'*Orphée-Dafric* se situe dans le traitement d'un certain apprentissage existentiel étroitement lié aux cultes d'initiations africaines.

Liking se sert d'un rituel Bassa désigné à guérir des maladies mentales, comme cadre de son roman.[4] La descente aux enfers d'Orphée dans le mythe grec revient ainsi sous forme d'un rituel Bassa du feu. Dans le texte de Liking, l'élément du feu est, cependant, remplacé par l'eau. Les recherches d'identité aussi bien que les transformations les plus importantes de la pièce ont lieu dans, et autour de cet élément dont la fonction à l'intérieur du texte est cruciale. L'auteur utilise l'eau comme espace double, ambivalent, dans la mesure où s'y retrouvent toutes les données de l'histoire mais sans que leurs significations habituelles ne soient presentées.

Cependant, l'eau devient le lieu où de nouvelles significations peuvent surgir au fur et à mesure.

L'intrigue d'*Orphée-Dafric* reproduit l'histoire d'un amour classique menacé par la mort de la mariée. Deux jeunes gens d'origine sociale différente, à savoir Orphée, jeune astrophysicien d'un village africain dit "traditionnel", et Nyango, fille de parents nouveaux-riches suite à leur rôle politique douteux depuis l'indépendace du pays, ont obtenu l'acord de leur famille respective pour se marier. Suivant les coutumes, le couple doit traverser le fleuve au cours de la célébration du mariage. Cette traversée est hautement symbolique dans la mesure où s'y joue le drame d'une Afrique confrontée à des traditions, cultures, et systèmes de valeurs apparemment incompatibles. Dans le langage du texte, même "le fleuve pardonnait difficilement ce genre de provocations" (13). Ainsi, on y joue au sort. En fait, tous adonnent leur sort au succès de la traversée assumant que le mariage d'Orphée et de Nyango serait agréé par tous ou il ne le serait pas, car c'est toute une vie qui devait se réconcilier avec elle-même, avec la nature, à travers eux (13).

La plus grande partie du roman consiste en la présentation de variantes du récit. Tout d'abord, les lignées les plus élaborées du texte prennent la forme d'un rêve merveilleux d'une part, et d'un cauchemar, d'autre part. Dans le premier cas, tout se passe selon les désirs et les projets du couple. Après une traversée sauve, les jeunes mariés s'installent dans la maison de leur rêve, prête à recevoir leur bonheur: combinaison parfaite et sans conflit du traditionnel et du moderne.

Dans une version moins hollywoodesque, la barque se retourne et la mariée se noie sans que son corps puisse être localisé. Ainsi, Orphée reste seul. De plus, accusé d'intentions meurtrières, il doit faire face à l'hostilité publique. Orphée ne lâche cependant ni l'amour qui le lie à Nyango ni l'espoir de la revoir vivante. Ainsi, il "plonge dans le fleuve de l'amour" (45) pour retrouver sa bien-aimée. Il doit subir un nombre d'épreuves "initiatiques" à la fin desquelles il prend "possession de la conscience" (52). Ainsi, il laisse derrière lui l'état présenté comme prototypiquement africain, à savoir une apathie sans désir. Il entrevoit plutôt une constellation où "chacun retrouve sa vraie place et assume son propre chemin, sans favoritisme aucun" (52).

La persévérance face à la version cauchemardesque de l'expérience dans le fleuve de l'amour présente ainsi une vision de ce que la situation de l'Afrique pourrait être. A partir du moment où l'Afrique n'est plus paralysée par des idéologies peu aptes à mener au-delà des blocages, le texte envisage un scénario où l'individu se voit dans une lumière nouvelle moyennant une autre façon de se situer par rapport à elle-même aussi bien qu'à la vie alentour. Les entraves peuvent être de caractère traditionnel dit borné: loin de rejeter le traditionnel en tant que tel, Liking oppose ce qu'elle exemplifie, dans *Orphée-Dafric*, comme une obssession très courante parmi beaucoup d'Africains, à savoir de n'être que "des petits nègres . . .[qui doivent] apporter leur quote-part à la fameuse civilisation de l'universel" (41). D'autres obstacles qui ne barrent pas moins le chemin surgissent à partir d'une volonté d'occidentalisation à tout prix.

Tout en étant inscrit dans des histoires aussi différentes que l'Afrique des mythes transmis oralement et l'héritage post-colonial d'une modernité occidentale, le monde du texte *Orphée-Dafric* ne tâche pas de mettre en question ces héritages divers en tant que simples faits à accepter. Ainsi, pour tout héritage d'images liées à chacune des bases historiques, le texte remarque: "Cette imagerie enfoncée à coup de crosses a fait du chemin et des petits au-delà de toute espérance. Aujourd'hui, elle nous colle à la peau, elle est une partie de nous" (35). A présent, il s'agit de continuer face à tous ces bagages historiques sans s'en laisser impressioner ou affaiblir au point d'être d'"immobilisé".

Les transformations envisagées par le texte n'ont donc pas simplement la forme d'une synthèse. Si de nouvelles formes surgissent suite au passage par le cauchemar aquatique, il ne peut s'y agir de combinaisons simples des domaines en question au début du texte. Liking insiste (et répète) plus d'une fois qu'il faut "redéfinir. . . [un] idéal, reformuler le progressisme sur de nouvelles bases"(56). Un tel départ qui se veut radicalement nouveau promet une vie. Liking le suggère plutôt que l'effort de s'orienter à partir d'une idéologie vide de formes créées à chaque moment mais qui, à la place, rabâche des idées surannées du genre "l'Afrique aux africains, le gâteau aux jeunes" (56).

Quoi qu'il en soit des visions envisageant un monde autre qu'une version de plus du même, retournons d'abord au début. Il faut commencer par le rite, par la traversée du fleuve. Celle-ci est très dangereuse. Ainsi, les transformations à l'horizon de l'attente sont, dans *Orphée-Dafric*, nécessitées par une menace: comme dans toute version du mythe d'Orphée, la mort de la mariée pèse sur tous. Le texte suggère que le sort de l'Afrique entière est en jeu; qu'au-delà de toute différence, soit de classe, soit de coutumes, soit de degré d'occidentalisation, l'Afrique est prête à se jouer entièrement dans le sort des jeunes mariés.

De la traversée rituelle de l'eau, il peut résulter deux scénarios. Ou bien la mort devient la parole finale du sort. Dans ce cas-ci, le destin aura indiqué qu'à présent, le poids des conflits les plus profonds de l'Afrique ne saurait être soulevé. Le rite n'a plus de pouvoir ou alors la traversée est sauve: ce scénario serait lu, par tous, comme un signe indiquant que l'Afrique a la capacité de se réconcilier avec elle-même, au-delà de ces contradicions internes. Dans ce cas-là, le rite, exécuté comme il le faut, "fonctionne".

Dans les premières pages du texte, Liking met en place la possibilité de telles dichotomies, à savoir entre (1) la vie ou la mort, (2) le bonheur hollywoodesque ou la souffrance causée par la mort, (3) une vision optimiste pour l'Afrique entière ou le néant total, (4) l'accablement par le poids de la mort ou l'existence dans la légèreté d'une réconciliation avec les avatars de la vie. Le texte n'explore, cependant, pas en détail l'une ou l'autre de ces versions complémentaires.

Liking ne poursuit ni la réalisation du rêve hollywoodesque qui éviterait toute rencontre avec la mort, ni la "victoire" de la mort en tant que solidification du status quo apathique. Ce que ces deux scénarios partagent est la signification donnée à la mort. Les deux sont inscrits dans une logique à l'intérieur de laquelle la mort est perçue comme la menace ultime. Etant ainsi le signifiant primaire, il lui est accordé le pouvoir de conditionner la totalité de toutes les autres significations.

C'est à partir de cette réalisation qu'*Orphée-Dafric* s'avance dans une direction moins prévisible. Liking se met à soulever le poids de la mort. L'auteur s'attaque aux conditions à partir desquelles la mort (mort de la mariée, d'une histoire, d'une tradition) reçoit le pouvoir de déterminer le sort de tout et de tous. Elle s'attaque aussi, peut-être avant tout, à cette mort qui mènerait à la disparition de la dépendance-même. Et précisément dans ce texte d'*Orphée-Dafric*, ce serait surtout la dépendance volontaire de la bonne volonté du sort.

Ce qui est ainsi mis en question est la supposition qu'une souffrance passive est le seul "choix" de l'Afrique, soumise à une sorte de prédestination. Ici, le mariage entre Orphée et Nyango (ainsi en parlent les gens liés par rien, autre cet abandon de leur responsabilité créatrice) serait agréé par tous ou il ne le serait pas, car c'est toute une vie qui devait se réconcilier avec elle-même, avec la nature, à travers eux. C'était leur rêve, c'était leur voeu. Autrement dit: tout se règlera miraculeusement, merveilleusement ou tout "tombera à l'eau" (13).

Seulement, dans *Orphée-Dafric*, on ne meurt pas si facilement quand on tombe dans l'eau. C'est là que le texte n'est pas simplement traditionnel ou moderne, mais nouveau. L'eau est en effet explorée dans ses deux fonctions également présentes dans la plupart des traditions du monde. Elle donne la vie et la prend, elle sauve de la mort ou elle l'apporte. Mais dans l'histoire de Liking, contrairement à la logique traditionnelle du rite, ceci ne relève pas du sort. Dans la mesure où il y a dépendance, cela dépend de ce que l'on fait de la vie ou de la mort. Ce que l'on en fait ne dépend pas, selon *Orphée-Dafric*, de la vie ou de la mort, car ces deux-là, justement ne dépendent de rien. Mais ceux qui se meuvent dans l'eau dépendent de l'une ou de l'autre, mais de laquelle? C'est ce qui est en jeu à présent.

Werewere Liking choisit ainsi l'eau comme l'endroit du défi, c'est-à-dire comme l'espace où l'on décide si de nouvelles formes (de vie, de conscience, de littérature etc.) peuvent être conçues. L'eau devient le lieu d'une transformation créatrice. Deux corps d'amants dans l'élément liquide à savoir le corps de Nyango noyée à mort (ou à vie? C'est bien une des grandes question du texte . . .), puis le corps d'Orphée à la recherche de sa bien-aimée, l'amour, leur seul atout: tel est le matériau de construction à partir duquel Liking s'aventure à la recherche de son texte.

Nous trouvons des images semblables quant à la fonction de l'eau dans *Elle sera de jaspe et de corail.* Makhele écrit à propos de ce deuxième roman de Werewere Liking: "Jaspe et corail préfigurent l'humanité à venir. La mer est comme une amante qui sait demeurer sobre, osant tout recommencer, tout régénérer" (43). Plus que par sa matérialité en tant que telle, l'eau, c'est l'ambiance qui permet de passer à l'acte. Dans *Elle sera de jaspe et de corail,* elle prend toutes les couleurs, toutes les formes pour devenir forme elle-même. Ainsi Liking la lie à l'encre qui met en route la transformation du matériau en texte. Mais s'il en est ainsi, nous savons déjà que l'amante aquatique ne restera pas immobile.

On ne s'étonne donc pas que l'histoire dans *Orphée-Dafric* se forme à partir d'une mise en relation, dans l'eau, de l'amour et du recommencement. Puis il y a la mort, ou la vie. L'amour, selon la figuration de Liking, signifie que l'on ait confiance en la vie. Orphée ne partage pas la "logique du sort" selon laquelle s'impose la conclusion que son amour a rejoint la mort: "il était convaincu que Nyango vivait; elle ne pouvait pas être morte, elle ne pouvait pas l'abandonner" (17).[5]

Les sept étapes du rituel d'initation par lesquelles Orphée doit passer l'expose maintes et maintes fois au doute. Orphée se retrouve face à lui-même, face à l'amour. Aura-t-il la force de garder sa confiance en la vie ou la perdra-t-il? Saura-t-il empêcher son abandon à cette apathie qu'impose le sort et son pouvoir? Orphée reconnaît: "Dès que mon amour me quitte, je ne suis plus moi-même, je perds l'équilibre . . ." (45).

A ce point dans le texte, Liking présente Orphée avec un choix. Tout dépend de l'inscription de son amour—pour Nyango, pour lui-même, pour la vie—dans une logique de subversion quand les actions de la vie ne garantissent pas un bonheur sans soucis, d'une part, ou bien dans une logique animée par le courage qui résiste même si la vie diffère du rêve qu'il s'en était fait, d'autre part. Orphée s'écrie:

Je rejoindrais Nyango dans la vie ou dans la mort et dans une éblouissante étreinte, nous serions unis à jamais. Finis les soucis parasites! Je me libère d'une société vaincue, déracinée, aigrie, encombrante . . . je me libère!

Et mon amour disparaît pour toujours, parce qu'il a manqué d'efficacité: il n'a pas su ramener l'équilibre, soigner par la lumière; il est vaincu à son tour . . . . Et il n'y a plus de cadre pour l'abriter ni dans la vie, ni dans la mort . . . Non!!! Non.

Tenir bon. Tenir droit. Il me faut tenir absolument. Je vois les sacrifices: je suis condamné; condamné à marcher; toujours de l'avant.(50–51)

Dans ce passage, Liking présente d'abord le rêve hollywoodesque d'un amour qui s'éternise une fois que le rideau tombe sur l'étreinte des amants. Le paragraphe suivant révèle le caractère conditionnel d'un tel rêve: le bonheur imaginé dépend entièrement d'un cadre. Comme ce cadre se soustrait à l'influence des acteurs, ceux-ci vivent dans la peur de le perdre. Ce qui devrait être libérateur n'aboutit qu'à l'angoisse. Le chemin qui pourrait mener au-delà d'une telle détermination ne saurait s'accrocher à des images salvatrices. Formulé dans la terminologie du rite, le succès du rite exécuté ne guarantit pas plus la liberté que l'échec tant que les deux sont perçus selon une logique de déterminations extérieures, à savoir l'abandon, au pouvoir du sort, de toute responsabilité.

Dans le texte de Liking, Orphée résiste, cependant, à la tentation d'un tel abandon. Le texte souligne la position du protagoniste—différente de la position fataliste présentée comme prototypiquement africaine—moyennant la dissolution de certaines images: en particulier celles qui mènent directement de l'amour à la mort et qui prennent des détours et se transforment en route. Par conséquent, au lieu d'une lutte imaginaire contre le pouvoir de la mort (telle qu'elle n'est que vaguement cachée dans les fantaisies hollywoodesques), l'univocité des images est à la fois ignorée et ébranlée.

Si la mort est la menace suprême pour tous, Orphée déclare que "la faux de l'irréversible va passer" (54). Cette image évoque en effet l'avènement de la mort. Plutôt que d'essayer de contourner la mort ou de refouler son accession dans l'image d'une mort partagée avec la bien aimée, il s'agit maintenant de soulever le *poids* de la mort. Ce changement est effectué à partir d'une modification de perspective: Orphée regarde le monde comme s'il était "pendu par un pied à la branche d'un arbre"; alors, sa "vision des choses ici change complètement" (54).

Si tout point de vue est ainsi renversé, c'est d'abord la phrase même—"la faux de l'irréversible va passer"—qui prend une signification nouvelle. La conception selon laquelle l'avènement de la mort est interpreté comme un signe envoyé par le sort perd son irréversibilité de signifiant primaire. Le texte propose plutôt de voir tous les événements sous un autre angle (55). Quand "la faux du squelette a fait du travail" (56), elle a élargi, avant tout, sa propre signification univoque. Ainsi, le tracé d'Orphée devient-il d'abord "un chemin à double sens" (62), pour s'élargir encore plus: à la page suivante, ses recherches se font à travers la multidimensionalité des couches nombreuses d'un cristal.

Nous avons vu que l'Afrique s'enferme dans sa confiance au sort qui, en fin de compte, perçoit l'amour de la vie comme assujettie au pouvoir de la mort. Par conséquent, l'angoisse devant la mort projette son ombre sur la vie qui ne compte pas en dehors de cette constellation. Liking substitue ce fatalisme avec une vision moins sordide. Quand Orphée renonce à l'image d'un amour-mort, il s'apprête à quitter ce cercle infernal. A l'intérieur du cercle, pleurer la perte des traditions mène à la reconnaissance que l'Afrique n'a pas su trouver son identité suite à ce dépouillement. Cette reconnaissance elle-même ne peut cependant que retourner à l'anéantissement de ses propres origines. Orphée, en se jettant à l'eau, accepte d'aller de l'avant, c'est-à-dire, de "redéfinir . . . réformuler le progressisme sur de nouvelles bases, . . . réinventer des valeurs" (56).

Quand "la faux du squelette a fait son travail", elle a avant tout surmonté la peur de la vie et d'une nouvelle continuation.   Ainsi, l'angoisse—et sa manifestation sociale la plus répandue, à savoir l'apathie fataliste—se transforment en courage. Les visions moroses de la vie et de la mort prennent alors la forme d'une mosaïque à perspectives multiples qui invite la créativité de l'individu tout en l'inscrivant dans l'ensemble de ce qui a été transmis sous forme d'héritages culturels différents.

C'est ainsi que l'écriture de Liking s'étire pour dissoudre—"à l'eau"—ce qui, au niveau du langage, paralyse l'Afrique, à savoir l'incapacité de se distancier d'une logique qui ne saurait jamais libérer son peuple. La femme mise à l'eau remonte alors à la surface, comme une manifestation de la vie mise à mort. Voici donc ce que le rite du texte produit chez Liking! Seulement, d'où exactement nous revient-elle, l'Eurydice-Nyango? D'un amour de la vie, c'est tout ce que nous savons en fin de compte, car Orphée "ne voulait tout de même pas chercher son amour jusqu'aux enfers!. . ."(9).

Notes

1. Ce titre est une allusion à une pièce de théâtre par Werewere Liking, *La Puissance de Um*, qui traite d'un rituel de mort.

2. Dans *The Dialogic Imagination*, Bakhtin développe l'idée que le roman est différentiel par définition. Dans l'introduction au texte de Bakhtin, Michael Holquist écrit que "'novel' is the name Bakhtin gives to whatever force is at work within a given literary system to reveal the limits, the artificial constraints of that system" (xxxi).

3. L'adaptation a été effectuée par Manuna Ma Njock.

4. Harold A. waters remarque à propos d'Orphée-Dafric: Orphée's wife Nyango has drowned, and he wants to evoke her spirit . . . via the Bassa trial-by-fire rite designed to cure mental ilnesses (45).

5. Dans son roman *L'amour-cent-vies*, Liking joue sur l'inscription de l'amour dans une logique de la vie ou de la mort. *L'amour-cent-vies* est très critique de tout désir qui s'arrête dans des angoisses devant la mort du status quo.

LA NOYANTE OU LA SUBVERSION
DU MYTHE D'OPHÉLIE

Bénédicte Mauguière

Le thème de l'eau est particulièrement riche de significations symboliques dans *La Noyante* d'Hélène Ouvrard.[1] "Noyan", c'est d'abord le nom de l'ancienne seigneurie érigée au milieu de "ce pays noyé" où ciel et eau se confondent dans un paysage inversé. C'est ensuite la rivière qui coule près de la maison, des profondeurs de laquelle jadis montait l'appel de "la Noyante", la mère de la narratrice qui s'y était noyée lorsque celle-ci était encore enfant. Dans l'exploration de l'imaginaire d'Hélène Ouvrard, l'interprétation symbolique de Gaston Bachelard et de Gilbert Durand se révèle particulièrement utile pour mettre au jour la permanence d'"archétypes". Cependant, c'est à leur dépassement par un imaginaire féminin que nous convie Hélène Ouvrard.

Deux citadines, Eléonore, la narratrice, et Léonor, l'immigrante se décident à quitter Montréal pour retaper une vieille maison dans la vallée du Richelieu, en Estrie. Le lieu géographique a ici beaucoup d'importance car cette région située le long de la frontière américaine est chargée de symboles et d'histoire. Le nom d'origine du Richelieu était la "Rivière des Iroquois" en souvenir du périple de Champlain à travers le territoire iroquois. Ce fut plus tard le lieu d'établissement des Loyalistes fuyant la révolution américaine. Au-delà de l'histoire de ce pays, c'est la quête de son histoire personnelle et d'elle-même que la narratrice recherche (Mauguière 1992). On apprend en effet, dès les premières pages, qu'elle y avait vécu dans sa petite enfance "quelques mois qui avaient marqué un courant de [sa] vie" (27). Elle n'y serait jamais retournée sans cette ironie du destin qui l'y amène de nouveau. Le lieu nommé "Noyan" est qualifié "d'étrange pays d'eau" et la rivière y joue un rôle dominant:

> La terre y était asservie depuis longtemps et ne cherchait plus à reprendre ses droits. Elle acceptait, comme le cheval, de travailler pour l'homme en échange

de quelques égards qu'il n'était pas sûr qu'on lui rendît. Ce n'était pas elle, pourtant, la grande dame des lieux, mais la rivière, qui était fort mal traitée. (27)

Dans la plupart des civilisations, la terre est associée à l'élément féminin, le plus souvent maternel. La nature, comme l'écrit Bachelard, est une "*projection* de la mère". Il cite à ce sujet Mme Bonaparte pour qui la nature est "une mère immensément élargie, éternelle et projetée dans l'infini" et en particulier "La mer est pour tous les hommes l'un des plus grands, des plus constants symboles maternels" (*L'eau et les rêves* 156). Hélène Ouvrard joue également sur ces deux termes, l'analogie mère/mer est récurrente dans le texte: "Dehors, dans la plaine, la nuit c'est la mer" et la maison est "pleine de craquements comme un bateau amarré en mer" (95). De plus, la maison qu'elle habite (qualifiée de "maison universelle") est perçue comme une puissance féminine et maternelle (matrie/ matrice) et elle l'intègre à un univers cosmique:

La maison qui nous emportait toutes, vivantes et mortes confondues dans l'inconscience du sommeil, glissait au ralenti dans le grand ventre de la nuit… Nous étions comme les enfants d'un même utérus. (126)

A la coupure tranchante du jour associé au monde masculin ("leur asphalte, leur ciment, leur béton"), Eléonore préfère le régime diurne, celui du rêve. La nuit est ainsi "la marée qui [la] garde en son sein", évoquant le retour dans le ventre maternel:

Tant de lumière perce la sphère étanche de la mer. Ventre de ma mère qui se vide
goutte
à
goutte . . . (47)

Pour ce qui est du lien qui unit les images de la nuit et de la mère, on le comprend mieux si on considère le symbole de la mère comme archétype. Elle est "la première forme que prend pour l'individu l'expérience de

l'anima", c'est-à-dire de l'inconscient (Adler 53). Pour Jean Chevalier, c'est
le symbole des "énergies inconscientes" et des "motivations secrètes" (381).
Dans le roman *La Noyante*, la nuit donne naissance à une vie tout à fait
distincte comme les chambres de la maison "que l'approche de la nuit
éveillait à une autre vie . . ." (67). L'analogie des symboles maternels
Nuit/Mère s'inscrit dans une dimension cosmique: "La nuit vente à ma
porte, d'un grand respir cosmique" (96). Les rêves d'Eléonor sont
également éloquents: "Mon esprit n'était pas revenu des landes cosmiques
où il avait vagabondé toute la nuit, en compagnie des déesses" (44). La
rivière occupe cependant une place particulière dans cet univers cosmique.
Elle recouvre la plupart du paysage et exerce une sorte de fascination
morbide:

> Ici et là, dans le paysage inversé, ciel et eau confondus, des touffes d'arbres
> désolés contemplaient leur pieds immergés. "Le pays noyé . . ." pensai-je avec
> un frémissement. Et le beau nom de Noyan [. . .] referma sur moi ses pièges
> liquides . . ." (99)

L'eau est en effet un piège "aux reflets trompeurs" (67). Eléonore est attirée
vers ce miroir dans lequel sa mère a disparu et où elle-même, enfant, a
voulu disparaître, en ce même lieu. Cette "psychologie du miroir" fait partie
intégrante de ce que Bachelard désigne comme une "participation" à
l'essence même de la pensée des eaux: un "psychisme hydrant". Il y a sous
les images superficielles de l'eau, nous dit-il, des images de plus en plus
profondes, de plus en plus tenaces. On reconnaît dans la substance de l'eau
"un type d'intimité" (*L'Eau et les rêves* 8). C'est ce type d'intimité, perdu
à tout jamais avec la disparition de sa mère, que recherche Eléonore. On ne
peut s'empêcher de penser ici que le corps de la rivière évoque le corps
maternel. Cependant, cette intimité est trompeuse car, comme le note
Bachelard, si l'eau est substance de vie, elle est aussi substance de mort:
"Elle [l'eau] est la vraie matière de la mort bien féminine" (111). Nulle
autre image qu'Ophélie n'est à même de rendre cette ambivalence. Il n'est
donc pas étonnant qu'Hélène Ouvrard ait choisi de représenter la Noyante
sous les traits d'Ophélie dont le célèbre portrait, qui la montre flottant sur

les eaux, apparaît sur la page couverture du roman. Bachelard voit dans cette image "le symbole du suicide féminin" et décrit "le charme poignant d'une morte fleurie qui s'en va comme Ophélie, au fil de la rivière" (27). Il déplore qu'il y ait là "une image dont la critique littéraire n'a pas vécu la croissance". Cette remarque est d'autant plus justifiée que cette image n'est pas ou peu analysée dans les écrits de femmes alors que l'eau semble être pour ces dernières un élément souvent lié à la mort et à l'enfance; Virginia Woolf en est un exemple probant. Il y a en effet une fascination de l'eau semblable à l'appel de la petite enfance comme le dit Eléonore:

> Un des nombreux décors de ma petite enfance errante se reformait de lui-même devant mes yeux: . . . quand je m'étais, au bord de ce même Richelieu approchée si près de la mort . . . On n'échappe pas à son enfance. (66)

Cette image est d'autant plus forte que rien ne peut remplacer le premier amour pour la mère. Puisque "la chronologie du coeur est indestructible", nous dit Bachelard: "aimer une image c'est trouver sans le savoir une métaphore nouvelle pour un amour ancien" (157). Cependant, cette métaphore est dangereuse car on peut se perdre à ce jeu d'illusions et de miroirs:

> Constamment elle brouillait les cartes, montrait comme interchangeables les deux faces opposées de l'existence, ainsi qu'une eau attire en ses reflets trompeurs celle qui vient s'y noyer . . . A m'appeler ainsi de porte en porte, à glisser ainsi de miroir en miroir, je risquais fort de me retrouver de l'autre côté de l'invisible et peut-être liquide frontière que j'aurais franchie sans le savoir . . . (67–68)

Le je(u) de correspondances est double pour Eléonore, d'une part, la rivière évoque la mort de sa mère mais elle évoque également la mort symbolique de nombreuses femmes: "j'avais frappé, pour retrouver ma mère perdue, aux portes sans réponses de trop de mortes . . ."(100). De façon plus générale, le symbole de l'eau renvoie également au sang et le flot de la rivière évoque aussi le flux menstruel qui est associé à la terre et à la lune

(Eliade, *Traité d'histoire des religions* 145; Chevalier 379). Eléonore établit ce lien quand elle se plaît à remonter la rivière en chaloupe avec son ami Jean, de préférence la nuit quand la lune et les étoiles jettent leurs reflets sur l'eau. Bachelard écrit à ce sujet: "Comme tous les grands complexes poétisants, le complexe d'Ophélie peut monter jusqu'au niveau cosmique. Il symbolise alors une union de la lune et des flots" (119). La lune est en effet liée à la mort et à la féminité et c'est par cette dernière qu'elle rejoint le symbolisme aquatique (Durand 1969, 111). Ce jeu intime d'une rêverie qui associe la Lune et le flot "prend la lune qui flotte pour le corps supplicié d'une femme trahie" (Bachelard 121). C'est ainsi qu'il faut interpréter le refus d'Eléonore de se laisser prendre aux reflets de la rivière car "je savais quel sort elle réservait à celles qu'elle attirait dans son sein faussement maternel" (*La Noyante* 100). En refusant à tout jamais de répondre à cet appel, Eléonore refuse l'eau comme "symbole profond, organique de la femme qui ne sait que *pleurer* ses peines et dont les yeux sont facilement "noyés de larmes" (Bachelard 113). De cette façon, nous dit-elle:

> Je ne risquais plus de traverser par inadvertance la liquide frontière par où, si souvent, au cours des siècles, s'était réalisée la *malédiction féminine*. Non, je ne laisserais pas la Noyante me séduire ainsi qu'elle avait séduit ma mère (100).

Les détails de cette image sont importants afin de mieux identifier l'expression de cette "malédiction féminine". Bachelard écrit que "la vision d'une chevelure flottante anime à elle seule tout un symbole de la psychologie des eaux" et explique "à elle seule tout le complexe d'Ophélie" (114). Hélène Ouvrard réfère explicitement à Ophélie dans un passage où elle décrit Eléonore qui aperçoit les "longs cheveux blonds" de la noyée. Il est intéressant de remarquer que ce sont les cheveux de cette dernière qui "l'avaient retenue aux arbres pourris du fond de l'eau" et que c'est au moment précis où Eléonore les voit que la rivière l'entraîne de force vers le fonds où l'attendent ses semblables: "Je glisse de miroir en miroir, prise au piège, trompée, anéantie, j'ai maintenant des milliers de petites soeurs, toutes du même lit, et je cherche en vain laquelle je suis" (143). La chevelure participe pleinement à cette "ophélisation" (Bachelard), elle dirige les symboles négatifs qui lui sont associés vers "une féminisation qui se verra définitivement renforcée par cette eau féminine et néfaste par excellence: le sang menstruel" (Durand 1969, 107). Par conséquent, le refus de participer au complexe d'Ophélie, cette malédiction féminine et ses pièges si largement célébrés de façon superficielle par les poètes est le signe d'une libération pour la narratrice. Par ce refus, elle échappe à "un type d'intimité" et surtout à "un type de destin" (Bachelard 8), le destin de milliers de ses soeurs. C'est en abandonnant ses vieux démons enfouis dans les profondeurs aquatiques qu'Eléonore peut véritablement re-naître à elle-même. Si la narratrice ne peut mouler son corps dans celui de la rivière, c'est une autre image de l'intimité qui désormais le lui permettra. Gilbert Durand relève, dans ce qu'il appelle "le Mythe de la Conversion Nocturne", particulièrement présent chez Hélène Ouvrard, des "mythèmes de l'intimité" (1979, 228).[2] Selon lui, ce sont les grands schèmes "nocturnes" qui sont porteurs de ces images de l'intimité. Cette analyse offre un éclairage précieux sur la structure mythique de *la Noyante* car tout le roman est en effet conçu dans "ce rapport d'intimité qu'est celui du contenant au contenu" (ibid.). Comme le fait remarquer Durand, le contenant peut être à la fois "sexe féminin, tombe ou chambre close" ou tout aussi bien "province, patrie, continent". Dans la structure de *la Noyante* les exemples de ces "rapports d'intimité" qui s'emboîtent successivement sont nombreux: Continent, Pays, Nuit, Maison, chambre, lit. De même que la rivière moulait autrefois le corps d'Eléonore, elle laisse désormais "la maison mouler mon corps dans le sien comme celui d'un pharaon en ses sarcophages successifs" (52). Toutefois, nous dit Durand, il existe des images de l'intimité plus spécifiques: ce sont celles "qui joignent à la relation contenant/contenu la restriction "gullivérisante" (Bachelard), c'est-à-dire qui privilégient la "puissance du petit" (1979, 225). Il s'agit donc en fait, d'un véritable "processus d'emboîtement", de "mise en miniature" qui implique que l'un des termes soit plus petit que l'autre. A cela, deux autres traits s'ajoutent, d'une part, la "viscosité" des éléments qu'indique assez bien "le glissement confusionnel du contenu au contenant, de l'actif au passif, et d'autre part, la sensorialité très développée des représentations". Ces quatre "traits structuraux", soit: "emboîtement, gullivérisation, viscosité confusionnelle et acuité des images sensorielles" vont s'incarner dans ces grandes images privilégiées que sont "la Nuit, les Profondeurs Abyssales et la Femme Mère, la demeure et la coupe" et tout ce qui se rattache à la pénétration du ventre "digestif ou sexuel" (1979, 225). Tous ces éléments se retrouvent dans une image de *la Noyante* qui les intègre parfaitement et les illustre de façon tout à fait saisissante.

A la fin de leur première journée de nettoyage, Léonor découvre dans la remise "une adorable antiquité", qui se trouve être une magnifique baignoire de cuivre qu'elle va entièrement nettoyer et remplir d'eau chaude afin qu'Eléonore puisse y prendre un bain. Cette dernière nous avoue: "je ne me souvenais pas que la vue d'une baignoire m'ait jamais mise dans un tel état d'excitation" (70). Ce bain aura un effet cathartique sur Eléonore. Au-delà de ses vertus purificatrices (l'eau du bain est pure contrairement à la rivière qui était polluée), le bain est un rite sanctionnant de façon universelle les grandes étapes de la vie, notamment la naissance (Chevalier 96). La symbolique du bain revêt une importance particulière car elle associe les significations de l'acte d'immersion et de l'élément eau qui est au centre de notre thématique. Elle participe ainsi pleinement au "psychisme hydrant" et à "la psychologie du miroir" décrits par Bachelard. L'immersion, est pour l'analyste, "une image de la régression utérine", en d'autres termes, il s'agit d'une "phase passagère de régression" suivie d'"une phase progressive de regénérescence" (Chevalier 374). Le passage du bain dans *La Noyante* suit ce processus. La baignoire y est décrite comme un utérus accueillant le fœtus (Eléonore) dont l'eau formerait le placenta: Je me laisse envahir par la douceur de cette *eau-mère* que moule entre ses flancs *le ventre* de la baignoire . . ." (71). La situation et les mots employés pour la décrire sont ici particulièrement suggestifs. Quoi de mieux en effet qu'une baignoire pour rendre ce rapport de profonde intimité? Les quatre traits structuraux définis par Durand sont ici présents: le processus d'emboîtement et de "gullivérisation" y est complet (maison-pièce-baignoire-eau-Eléonore) et la "viscosité confusionnelle" est parfaitement représentée par cette sensation d'eau chaude et de savon qui moule le corps qui s'y confond. Ce qui est particulièrement intéressant dans cette image c'est, d'une part, qu'elle se déroule dans le coin "réservé à la contemplation" d'où Eléonore peut voir "La rivière, là-bas [qui] coule sous les saules" (71) et, d'autre part, qu'elle sera à l'origine d'une véritable catharsis. Ce rite initiatique de retour à la matrice originelle, de régénérescence, de sécurité concrétisera le transfert sur Léonor, cette "nouvelle mère" à travers un processus de mise en abîme. Dans un premier temps, illustrant le dernier trait défini par Durand, soit "l'acuité des images sensorielles", le souvenir de Charles et "des joyeux préludes à l'amour" de leurs premières nuits traverse les "paupières closes" d'Eléonore. Mais "l'amour (ou Charles?)" n'ayant pas "tenu ses promesses", à cette image se substitue Léonor dont la présence "n'en finit plus de me régénérer" (71). Le bain matérialise ici ces vertus regénératrices qui feront d'elle une nouvelle personne:

> Des écailles de fatigue se détachent de moi comme la peau d'une mue. Quelque
> part en moi, un étau se desserre. Et ce qui est lourd descend au fond, dans ce
> fond qui est la vase du coeur . . . Et ce qui est bulle, légèreté, désir nouveau,
> s'échappe enfin et monte à la surface. (72)

La fonction symbolique de la baignoire, comme support matériel à l'avènement d'une ère nouvelle et d'une re-naissance, est ici évidente. De plus, ces traits vont effectivement s'incarner dans ces "grandes images privilégiées" que sont "la Nuit", les "Profondeurs Abyssales", la "Femme Mère" et "tout ce qui se rattache à l'image de la pénétration du ventre digestif ou sexuel" dont parle Gilbert Durand. Un exemple tout à fait étonnant de ce dernier aspect nous est donné plus loin, au-delà de l'aspect symbolique et religieux de la communion, ce passage illustre "une acuité des images sensorielles" tout à fait particulière:

> C'est un dieu que je mange. Un dieu d'amour que sa grande prêtresse a mené
> à ma table et qui, lentement, se laisse digérer par moi, s'infiltre dans mes
> veines, change la couleur et la température de mon sang. C'est à toi que je
> communie Léonor, le sais-tu? . . . Je mange, moi, le soleil même, et il s'est fait

femme. Non, Léonor, tu ne sais pas à quel point tu t'es donnée à moi, jusqu'où
tu es entrée en moi . . . (131)

Gilbert Durand souligne dans *les Structures anthropologiques de
l'imaginaire que* "le geste alimentaire et le mythe de la communion
alimentaire sont les prototypes naturels du processus de double négation" de
l'avalage (1969, 293). Ainsi, la manducation est "négation agressive de
l'aliment végétal ou animal, *non en vue d'une destruction mais d'une
transsubstantation*: "Toute alimentation est ainsi transsubstantation" (293).
Ce principe d'identité, de "perpétuation des vertus substantielles" passe par
l'assimilation alimentaire dont le caractère secret et intime renforce
l'intériorité qui constitue elle-même la notion de substance (294).

La fonction symbolique du soleil est également essentielle dans le roman
et dans la scène qui nous intéresse ici. Celle-ci se passe en effet au "soleil
crépusculaire", dont les reflets s'amenuisent "dans l'eau incendiée", jusqu'à
ce qu'"une ultime lueur s'échappe du ventre de la baignoire". Le monde va
alors "basculer au bout de la journée" et la nuit, représentant la vie
psychique, va la "surprendre au défaut du songe" (72). On se rappelle que
le jour est masculin chez Ouvrard par opposition aux symboles féminins de
la nuit. Le déclin du soleil, ce symbole masculin, illustrerait alors le refus
d'un monde froid, matérialiste et anguleux alors que l'arrivée de la lune
représenterait une renaissance féminine dûe à Léonor ("ce sang-sève" que
"mon âme avide a bue de tous ses pores"(72)). En effet, au moment même
où Eléonore se défait à tout jamais du souvenir de Charles, "l'astre
déclinant" plonge "par-delà l'horizon" et "le cortège d'Astarté" s'avance là-
haut "pour m'offrir *à la place* le joyau mystérieux de la nuit"(72). Il y a ici
passage de valeurs masculines à des valeurs de substitution féminines,
prélude à une fête qui reste encore à découvrir: "Le pur éclat de la lune
baigne la surface des eaux sombres, comme pour une fête inédite" (72).
Ce "cortège d'Astarté" nous donne un indice sur ces valeurs de
remplacement qu'elle incarne. D'une part, cette déesse de la fécondité et des
combats (Ashtart en phénicien), dont le nom est synonyme de "Grande
déesse", est reconnue dans la plupart des civilisations anciennes.[3] Celle-ci

doit son image à la lune, symbole dans la mythologie de la divinité de la
femme et de la puissance fécondante de la vie, "incarnées dans les divinités
de la fécondité végétale et animale, fondues dans le culte de *La Grande
Mère* (Mater magna) (Chevalier 593). Hélène Ouvrard quant à elle conclut
ce passage du bain de la façon suivante:

> Deux mains de craie, blanches et effilées, se sont posées de chaque côté de mes
> épaules sur le rebord de cuivre et Léonor me regarde, au fond de la baignoire,
> dans l'énigme des constellations inversées. . . . (72)

Par cet effet de miroir que l'eau lui renvoie, l'image de la "Grande déesse
Mère" se confond avec le visage de Léonor qui peut la refléter à l'infini. La
substitution est totale et peut s'effectuer sans danger: "la Noyante, qui
m'avait enlevé une mère, dans ses voies incompréhensibles m'avait rappelée
auprès d'elle pour m'en donner une autre . . ." (101). Cependant, Léonor
est plus qu'un simple substitut maternel, elle fait partie intégrante d'une
"même conception primordiale" (Eliade 1963). Eléonore nous dit de la
"déesse-mère" (Léonor) qu'elle est "sa première relation humaine" (125):

> En ma mère retrouvée, je me retrouve. Elle est elle et elle est moi. Je suis en
> elle et elle est en moi.. . . Je me découvre en elle et je la découvre en moi.
> L'expérience qu'elle a de ce qui est similaire en nous réfléchit et décuple à
> l'infini la connaissance que j'en ai aussi.. . . En elle tout est miroir, mais miroir
> intérieur. . . Son ventre est universel. . . (103)

Léonor se trouve au centre de cette mythologie féminine, elle est "La déesse
inconnue qui, aujourd'hui, était descendue d'un autre univers pour veiller
sur moi..." (40). Contrairement aux reflets de *La Noyante* et de ses
illusions, elle est celle qui dévoile, qui révèle aux êtres ce qu'ils sont, qui
fait fonction d'"accoucheuse": "De toutes les mères que j'avais cherchées,
Léonor était la seule que j'avais trouvée. Je savais que ma naissance était
chose à refaire mais je la voulais plus lointaine encore . . ."(126).

Plus loin, elle se compare à "l'enfant en gestation qui impose à sa mère
(Léonor) son rythme et ses besoins" (126). L'image de Léonor est donc

essentielle; c'est par elle qu'arrive le changement. C'est elle qui a récupéré la baignoire et l'a mise à neuf pour qu'Eléonore s'y baigne. C'est elle également qui prépare l'eau du bain pour cette dernière. L'eau, dans l'espace intime de la maison et sous l'influence positive de Léonor (d'une culture féminine), redevient une source de vie pour les femmes. Ses vertus regénératrices peuvent désormais s'exercer tandis que coule au loin la rivière polluée et que se noie peut-être le mythe d'Ophélie et avec lui la "malédiction féminine".

Notes

1. Née le 3 novembre 1938 à Montréal, Hélène Ouvrard prend dans sa famille sa formation littéraire. Après ses études classiques au collège Marguerite-Bourgeois, elle suit pendant dix ans des cours de piano et s'initie à la peinture à l'Ecole des Beaux-Arts de Montréal. Après ses deux premiers romans, *La Fleur de peau* (1965) suivi de *Le Coeur sauvage* (1967) aux Editions du Jour, elle bénéficie d'une bourse du Conseil des Arts (1969–71) puis 1974–75). Elle peut ainsi effectuer un séjour en France et préparer son troisième roman *Le Corps étranger* (1973). En 1977, elle publie *L'Herbe et le varech* (Editions Quinze; rééd. Montréal: Québec/Amérique, coll. "Littérature d'Amérique", 1980). Elle s'installe de nouveau deux ans et demi en France où elle termine la rédaction de *La Noyante* (Montréal: Québec/Amérique, coll. "Littérature d'Amérique", 1980). De retour au Québec, elle publie une pièce de théâtre, *La Femme singulière* (Montréal: La Pleine Lune, 1983) puis *Contes intemporels* aux Editions Marcel Broquet en 1985. Elle a écrit de nombreux articles et textes de création pour des revues québécoises (Liberté, La Nouvelle Barre du Jour, Nuit blanche. . .), pour la radio (Radio-Canada, Radio Suisse romande), pour le cinéma (ONF) ainsi que des nouvelles dont "The Angel" publié dans *Stories by Canadian Women* (Toronto: Oxford University Press, 1984). Elle travaille actuellement à un roman en préparation, *La Femme de Lespugue*.

2. Ce mythe, qui intègre tous nos symboles de l'intimité, se subdivise selon Durand en deux "séries" que l'on pourrait résumer de la façon suivante: "la première série est celle d'une mythologie et d'une littérature 'initiatique', la seconde celle d'une expression de pensée 'mystique'" (1979, 228).

3. Les Syriens l'adoraient sous le nom d'Anat, les Arabes, Atar, les Grecs, Astarté et les Egyptiens Isis.

HISTOIRES D'EAUX
DANS LES TEXTES DE MARIE GEVERS

Yolande Helm

Marie Gevers (1883–1975), écrivaine belge de langue française, est née dans un pays "mouillé d'eau", à proximité de l'Escaut et de la mer du nord, plus précisément dans le domaine de Missembourg à Edegem, près d'Anvers. La maison familiale est elle-même entourée d'eau: un étang, source inépuisable de vie et de rêves à laquelle l'esprit de Marie Gevers s'alimente dès son plus jeune âge. Tout espace aquatique dans ses textes fictifs devient une extension archétypique de l'étang de Missembourg. L'eau, symbole féminin et maternel par excellence, constitue l'espace embryonnaire de sa vie, de son écriture et de sa créativité. La Belgique regorge d'eaux: violentes, vives, courantes, stagnantes et tranquilles. La mer, les fleuves, les rivières, les sources sont autant de "pré-textes" à la ré-jouissance et permettent à Marie Gevers de s'identifier totalement avec l'autre substance originelle de l'imaginaire: la terre. L'écriture de celle que l'on nomme souvent "La Colette du Nord" se nourrit également des eaux du ciel . . . En effet, il pleut beaucoup en Belgique; certains s'en lamentent, d'autres, dont Marie Gevers, en font leur délice. Elle excelle à décrire "la pluie amie" sous toutes ses formes et avec toutes ses odeurs. Dans *Plaisir des Météores ou le livre des douze mois* (1938), Marie Gevers consacre des récits entiers à la pluie et à ses variantes: la glace, la brume et la neige. Dans cette étude, il s'agira de mettre en lumière la dimension onirique, affective et maternelle de cette matière privilégiée dont l'origine se situe dans un contexte culturel bien précis. Le lien magistral de notre écrivaine à la terre et à ses fluides se manifeste au-delà du réel et donne à l'imaginaire non bridé son plein essor. L'eau, rappelons-le, "imbibe" les textes à la fois autobiographiques et fictifs de l'auteur.[1]

Marie Gevers a peu quitté Missembourg et n'en a d'ailleurs pas éprouvé le besoin. Elle confesse: ". . . mais où la chèvre est attachée . . . , la

chèvre, c'est moi, et je suis attachée à Missembourg" (*Correspondance* 42).
La maison, le jardin et l'étang forment une trilogie matricielle indissociable;
ils constituent le "locus amoenus", symbole de l'absolu dans sa perfection.
La mère de Marie Gevers refuse pour sa fille une formation traditionnelle
et proclame avec véhémence: "Elle n'ira jamais à l'école! . . . où peut-elle
être mieux qu'à la maison?" (*Madame Orpha* 23). La Petite Marie reçoit
ainsi une éducation marginale, à "demi-sauvage" entre lectures, leçons
privées et escapades folles dans le domaine de sept hectares. Elle a en sa
mère une pédagogue invétérée qui lui dicte chaque jour un passage du
Télémaque de Fénelon dans une édition du XVIIIème siècle ornée de
gravures dont l'une représente trois nymphes nues. Marie Gevers n'est donc
pas "grande écolière"; sa salle de classe se situe au grand air, dans le jardin
aux senteurs exquises, les reflets de l'étang calme, la petite rivière voisine,
le goût de l'eau du puits et le rythme des saisons.

Selon Gaston Bachelard, pour qu'une rêverie donne naissance à un texte
écrit, il faut qu'elle trouve une matière qui l'alimente de sa propre substance
(*L'Eau et les Rêves* 5). Dans le cas de Marie Gevers, l'étang de son enfance
et les rêves qu'il engendre constituent une réserve inépuisable d'inspiration
poétique. Elle a consacré à ce sujet un récit autobiographique publié en
1961, *Vie et Mort d'un étang,* dans lequel l'eau placentaire, dont les courbes
féminines encerclent magiquement sa demeure, constitue le lieu de
convergence où la narratrice revient inlassablement se "ressourcer". L'étang
devient la matrice qui produit le texte: "il" métaphorise le retour au ventre
maternel et le bien-être du doux balancement des eaux amniotiques:

> Célestes vertus de l'eau, où l'on perd sa pesanteur, comme doivent la perdre les
> anges quand ils rament de leurs grandes ailes ; ô cher ciel d'été, traversé par la
> noble dérive des hérons! (*Vie et Mort d'un étang* 35)

Ce passage évoque ainsi un trait primordial du caractère féminin de l'eau:
son bercement (Bachelard, *L'Eau et les rêves* 177). Des quatre éléments,
seule l'eau peut bercer: elle calme, elle endort et restitue la mère perdue, la
"bonne mère". Ouvrons ici une parenthèse afin de remarquer que l'on
comprend ainsi l'hypothèse scientifique selon laquelle un enfant né sous

l'eau peut espérer un meilleur équilibre psychique et physiologique.

La fertilité de l'étang familial est inlassablement évoquée: les poissons y prolifèrent et les plantes aquatiques y poussent à profusion. Gevers a souvent associé le flux végétal et aquatique à ce qu'elle considère l'instinct vital chez la femme, la maternité; ce que Cynthia Skenazi a bien souligné dans son texte *Marie Gevers et la nature*:

> Si la vision énergétique de la nature et de l'existence humaine s'exprime bien par l'image du liquide, l'eau charrie en outre tous les traits maternels, qui chez Marie Gevers, accompagnent la vie. La pluie, l'étang, les cours d'eau abreuvent généreusement (les mots "eau généreuse" reviennent très souvent dans l'oeuvre de la romancière) le sol et les herbes, laissant un sillage de fertilité. (223)

Il s'établit ainsi une communion totale entre les éléments naturels. L'eau et ses plantes se fécondent mutuellement: la nature continuellement fleurissante et renouvelée est ainsi associée dans l'esprit de la narratrice aux caractéristiques des entrailles maternelles.

L'étang, eau douce, est le miroir de la naissance, du vécu, de la mort et le réceptacle du souvenir. Marie Gevers enfant se réfugie sur "[son] immobilité miraculeuse" afin de s'interroger sur la mort de son plus jeune frère:

> J'avais les yeux levés droit vers le ciel. Où donc allaient les morts? Dans cette immensité? Me retournant, le visage penché sur l'eau, par-dessus le bordage de la barque, je regardai alors le ciel dans l'eau, dans ce miroir où le tain noir que formait la vase donnait aux choses un reflet plus sombre . . . Où, où donc allaient les morts? (*Vie et Mort d'un étang* 22)

L'étang, eau douce et bénéfique par excellence chez Marie Gevers, charrie ici des images sombres: "L'eau, substance de vie est aussi substance de mort pour la rêverie ambivalente" (Bachelard, *L'Eau et les rêves* 99). L'étendue fluide sait tous les secrets et invite au souvenir. La substance liquide allaite ainsi la rêverie interminable de la vie et de la mort. On attribue en outre une double vue à l'eau tranquille puisqu'elle montre un double de sa personne (*L'Eau et les rêves* 45). Dans le passage suivant, la narratrice voit dans l'étang le reflet de son autre "moi":

> Il y a un pacte entre l'étang et moi. Je le contemple matin et soir, penchée à ma fenêtre. Mon image y est si mêlée que la somme de tous ces reflets a dû lui laisser quelque chose de ma personne: une part de ma sensibilité y vit. Lorsque le beau temps tiédit l'eau et que je m'y baigne, il me semble y rejoindre un autre moi-même. (*Madame Orpha* 97)

La narratrice se livre à cette eau, mémoire chargée de sentiments et réceptacle de la psyché. Les forces réunies de la contemplation et du rêve qu'elle éprouve s'inscrivent en parallèle aux paroles de Paul Claudel que cite Bachelard: "L'eau est ainsi le regard de la terre, son appareil à regarder le temps . . ." (*L'Eau et les rêves* 45). La saisie du corps-image dans l'eau permet la structuration du sujet, du "je" multiplié et la narratrice chemine ainsi à rebours vers les sources secrètes de son passé.

L'étang est "un bien sentimental", seule une matière peut recevoir la charge des impressions et même des sentiments multiples (Bachelard 71). Aucun membre de la famille Gevers ne conçoit que l'étang puisse mourir, cette pensée ne les effleure même pas. Quand une "combe herbue" le remplace, asséché par la construction d'une voie de chemin de fer, Marie Gevers avoue rêver de lui et reconstitue dans sa pensée l'eau absente. L'étang se mêle à la Gaute, "écharpe d'iris flottante à [son] épaule, joyau à son front, plume de paradisier au vent du printemps . . ." (*Madame Orpha* 71). La Gaute "porte ensuite les reflets" de la vie des Gevers jusqu'à l'Escaut. Enfin, le fleuve les livre à la mer; on assiste ainsi au passage mythologique des eaux qui métaphorise le parcours d'une existence.

Le métissage de l'eau et de la terre constitue selon Bachelard l'union primordiale et la plus heureuse. Dans *Vie et Mort d'un étang*, Marie Gevers met triomphalement en scène la fusion organique des substances privilégiées qui se cherchent incessamment:

> La campagne où nous vivions était plane comme une main bien ouverte, et l'étang balançait son miroir au creux de la paume. C'est pourquoi il semblait

affleurer la terre. N'importe où l'on creusait, dans la région, l'eau envahissait bientôt l'excavation . . . On trouvait ensuite un sable ocré, puis grisâtre, et enfin, en puisant l'eau à mesure, afin de pouvoir approfondir, on trouvait le sable vert . . . (31)

L'étang des Gevers vit en harmonie avec la terre: le saule, par exemple, plonge ses racines dans l'eau amicale et s'en abreuve mais il rend abondamment en fraîcheur ce qu'il lui prend en liquide (58). Même la vase, souvent chargée et pour cause, de connotations négatives, devient une matière douce, en particulier celle qui reçoit la floraison du tilleul (35). Enfant, Marie Gevers recueille sur sa peau les odeurs de l'eau, de la terre sous l'eau et s'endort, le soir, enivrée de parfums somptueux. La rêverie peut ainsi pénétrer jusqu'au fond des substances alliées; cette pâte lui convient naturellement mieux qu'une substance plus hostile et plus résistante à la pénétration (*L'Eau et les rêves* 153).

La présence de l'élément privilégié s'inscrit également dans les textes fictifs de Marie Gevers. Dans *La Comtesse des digues*, roman publié en 1931, elle personnifie l'Escaut (fleuve qui rejoint la mer du Nord par un long estuaire) en lui conférant les attributs d'une créature à la fois mythique et androgyne. La protagoniste Suzanne, orpheline, succède à son père, le comte des digues à qui en incombait le bon fonctionnement dans ces plaines flamandes où "l'Escaut est le maître". A sa nouvelle responsabilité de "comtesse des digues", se superpose la difficulté de choisir un mari digne de régner avec elle sur ce pays dominé par une vaste étendue d'eau: le Weert, village flamand, terre de digues, de limon et d'argile qui "émerge des boues d'alluvions agglutinées en pâturages et en oseraies, entre l'Escaut et le 'Vieil Escaut'" (13). Nulle part ailleurs dans les textes de Marie Gevers assiste-t-on à un mariage plus triomphal que celui de l'eau et de la terre. Triphon, amoureux de Suzanne, se confond lui-même au sol tant vénéré; elle revoit son image obsédante d'homme aux vêtements boueux et roux "comme la terre aux renflements des sillons" et déclare: "Oui, fort et puissant comme le sol même des bords de l'Escaut" (76). Quand il décide de quitter le village flamand pour aller tenter sa chance en Angleterre, Suzanne ne reconnaît pas cet homme endimanché en costume "gris" cet homme qui ne ressemble plus au sol de l'Escaut (79).

L'enfance de Suzanne a été bercée par le rythme du fleuve qui a ainsi assumé les fonctions de mère adoptive et tutélaire. En parallèle, s'inscrit une identité double de l'Escaut: il est à la fois le père initiateur et le fiancé de Suzanne. La narratrice de *La Comtesse des digues* fait inlassablement état, par le truchement du discours direct ou indirect, de la relation érotique et spirituelle qui lie Suzanne à l'étendue aquatique:

> Ah! L'odeur du fleuve! Le vent et la marée communiquaient à la jeune fille une sorte de griserie semblable à l'amour. . . Elle pensa à la briqueterie, à sa main dans l'eau: l'anneau de fiançailles avec l'eau, le cercle froid au poignet, la larme dans sa main. Elle rit joyeusement et déboutonna son jersey. Le vent dur et pur glissa le long de son corps: "Mon coeur [et mon corps!!!] est à l'Escaut". (61) [c'est moi qui ajoute]

Ainsi le fleuve, à la fois mère, père et fiancé devient-il "l'objet du désir incestueusement convoité" (*Marie Gevers*, Labor 34). La topique de l'eau est liée ici à la composante de la sexualité et de l'androgynat. L'Escaut féconde le récit de son inépuisable vitalité et de sa vigilance de géniteur tutélaire. Selon Bachelard, l'eau ne peut se viriliser (*L'Eau et les rêves* 136); chez Marie Gevers, "elle" devient l'amant idéal. Suzanne perd sa pudeur de jeune fille bien élevée et s'abandonne à une jouissance quasi-orgasmique avec le cosmos: elle reçoit délicieusement les baisers du soleil, du vent, de l'air et de l'eau (71). Comme nous l'avons remarqué précédemment, la protagoniste, orpheline de mère depuis l'enfance, perd également son père dans l'ouverture du roman. Maître de l'Escaut, le comte des digues lui avait appris l'amour du pays et de ses eaux. Le souvenir du père se déclenche incessamment à la vue et au toucher de l'eau: "Quand elle sentit sous la barque le gonflement du courant, une grande joie l'envahit. Le souvenir de son père lui revenait si intact, si parfait que ce fut comme une réunion" (30). Le mythe du père-mort et le rêve de sa résurrection s'opèrent par un transfert: l'élaboration du deuil inachevé, la peur de la privation, le désir de "récupérer" le père, engendrent un amour incestueux pour le fleuve. Le fantasme des fiançailles, du mariage avec l'Escaut, et le refus final de s'unir totalement à lui pourrait refléter une manifestation du tabou de l'inceste. Pour que le bonheur s'avère possible auprès de Triphon ou de Max Larix, il faut achever le deuil du père et par conséquent mettre le fleuve à mort sous peine de noyade:

> Elle regardait au loin l'énorme digue herbue: "Mes fiançailles avec l'Escaut ... pas de courage d'épouser Triphon. Larix a un chagrin d'amour. . . Si je trempe ma main . . . Je me noierai dans l'année: mon mariage avec l'Escaut. Oh! que je suis sotte! . . ." (90)

Dans *Madame Orpha ou la Sérénade de mai* publié en 1933, roman inspiré à la fois du vécu et du fictif, la narratrice calque l'histoire des amours d'Orpha et de Louis sur le tissu autobiographique de son enfance. La résonnance majeure du texte consiste en l'initiation de la narratrice enfant aux secrets de l'amour naissant: l'eau, sous des formes diverses, participe aux différentes étapes de cet apprentissage. La première phrase du texte constitue une entrée en scène magistrale car elle donne le ton à la suite du roman:

> Le goût de l'eau diffère selon les puits. Celle de la ferme Van Aelst, que l'on tire à l'aide d'une haute potence à bascule, rappelle l'odeur de l'herbe en avril. Celle de la ferme de Cornélie est légèrement acidulée. La nôtre, *la meilleure*, est fraîche comme le mois de mars, quand il y a soleil et vent d'Est. [c'est moi qui souligne] (*Madame Orpha* 15)

Notons ici le ton légèrement condescendant qui reflète un certain mépris social d'époque pour les "petits fermiers". L'eau du puits constitue ainsi un critère de classification économique. Là, ne réside cependant pas la raison principale de son évocation. L'eau du puits est la "madeleine" de Marie Gevers: elle ressuscite le paradis perdu de l'enfance et le transforme en matière d'écriture. Le roman *Madame Orpha* entretient également une relation dialogique avec un des plus grands textes de Colette, *Sido*, dans lequel cette dernière évoque les sources de son enfance:

> La première avait un goût de feuille de chêne, la seconde de fer et de tige de

> jacinthe . . . Rien qu'à parler d'elles je souhaite que leur saveur m'emplisse la
> bouche au moment de tout finir, et que j'emporte, avec moi, cette gorgée
> imaginaire . . . (*Sido* 14)

Le corps est pénétré par cette sensation première qui est bien celle de la matérialité de l'eau: son goût, son odeur, sa fraîcheur nous invitent à un retour symbolique aux eaux maternelles "utérines", lente maturation qui permet de toucher au plus profond de la psyché. Bachelard désigne la fraîcheur comme une composante de la poésie des eaux claires et des eaux printanières (*L'Eau et les rêves* 45). Pour Gevers, l'eau, en effet, a la fraîcheur du printemps et elle évoque la fertilité et la re-naissance de la nature. Il est intéressant de noter que les deux textes *Madame Orpha* et *Sido* ont été publiés vers la même époque, respectivement en 1933 et 1930.[2]

Dans *Madame Orpha,* la narratrice décrit maintes fois la mer, berceau de son enfance: ". . . une mer immobile, posée comme une lame d'acier entre ciel et plage, ébréchée d'argent sur le sable, nette et dure sur l'horizon" (*Madame Orpha* 17). Comme nous l'avons mentionné auparavant, la formation de Marie Gevers s'est nourrie des *Aventures de Télémaque* qui ont ainsi laissé leur empreinte au niveau de l'imaginaire. L'expérience de la mer relève donc à la fois du vécu et du récit. Dans le *Livre Premier*, le héros et Mentor abordent, après un naufrage, dans l'île de Calypso. La déesse, inconsolable du départ d'Ulysse, se promène souvent seule sur le rivage qu'elle arrose de ses larmes (1). Le passage suivant de *Madame Orpha*, fait écho au récit du *Télémaque*:

> Seule sur la plage de marée basse, immense, étincelante et déserte, midi, soleil
> et mai. . . Soudain, vers quatre heures, un voile bleu s'élève de l'eau plane,
> s'épaissit en brouillard et envahit la plage. Je compris que toute la chaleur neuve
> de l'air avait fait éclore cette buée sur la mer et que c'était l'élan de l'eau vers
> le Printemps qui montait ainsi dans le ciel comme une immense
> germination.(18)

La narratrice devient Calypso méditant seule sur son rivage printanier face à l'immensité de la mer. Le signifiant "germination" souligne la fertilité de cette eau mythique et des créatures qui l'habitent. En outre, l'image érotisée du jaillissement de l'eau n'est pas sans suggérer la jouissance sexuelle. "La" mer féconde "le" ciel: on assiste ainsi à un renversement des identités et des rôles. La sensualité des eaux évoque aussi la naissance de Vénus, éclatante de beauté et de jeunesse lorsqu'elle jaillit de l'écume de l'océan. L'eau, à la fois lieu de perdition et de plaisir, complice de l'amour et de l'attente assume ainsi le rôle d'initiatrice dans la maturation d'une fillette face à son propre destin de femme. Images maritimes, sexuelles, féminines et printanières se confondent dans l'univers mythique de l'enfance: leur destin suit exactement celui du fantasme de l'amour. Louis et Orpha, personnages fictifs, prennent eux aussi une dimension mythologique et leur amour est toujours lié à la composante de l'eau: "Leur âme jaillit dans le chant du rossignol; leur amour glisse sur le miroir de *l'étang*, où la lune se dégage des nuages, merveilleuse et pensive" [c'est moi qui souligne] (179). Le caractère oral et vocalique de l'eau est souvent associé au chant: les hommes du bord de l'Escaut aiment chanter. Les rossignols et les merles, eux aussi, vivent en symbiose avec l'eau, ce que Marie Gevers évoque au moyen d'une synesthésie prodigieuse: "Atteindre le petit saule au coude de la Gaute. Rien ne donne mieux l'idée du chant du merle que ces points d'argent échappés aux becs rouges des bourgeons" (*Vie et Mort d'un étang* 73). L'héroïne de *La Comtesse des digues* est, elle aussi, fascinée par la voix de Max qui parle incessamment des eaux tant vénérées. Il émane de ce futur "Comte des digues" le charme envoûtant qu'avaient autrefois les sirènes qui séduisaient de leur voix les hommes de la mer. Au terme du roman, Suzanne trempe sa main dans l'eau miraculeuse d'une source, "l'eau qui ne gèle jamais", et fait à la Vierge Marie la requête suivante: "Faites que Max garde l'amour de l'eau, des arbres et de la musique . . ." (*La Comtesse des digues* 170). De même, la narratrice de *Madame Orpha* évoque le patois chantant et maritime de la servante Cornélie qui fait surgir le souvenir d'une journée au bord de la mer. La vertu d'un accent éveille et prolonge l'image de la mer au printemps (18). On constate donc combien le chant et la voix sont intimement et irréductiblement associés dans l'esprit de la narratrice à la magie de l'eau.

L'eau, "matière première" de l'inspiration poétique de Marie Gevers, renforce le caractère féminin d'une écriture qui s'est élaborée dans une parfaite symbiose entre la psyché, le corps et l'espace qui l'entoure. Marie Gevers est née, comme nous l'avons mentionné auparavant, dans un pays dont la situation géographique et les conditions météorologiques favorisent son évocation. Dans *Plaisir des météores ou le livre des douze mois* (1938), longue offrande lyrique aux dieux lares, elle excelle à célébrer les phénomènes atmosphériques, en particulier, la pluie . . . notre pays, comblé et regorgé d'eau, s'y prête avec délectation. Selon Bachelard, "l'eau du ciel, la fine pluie, la source amie et salutaire donnent des leçons plus directes que toutes les eaux des mers" (*L'Eau et les rêves* 211). Il est vrai que chez Marie Gevers, la pluie est une vieille amie fidèle qui réconforte dans les moments douloureux. Elle a également un caractère purificateur quand elle lave "la pierre bleue" du sang des poulets sacrifiés pour la consommation des habitants de Missembourg. Suzanne, "la Comtesse des digues" avoue, elle aussi, que la pluie a sur elle une vertu calmante (136). Dans *Plaisir des météores*, elle est évoquée sous toutes ses formes: la pluie de la Chandeleur fait signe la première et a des vertus particulières: "[ses] gouttes trop froides pour tomber vite, restent suspendues et prennent le temps de mirer la lumière tardive" (29). Ensuite, arrivent les longues pluies apaisées et les averses de Mars qui imbibent peu à peu le sol et voici le "règne de la Boue" (47). En avril, les eaux libérées des glaces préparent le printemps et on assiste ainsi à la célébration des eaux ruisselantes: "le ruisseau portera les messages du printemps au fleuve. Il est soumis à la marée, et les eaux abondantes d'avril, jointes à l'eau du flux, le gonflent tant qu'il arrachera des touffes d'herbes et de roseaux à ses berges" (57). L'été, les fougères s'emparent des averses, vibrent et rayonnent comme des visages d'enfant à la mer (73). Et enfin, l'automne . . . pour qu'il puisse s'accomplir, il faut qu'il reçoive non pas de ces averses folles "mais une ondée commençant paisiblement avant l'aube, et par laquelle s'écoule la tension nerveuse qui serre le ciel au tournant des saisons, cette inquiétante errante de la fin des beaux jours" (129). Je ne peux résister ici au plaisir de citer un micro-texte en prose de Colette Nys-Mazure, écrivaine belge elle aussi, qui fait écho au discours de Marie Gevers:

> La pluie, enfin! Larges gouttes plates tournant à l'averse crépitante, fines
> aiguilles rebondissant sur le sol durci, torrents, déluge. Profonde volupté d'une
> terre assoiffée qui s'imprègne de l'eau attendue, intensément désirée. Fouettées,
> dépoussiérées, herbes, feuilles et ardoises se mettent à luire insolemment. Tous
> les végétaux touchés par la grâce humide. Les parfums muselés s'évadent,
> s'exaspèrent; enivrent brutalement: conflit de chèvrefeuille et de pivoines, assaut
> de fragrances. Les oiseaux essorés réajustent leurs chants: trilles et
> grelottements, murmures roucoulants. Courir tête nue sous l'eau du ciel, bouche
> ouverte avide. Faire fi de la sèche maîtrise: redevenir ondine, ruisseler, haleter
> sous l'ondée. Céder aux voix impérieuses du corps-paysage. ("Voix d'eau")

L'écriture dense et "féminine" de Marie Gevers marquée par la
sensibilité et la sensorialité permet d'établir des "correspondances". Elle
invite son lecteur à sentir, à palper et à goûter: tout est perçu et matérialisé
par des sensations olfactives, visuelles, tactiles ou auditives. L'imaginaire
de Marie Gevers, comme une plante aquatique, s'est alimenté et abreuvé aux
sources de son pays. Sa vie et son écriture sont irréductiblement liées à la
substance douce et apaisante. En effet, l'eau n'engendre jamais l'angoisse
ou le fantasme violent chez notre écrivaine, mais constitue plutôt le
déclenchement d'une rêverie profonde et sereine. Marie Gevers est la
sourcière par excellence: son esprit et son corps se nourrissent de la matière
fluide. Voir l'eau, la sentir, l'écouter, la toucher, la goûter procurent une
source constante de joies intenses. Les métaphores de l'eau établissent tout
un réseau de cohérences et de convergences; à travers leur évocation, Marie
Gevers et ses héroïnes assument leur destin de femme en prenant conscience
de leur corps et de leur féminité et nous invitent incessamment à participer
à leurs réjouissances. Eaux profondes comme celles de la mer et de
l'Escaut, eaux stagnantes et tranquilles comme celles de l'étang, eaux
ruisselantes . . . toutes célèbrent la femme et le pays de son enfance.

Notes

1. Le début de la carrière littéraire de Marie Gevers est marqué par une prédilection pour le genre poétique. Emile Verhaeren est son mentor et l'aide à publier ses premiers poèmes dans diverses revues. A l'âge de 48 ans, en 1931, elle se consacre à la prose et publie son premier roman *La Comtesse des digues* (1931). Son second roman publié en 1933, *Madame Orpha ou la sérénade de mai*, lui valut le Prix Populiste en 1934. Suivront de nombreux romans et récits dont *Guldentop. Histoire d'un fantôme*. (1935); *La Ligne de vie* (1937); *Plaisir des météores ou les douze mois de l'année* (1938); *Paix sur les champs* (1941); *Château de l'Ouest* (1948); *Des mille collines aux neuf volcans* (1953) et *Vie et Mort d'un étang* (1961). Marie Gevers a également publié de nombreux contes pour enfants et de récits pour la jeunesse. Pour une bibliographie exhaustive de son oeuvre, consulter Cynthia Skenazi (*Marie Gevers et la nature*. Bruxelles: Palais des Académies, 1983).

2. A propos des divergences et convergences entre l'oeuvre et la vie de Marie Gevers et de Colette, voir mon article intitulé "Colette et Marie Gevers: une écriture en parallèle" (*Revue Francophone de Louisiane*, Vol. 8, n.1, 1994).

NOUVELLES . . .
AU FIL DES EAUX . . .
DE L'ÉCRITURE DE CORINNA BILLE

Christiane Makward

L'oeuvre de S[téphanie] Corinna Bille (1912–1979) se compose d'une quarantaine de titres: trois romans, trois romans autobiographiques, des recueils de poésies et de textes pour enfants, un recueil de pièces de théâtre (des inédits dramatiques sont en préparation), des récits et nouvelles longues, des recueils de "petites histoires" qui sont des récits de rêves retouchés, enfin et surtout huit recueils de nouvelles. Corinna Bille a donc pratiqué la fiction narrative sous toutes ses formes, de la "petite histoire" de cinq lignes à la nouvelle longue de cent pages et au roman. On doit compter parmi ses chefs d'oeuvre la nouvelle longue "Emérentia 1713" (*Deux Passions)* écrite sous le choc de la découverte, dans un roman de Gottfried Keller traduit de l'allemand, de la cruelle histoire d'une "enfant-sorcière". Une autre nouvelle longue, récemment traduite en anglais-américain, "Ma Forêt, mon Fleuve" (*La Fraise noire*) est à lire en parallèle avec le livre de poésie et photographies *Finges, forêt du Rhône*. Cette nouvelle compte parmi les plus magistraux récits dont il sera question dans cette étude. Enfin, "La Demoiselle sauvage" dans le recueil du même titre (Bourse Goncourt de la nouvelle de 1975) est probablement son texte le plus connu, grâce au récent film de la Québécoise Léa Pool.

Corinna Bille a été désignée dans les années soixante-dix comme "la grande dame des lettres romandes". Elle mesurait en effet un mètre quatre-vingts et se trouva assez naturellement en situation d'aimer des hommes plus petits qu'elle. On observe donc un fantasme maternel et ludique du "petit homme" dans ses textes, tel le "petit homme bleu" dans des poèmes ou récits de jeunesse évoquant son premier amoureux, un paysan de la montagne, telle "la petite alouette" d'un dramaticule inspiré par son époux Maurice Chappaz (cf. *Ecriture* 27), tel ce petit "Spectre d'argent" que la protagoniste fabrique elle-même avec du "papier d'argent" de chocolat, dans "La Demoiselle sauvage"; tel encore un "Petit Cavalier vert", texte pour enfants inclus dans *Le Vrai Conte de ma vie*.

En second lieu et surtout, Corinna Bille a produit l'oeuvre féminine romande la plus importante depuis Germaine de Staël dont on sait qu'elle était Européenne avant que Suisse, et aussi parisienne que romande. Née dans une clinique de Lausanne en 1912, Corinna Bille a vécu essentiellement en Valais, à l'exception de quelques grands voyages et de deux années d'un mariage blanc à Paris. Le Valais est le canton catholique constitué par la vallée du haut Rhône entre Martigny à l'Ouest et Brigue, au pied du Simplon à la frontière italienne. Le Haut-Valais dit "La Noble Contrée" est la plus haute région montagneuse de la Suisse et comprend le Mont Cervin (ou Matterhorn). Ses extraordinaires paysages ont fait l'objet de nombreuses exploitations artistiques et l'on peut avancer, dans l'esprit de Montesquieu, qu'en Valais il est impossible au visiteur de ne pas méditer les liens entre la grandeur écrasante du pays et la mentalité des montagnards, une angoisse spécifique, une certaine conscience de la mortalité, mais surtout un sentiment différent de la durée qui hante les oeuvres de Maurice Chappaz, de Corinna Bille et d'autres écrivains de cette région. Comme l'exprime Georges Borgeaud, premier compagnon intime de Corinna Bille: "Entretenir en montagne les petites peurs comme celle d'être entraîné dans un glissement de terrain par exemple, de faire une chute dans un dévaloir, de recevoir sur la tête une avalanche de pierres sont des risques dont l'absence ôterait à la passion de l'alpinisme une grande partie de son attrait" (*Ecriture* 33: 119). Cela eût ôté en outre au génie de Corinna Bille sa disposition au merveilleux et son attente de la catastrophe, son humilité orgueilleuse devant les spectacles et les aberrations d'un pays dont elle enregistra systématiquement dès l'adolescence la vie secrète.

Aux côtés donc d'un fantasme de "géante" et d'une harmonie fondamentale avec le pays qui sous-tend de nombreux textes, dans l'oeuvre poétique surtout, un important fantasme morbide se dégage d'un certain nombre d'histoires d'amour qui, pour tourner mal, n'en finissent pas moins "en beauté", règle fondamentale de la nouvelle. Corinna Bille a fait deux séjours prolongés à Paris (années trente) et enduré un mariage blanc auprès d'un acteur français. Cette mésaventure est à la source de son érotisme féminin distinctif, à la fois candide, explicite et retenu, aux antipodes des "histoires d'O" et autres Juliette et Justine dont les Français restent friands. Elle-même a ensuite pu mener une vie créative et épanouie, non sans tiraillements, avec le poète Maurice Chappaz dont elle a eu trois enfants. Sa région natale, son entourage familial, les maisons de son père (artiste de renom, remarié à une jolie paysanne, cette tendre et stoïque "Mamita" qui fut la Sido de Corinna), les diverses maisonnettes et maisons qu'elle a habitées, constituent le cadre très diversifié de sa vie et d'une créativité d'une intensité quasi obsessionnelle.

L'oeuvre abonde en joyaux d'une imagination aussi romantique que la voix en est moderne, finement ironique et transparente. Elle n'a cessé de s'alimenter aux sources les plus directes du fantastique, le rêve et le fantasme. Un exemple privilégié, parmi divers fils conducteurs de l'imaginaire, est le scénario du "suicide à crédit", suicide en deux temps par noyade d'abord manquée puis "réussie". C'est un mythème morbide qui se greffe probablement pour Corinna Bille sur l'icône de la célèbre "Inconnue de la Seine", version urbaine de l'archétype d'Ophélie. Cette image de la belle noyée fut peut-être concrétisée davantage pour l'écrivaine valaisanne grâce à une rangaine populaire de Frehel des années trente: "Et je m'suis sentie partir à la dérive/ Parmi la douceur/ Des grands flots berceurs/ Ah! Laissez glisser, rouler comme une captive/ L'épave qui s'en va tout doux, là-bas, là-bas/ Vers le grand trou, à la dérive". Il est certain que l'icône ne s'est jamais effacée puisque dans *Les Invités de Moscou* Corinna Bille reconnaît sur le visage de l'épouse de Staline "le sourire de *L'Inconnue de la Seine*" (175).

Au cours d'une réflexion sur les paysages "au féminin" de Corinna Bille, la traque s'est orientée spontanément vers les questions d'eaux. Qu'il s'agisse de la Méditerranée (*Oeil-de-Mer)*, des lacs ("Le Noeud", "Les Etangs de brume", etc.), d'innombrables torrents, du Rhône (*Théoda)*, de ses rives et marécages (*Le Sabot de Vénus*, "Villa des roseaux" dans *Le Salon Ovale)*, des eaux souterraines (diverses "petites histoires"), des plages et des marécages de la plaine du Rhône, des bisses et des sources de montagnes et de forêts enfin, l'eau se présente comme élément privilégié dans l'organisation spatiale et thématique de l'imaginaire de Corinna Bille. Il n'est pas question de mettre en cause ici l'admirable et patient travail de Maryke de Courten dans *L'Imaginaire dans l'oeuvre de Corinna Bille*, thèse qui analyse en priorité la rêverie de l'intimité terrestre dans le cadre d'une étude bachelardienne. Mme de Courten consacre toutefois un bref chapitre à "La Rêverie matérielle de l'eau" et dégage quelques lignes de force de cet imaginaire en distinguant eaux courantes et eaux dormantes ou assimilées. Bien qu'elle ait travaillé avec plusieurs des textes de Corinna Bille où l'élément de l'eau est fondateur ("La demoiselle sauvage", "Lettre de la suicidée", "Mon corps est devenu fleuve", "Les Etangs de brume"), il y a lieu d'élaborer une réflexion d'un autre ordre sur cette topique élémentale.

Il s'agit donc de mettre en relief une triangulation thématique (érotique, fantastique, tragique) dans la mise en images de l'eau, avec des variantes telles que la plus douce des morts, le suicide dans la neige aux bords du Rhône. La mort par l'eau (la neige et au-delà le froid de la glace) sans doute est la plus douce parce qu'elle respecte la beauté (temporairement) pour le regard des spectateurs. On a donc indubitablement à faire à une imagination maternelle et positive de l'eau prolongée par des combinaisons symboliques paradoxales ou "surréalistes" très remarquables intéressant la glace et le verre. Ce seraient les formes magiques de l'eau pure et de la transparence, formes valorisantes aux riches prolongements pour la fille d'un artiste et "maître-verrier". Elle-même est immortalisée en particulier dans un vitrail de la gentilhommière familiale baroque dite "Le Paradou". Elle était rompue aux activités artisanales afférentes à l'art: la mise "sous-verre" en particulier et le travail artistique du verre. Que l'on pense à l'interférence du verre et de l'eau, au pouvoir paradoxal (obstacle vivifiant de la vitrification, rôle lustrant) de l'eau dans les sculptures monumentales de Maya Lin (Memorial Martin Luther King d'Atlanta, Table des diplômées de Yale) tout comme dans l'art andalou ou l'art moderne arabe des fontaines (aéroport de Casablanca par exemple, où les artistes ont joué entre la lumière et l'eau, la paroi de verre et le glaçon-tube d'eau).

On trouve la belle noyée "littéralement" mise en scène dans la pièce de théâtre "L'Inconnue du Haut-Rhône" de 1963: c'est une version réaliste et assez fruste qui est élaborée. La jeune femme est sauvée des eaux du Rhône où elle voulait se perdre. Négligée par son sauveteur, qui a tôt fait d'elle sa maîtresse, elle se noie sans rémission au bout de quelques mois. La pièce fut écrite pendant un bref séjour à Finges, forêt du Rhône en amont de Sierre, en deux jours autour de l'Ascension, 23 mai 1963. De "L'Inconnue du Haut-Rhône", Corinna Bille explique (c'est moi qui souligne):

> Là, je mets en scène la femme que tout le monde croit connaître et que l'on connaît en fait assez peu. *L'idée de cette pièce m'est tombée dessus -c'est le cas de le dire- en même temps qu'une pluie battante, lors d'un voyage en car qui traversait des pays pleins d'eau. Soudain, j'ai vu en imagination une noyée ruisselante que deux hommes transportaient; j'ai songé aussi à l'Inconnue de la Seine, dont on vend des cartes postales à Paris, et qui avait un si beau sourire.* Ma pièce commençait . . . et la suite vint d'elle-même.[1]

La belle noyée relève évidemment d'un "complexe d'Ophélie", très développé dans le folklore slave et germanique (esprits des eaux, naïades, ondines, petite sirène d'Andersen ou Rusalka de l'opéra de Dvorak, etc.), folklore auquel Corinna Bille a été initiée dès l'enfance par sa mère qui aimait lire aux enfants. Ce rêve de la mort douce (mort heureuse, mort qui n'est pas la mort) apparaissait déjà dans une nouvelle courte, conçue dès les années trente et parue en 1955 ("La jeune fille transparente"). Le fantasme d'habiter les eaux ponctue l'oeuvre pour trouver une ultime formulation dans la variante érotique (et androcentrique) de "Fille ou Fougère". C'est une nouvelle du *Bal double* particulièrement marquée dans ses détails par le folklore germanique et où Corinna Bille attribue à l'ondine (fille-fougère qui rend "fou-j'erre" un étudiant de philosophie réfugié à la montagne) un père scandinave. Entre temps l'élaboration la plus magistrale devait valoir à Corinna Bille la Bourse Goncourt 1975 de la nouvelle pour "La Demoiselle sauvage".

Déjà "La jeune fille transparente", très brève nouvelle de *L'Enfant aveugle,* était l'histoire d'une morte-qui-n'est-pas-morte (pour faire allusion à un vers du fameux poème "Souffles" de Birago Diop). Happée par un courant alors qu'elle nageait, elle s'est noyée parce qu'elle n'avait pu appeler nommément personne (orpheline, personne ne l'avait aimée). Près de l'Océan habite un jeune homme, lui même étrange en ce qu'il n'aime que les morts. Il appelle à lui la noyée: il éprouve ce vertige "que l'on a parfois en se penchant au-dessus d'un puits dont il est impossible de voir le fond malgré la limpidité de l'eau. Son visage et son corps gris argent avaient la douceur et le reflet des cailloux polis par la mer. Ses cheveux d'un blond presque blanc tombaient en mèches inégales sur ses épaules, et deux taches roses éclairaient ses joues". Ils vivent heureux jusqu'au jour où elle lui conte les détails de sa mort: "De grandes lueurs tombaient sur la surface plane de la mer étonnamment calme ce soir-là, et s'y brisaient comme des morceaux de verre sur des dalles . . ." Elle lui révèle comment un nom lui a manqué: "Elle parlait ainsi, le dos tourné à la fenêtre ouverte" et alors une chose extraordinaire arriva: "La jeune fille devenait peu à peu transparente. A travers son corps argenté, le paysage se voyait avec ses arbres et ses toits . . . la petite figure elle aussi laissait voir le ciel qui se trouvait derrière elle." Et le jeune homme ne dit rien car "Il savait que son immense amour ne pouvait empêcher la morte de s'effacer de plus en plus et de disparaître. Tous ses visiteurs s'en allaient ainsi, car il n'est donné à personne, pas même aux morts, de rester toujours avec ceux qui les aiment" (*L'Enfant aveugle* 90–91).

Dans cette brève nouvelle sont présents les éléments narratifs fondamentaux de "l'Inconnue du Haut-Rhône" et surtout de "La Demoiselle Sauvage": la jeune fille est inconnue, elle n'a pas de nom, elle est morte noyée ou elle passe pour morte. Elle vient donc des eaux (et elle y retournera). Elle dis-paraît de façon étrange (elle se dissout, devient transparente, s'efface). Dans "La Jeune Fille sauvage", la protagoniste souhaite explicitement s'effacer, non par abnégation ni par masochisme mais par amour et *à cause de* l'amour parfait qu'elle vit. Autrement dit, l'amour parfait porte en soi le désir de mort fusionnelle, de perte de la forme individuelle [*regressus ad uterum marinum*]. L'idée, loin d'être originale, relève au contraire d'un motif sans doute universel, celui de "la petite mort", mais il est érotisé ici "au féminin" c'est à dire traduit en imagerie du fluide comme on pourra l'observer dans les rares et précieux textes poétiques de femmes qui ont écrit l'orgasme féminin sans retomber dans les ornières de la tradition sadico-phallique dominante. Dans "La Demoiselle sauvage" la première extase sensuelle de la jeune femme est évoquée en ces termes: "Puis il lui sembla qu'elle faisait un voyage dans la tempête, un terrible voyage sur des flots rouges qui l'emportaient pour la laisser tomber et la reprendre. Une vague l'emporta très haut, si haut qu'elle crut mourir. Puis tout retomba dans les ténèbres" (*La Demoiselle sauvage* 33).

On peut multiplier les exemples, plus admirables les uns que les autres, pour illustrer la conjonction de l'amour et de l'éros avec l'eau, élément érotisé qui fournit à la fois le cadre approprié, le motif clé et qui constitue surtout le lieu de passage vers l'au-delà, que ce soit la petite mort ou le grand, le deuxième et définitif voyage. Ainsi "Le Noeud" dans *Juliette éternelle* est, sur le plan de l'imagination érotique dans ses configurations les plus idéalistes, une fort belle mise en scène de l'inceste narcissique: c'est bien le noeud "gordien" de l'amour de soi qui se cherche désespérément dans un autre-miroir. Le récit est l'observation d'un couple hétérosexuel de jumeaux: ils consomment leur amour au bord d'un étang avant de s'y noyer. Ce conte érotique heureux n'est évidemment qu'un tour de passe-passe d'une narratrice autant voyeuse qu'illusionniste. Un scénario voisin mais beaucoup plus élaboré fournit sa trame à l'une des plus grandes nouvelles de Corinna Bille, déjà mentionnée plus haut: "Ma forêt, mon fleuve" (*La Fraise noire*). Cette nouvelle ferait la joie des psychanalystes de l'amour, de Christian David (*L'Etat amoureux)*, à Luce Irigaray (*J'aime à toi*). On y appréciera la maîtrise de la nouvelliste. En forme de journal de demoiselle, c'est le récit de l'initiation sexuelle d'une sauvageonne qui vit en symbiose avec son pays et l'espace d'élection entre tous pour Corinna Bille: la forêt de Finges et ses marécages du Rhône. Deux adolescents se découvrent: se dissimulant leur patronyme, ils se nomment mutuellement "Ma Forêt" et "Mon Fleuve". Ils se retrouvent dans des trous d'eau tiède (le Valais exploite depuis l'Antiquité des sources thermales); ils donnent enfin naissance au corps de l'autre, pris dans un charme vertigineux qui attire les corps et surtout les yeux. Une théorie de l'amour absolu est inscrite dans ce récit, variante du mythe de l'hermaphrodite, l'être bisexué originel du *Banquet* de Platon, qui désigne l'amour comme recherche inconsciente du même complémentaire (non sans "la petite différence").

Moins inventive pour la psychologie amoureuse, tout aussi osée sur le plan de la crédibilité événementielle, tout aussi réussie dans la gestion de l'énigme, "La Demoiselle sauvage" (1974) est presque aussi riche que "Ma forêt, mon Fleuve" pour la présence, le rôle et les variations sur l'élément eau. Dès l'ouverture, le texte surimpose par le truchement de l'article défini féminin "la", le féminin et l'aquatique. Je tiens à préciser que, dans la description de cette source cachée dans les herbes et difficile à retrouver (ce qui provoque la rencontre des protagonistes) Corinna Bille s'inspire d'une source privilégiée de son enfance, richement évoquée dans "La Maison couverte d'écailles" (*Vrai Conte* 68–69). La créativité même, la vie et l'écriture, la vie de l'écriture, sont métaphorisées par la source chez Corinna Bille: "L'homme rampait dans les fougères, comme un géant dans une palmeraie, pensa-t-il, cherchant de ses deux mains la source perdue, quand il *la* vit. Non pas la source dont il sentait pourtant l'humide présence entre ses doigts, mais elle, la fille sauvage" (*La Demoiselle sauvage* 7).

La demoiselle, qui s'évanouit de faiblesse, reste d'abord sans visage, dissimulée par la longueur invraisemblable d'une chevelure qui lui descend jusqu'aux mollets et la voile "comme un drap noir mal posé sur elle" (8). "Ophélie", qui est donc brune, s'est miraculeusement sauvée du Rhône où elle s'était précipitée en voiture. Elle opte pour une nouvelle vie secrète où règne "l'homme-soleil" qui va lui faire connaître le plaisir que son époux sadique lui refusait: il prenait le sien dans d'étranges rituels discrètement évoqués par le texte. Le motif stratégique de l'eau reparaît à diverses reprises. Je ne relève, dans le récit de sa vie que fait la jeune fille, qu'une précision symbolique: à la mort de son père, elle avait éprouvé la "mort de Dieu", sa tante et elle n'ayant cessé de vivre en naufragées. "Elle me jetait de petites bouées de sauvetage . . . beaucoup de jouets." (28). Ce détail maritime, parmi bien d'autres notations telle que l'équivalence du "désert de l'amour" avec la "mer de glace", signale l'absolutisme affectif de la jeune fille: elle est destinée à la catastrophe et son destin est inscrit dans son rapport au pays. C'est la neige qui l'isolera de l'ingénieur de barrages: la neige instaure le grand silence de l'hiver et finira par la ramener aux bords du fleuve . . . son sursis de vie étant épuisé.[2]

Comme la silhouette féminine que fantasme Martin Lomense à l'ouverture du *Sabot de Vénus*, la demoiselle sauvage n'aura été pour l'homme que la forme d'un désir éphémère, cet objet accidentel d'un désir toujours identique dont parle Proust. Le désir masculin éphémère reste chez Corinna Bille (dans sa fiction tout au moins) incommensurable avec l'infinie demande d'amour de la femme. Il faudrait encore s'intéresser à quelques autres fantasmes passés dans l'écriture, tant pudiques qu'érotiques et morbides, dans le contexte de paysages marins ou lacustres. L'imaginaire de Corinna Bille manifeste souvent une délicate qualité androgyne, comme nous l'avons déjà remarqué au sujet de la situation incestueuse de "La Chemise soufrée" (*Ecriture* 33, 147). On en trouve une illustration remarquable à l'ouverture de son second roman, *Le Sabot de Vénus,* où l'écrivaine inscrit délicatement le discours intérieur de Martin, homme fruste, rêveur, sensitif et falot qui sera simplement témoin d'un drame passionnel fondamental. Le premier chapitre intitulé "Dans le lit du Rhône" présente un marcheur "centaure" d'allure maladroite, quelque peu androgyne (avec son doigt coupé), mais attentif et intégré au milieu naturel familier qu'est ce "lit du Rhône":

Dans la pénombre humide de ces bois que le soleil n'avait pas encore atteints, régnait l'odeur poivrée, déjà marine, des arbres d'eau, ce parfum de lichen et d'algues qui toujours lui faisait songer à la femme.

C'est ici qu'il eût voulu la rencontrer, dans ce lieu presque souterrain, aux failles secrètes, encerclées de roseaux. Et non pas la rencontrer, mais la découvrir ensevelie dans le limon (le matin même, il avait vu un bélier mort que l'herbe des fleuves recouvrait à demi). Une femme, et vivante, qu'il devrait reprendre au sol en le fouillant de ses ongles, en grattant tout autour de ce corps dont le contour lui serait peu à peu donné. Et la peau n'en serait point blanche, ni rose ni brune, mais de ce gris de mercure que la poussière de mica confère aux choses. (24–25)

Il faut noter les implications de la précision qu'apporte "poussière de mica" dans ce texte: de la paillette de mica au fragment de verre ou de miroir, à l'écaille de poisson, et au flocon de neige (c'est par l'image d'écailles de poissons qu'une Africaine peut faire imaginer la neige à ses auditrices qui ne l'ont jamais vue), de l'écaille de poisson au filet et à la sirène, l'écart poétique est aisément franchi. Quelques instants plus tard Martin ferme les yeux: "Quand il les rouvrit, le soleil irisait le fleuve. Il vit une femme qui marchait sur les eaux". C'est ainsi que Martin Lomense sauve une femme, non la femme de son fantasme érotique mais la vieille Désirée, une égarée non dénuée de charme, comme son nom l'indique. Elle est en passe, elle aussi, de se noyer, sans raison précise: par lassitude, par solitude, pour répondre en tout cas au fantasme dominant du versant morbide de l'imaginaire de Corinna Bille.

Comme pour les protagonistes de "Ma Forêt, mon Fleuve", ceux de "La Demoiselle sauvage", ceux d'*Oeil-de-Mer*, comme pour Adam et Eve dans la petite histoire cruelle du même titre (c'est aussi le nom d'une fontaine ornée d'une mosaïque du Paradou, maison familiale des Bille à Sierre), comme pour cent autres textes et récits autobiographiques ou fictifs de Corinna Bille, l'eau préside souvent aux épiphanies, aux moments cruciaux, aux rencontres fatidiques. Mais ses connotations sont bien loin d'être systématiquement morbides. Au contraire, l'eau semble l'élément privilégié de la réversibilité: une mort par l'eau est moins définitive. On peut en revenir, et on en revient à coup sûr grâce au flux intarissable de l'imagination de la "Grande Dame des lettres romandes". Pour "naïve" qu'elle se donne souvent, Corinna Bille ne se méprend pas sur la signification symbolique d'un "torrent sous la maison". Dans le récit de rêve qui porte ce titre, la narratrice découvre en haut d'un escalier de cave, qui semble mener au torrent souterrain que l'on entend gronder, une boîte grise qui contient sa chère vieille machine à écrire. Que l'eau soit l'élément matriciel et créateur, symbolique de sa propre créativité, est indubitable. La fosse, le trou dans la terre, feront toujours horreur à son imagination comme en témoigne cet autre chef-d'oeuvre parmi les nouvelles longues: "Emérentia. 1713" de *Deux Passions*, ainsi que le *Vrai Conte* (62).

L'épitaphe même de la tombe de Corinna Bille à Veyras s/Sierre me semble manifester cette dénégation de la sombre loi selon laquelle le corps doit retourner à la poussière. L'écrivaine dématérialise sa fosse terrestre par le verbe en proclamant: "De ma maison de bois au-dessus des nuages, je songe à la terre".

Aussi, la mort idéale dans l'oeuvre de Corinna Bille me semble être l'endormissement dans la neige. Car qu'est-ce que la neige sinon l'eau aérienne, étouffant les sons, faisant écran au bruit et à la fureur, transformant magiquement le pays en espace féerique, et faisant de la chute un plaisir? Une des trouvailles les plus émouvantes pour moi, alors que je découvrais par le menu les inédits autobiographiques de Corinna Bille, fut le "ratage" d'une nouvelle qui devait s'intituler "Le conte de décembre" et qui, retravaillée, fut publiée sous le titre "La fuite de décembre" (*Juliette éternelle*). C'est un cas exemplaire de texte au potentiel merveilleux parce que surgi, comme un geyser, du processus de sublimation symbolique du réel. Le texte fut enrayé par la censure et l'histoire personnelle: suite à une découverte aux dimensions catastrophiques (elle a trouvé la preuve irréfutable de l'infidélité de son époux), la narratrice (Corinna Bille alias Blanca) sort dans la neige. C'est la veille de Noël: elle a l'intention d'en passer par là même où elle a fait passer "L'Inconnue du Haut-Rhône", en cette même année 1963: la mort par noyade dans le Rhône. Mais ce sera une mort quasi extatique et douce pour le corps. Ainsi, l'alter ego de Corinna implore: "Tombe, tombe, neige, tombe sur ma tombe." Dans le manuscrit "raté" de la nouvelle, les époux s'étant réconciliés, Corinna note au lendemain matin: "J'ai dormi *neigeusement* bien". Dans la nouvelle publiée, Blanca rend hommage à l'infidèle "éclatant et nu" et répond que oui, elle sait, sans même l'avoir vue, qu'il y a "la neige, la neige, la neige, chantonna-t-elle." (*Juliette éternelle* 235).

Le second élément tributaire de l'eau, mais faisant aussi lien avec la solidité immuable du roc (donc du chtonien) est le verre que l'on trouve à l'occasion dans les nouvelles, petites histoires ou romans, comme motif secondaire mais toujours valorisant. Le verre, comme le cristal, puis le cristal de roche, le diamant, le verglas (ver-glas), et la glace, ses homologues naturels, le verre est une substance paradoxale particulièrement importante pour Corinna Bille. Dès le berceau elle a été sensibilisée à la magie de la couleur des verres colorés, de la lanterne magique, des vitraux d'églises. Elle nommera dans les années soixante la basilique de Saint-Maurice "la maison de mon père", parce que le maître-verrier Edmond Bille en avait réalisé la quasi totalité des vitraux. On peut noter dans les textes que la beauté des choses les plus humbles est créée par la glace: ce sont les "tapis sous la glace" dans *Le Sabot de Vénus* et d'autres récits ou les "raisins de verre" dans divers poèmes. Elle-même a posé dans son enfance pour un vitrail qui lui tient à coeur: ce petit chevrier de Géronde, légende valaisanne qui a inspiré à Edmond Bille un vitrail du Paradou. Le lac de Géronde est actuellement enclos dans la Sierre moderne et Corinna y patinait jeune fille. Il était visible aussi de la maison de Veyras qu'elle a habitée de 1958 à 1979.

Le verre, variante parfaite de la glace pour l'imaginaire, est aussi lié aux transparences merveilleuses de certains lacs de montagne où l'eau peut être absolument immobile et peut être rêvée comme espace magique. Ainsi des bergers "voleront" jusqu'au fond du lac où sont entassées les plus belles pierres, précieuses parce qu'embellies par l'eau pure. Ainsi un paysage forestier, légèrement morbide, sera scindé par une paroi de verre qui laisse passer les regards mais non les paroles. Le verre est une eau lustrale figée, immobile donc non menaçante même si elle constitue un obstacle: elle est séparatrice, ambiguë. Sans doute peut-on proposer que le verre est la composante fantastique-onirique, alors que la neige serait la variante magique-réaliste du même élément fluide, cette eau qui caractérise son imaginaire le plus séduisant et ses paysages les plus mémorables. Même si la mort par noyade, volontaire ou non (*Théoda*), lui est souvent associée, l'amour parfait (éphémère et tragique s'entend) est inscrit dans l'eau ou sa proximité. Corinna Bille elle-même a connu une mort "heureuse" (sous morphine). On pourrait se la représenter comme la "ravie" des crèches provençales: s'émerveillant du réel comme du monde de l'autre côté des jours. Mais "La grande dame des lettres romandes" qui contemplait le monde avec "ce regard couleur d'eau" [3] qu'elle possédait et qu'elle attribue à "La Sainte" (première nouvelle des *Douleurs paysannes*) n'est certainement pas morte. Elle semble même s'acheminer vers une nouvelle vie grâce à ses lecteurs, car son âme vit dans ses livres.

Notes

1. Lecture au Lyceum Club, Lausanne, 4 oct. 1963, peu avant la parution de *L'Inconnue du Haut-Rhône*, cf. CM: 156, notes et inédits relevés par Christiane Makward, déposés au Châble, Fondation Bille-Chappaz. "L'Inconnue de la Seine" est aussi le titre et l'objet d'une nouvelle de Jules Supervielle. Maurice Chappaz m'a par ailleurs signalé un fait divers parallèle (belle et jeune noyée inconnue) dans la commune valaisanne de Saillon, qui aurait donné lieu à une superstition régionale proche d'un culte populaire et inspiré un spectacle sous le titre "L'Inconnue du Haut-Rhône", sans rapport avec la pièce de Corinna Bille (cf. *Treize Etoiles*, juin 1988: 59).

2. Je tiens à rendre hommage au film de Léa Pool, "librement inspiré" de cette nouvelle. Si les lecteurs de Corinna Bille risquent d'être déçus par la transposition modernisante du récit et l'explication d'une intrigue policière, il faut reconnaître que l'esprit de la nouvelle (la psychologie de la jeune femme) est fort bien senti et que divers détails du film manifestent une sûre connaissance de l'univers de Corinna Bille. Symboliquement, le rôle somptueux du barrage comme barre, mur-muraille infranchissable entre amour fou et désir amoureux fonctionne admirablement dans le film mais il est complètement absent de la nouvelle.

3. La notation de "son regard couleur d'eau" est d'Anne Cunéo (*Ecriture* 33: 207). Corinna Bille avait effectivement des yeux gris vert, et donc changeants, comme l'eau.

LE THÈME DE L'EAU DANS
LE SIXIÈME JOUR D'ANDRÉE CHEDID

Hélène Sanko

Certains écrivains sont associés à un coin de terre, d'autres à un coin de mer; pour Andrée Chedid ce sera d'abord le fleuve le plus long et le plus mystérieux du monde, le Nil, puis "la mer" que l'auteur n'identifie jamais comme étant la mer Méditerranée parce que cette "mer" prend soudain des proportions spirituelles qui divergent par rapport à la réalité physique d'une étendue d'eau. L'eau jaillit de partout dans son oeuvre.[1] Dans Le Sixième Jour [2], il s'agit de l'eau porteuse de vie aussi bien que celle qui engendre la mort car avec ce roman, l'auteur nous entraîne dans une fuite en trois mouvements, une sorte de ballet fantastique basé sur le thème aquatique. La musique qui l'accompagne se compose d'abord, dans le premier segment du texte, de sons de voix humaines interrompues de claquements (35), de portières d'ambulances emportant des malades frappés de choléra. Puis, dans la seconde partie du roman, c'est le son d'un gargouillement incessant de robinet, qui par son bruit monotone mais "insistant" remplit une chambre de lessive (88) tandis qu'au dehors, comme en écho, répond le "chuintement" du fleuve à l'entour de la ville. Ces bruits continus produisent deux effets contraires; l'un crée une atmosphère étouffante et l'autre agit comme un appel plein d'espoir. Dans la troisième partie, à la musique de fond produite par le battement des ondes du Nil contre les voiliers qui sillonnent le fleuve de la Nubie jusqu'à la mer Méditerranée, s'ajoute le chuchotement des prières que le croyant récite dans son coin (148). On peut également entendre le chant du batelier à l'avant de sa felouque et dont les paroles célèbrent candidement les trois éléments intrinsèques nécessaires à sa vie, à savoir, l'air (symbolisé par le son de sa voix et l'image de l'oiseau dans le ciel); le feu (représenté par la lune, élément primordial dans une culture marquée par l'Islam et dont le calendrier repose sur les périples de cet astre); et enfin, l'eau sans laquelle sa fonction de "batelier" n'existerait pas:

Dans la terre et dans l'eau
Ma chanson voyagera
Où le noir est si haut
Ma chanson s'effacera. (131–32)

Je chante pour la lune
Et la lune pour l'oiseau
L'oiseau pour le ciel
Et puis le ciel pour l'eau
L'eau chante pour la barque
La barque par ma voix
Ma voix pour la lune
Ainsi recommencera.
Dans la terre et dans l'eau
Ma chanson voyagera
Où le noir est si haut
Ma chanson s'effacera

La lune m'entendit
Et par la lune, l'oiseau
Le ciel m'entendit
Et par le ciel, l'eau
La barque m'entendit
Et par la barque, ma voix
Ma voix m'entendit
Et j'entendis ma voix. (149)

Trois protagonistes participent à ce ballet en trois mouvements. D'abord Om Hassan dite Saddika, une vieille femme, laveuse de profession, pour qui l'eau est une source de gagne-pain et par conséquent de vie. Mais cette eau qui est l'élément primordial dans son existence est aussi la cause de son angoisse et de sa fuite car elle vient de découvrir que son petit-fils, dont elle a la charge, souffre visiblement du choléra; en effet, il en a tous les symptômes: vomissements, décharges, soif intense, amaigrissement rapide, crampes douloureuses, et abattement profond avec abaissement de température.

Le second personnage principal apparaît dans la deuxième partie: il s'agit du montreur de singe, Okkasionne, qui symbolise l'Orient. Comme son nom le suggère, c'est un homme "d'occasion" qui intervient par accident dans la vie des gens. Sa rencontre peut être fortuite aussi bien que dangereuse car ce personnage vit littéralement de l'air du temps. Son logis, ce sont les rues de la ville. Sa fonction est double: d'une part, il amuse les badauds et d'autre part, il représente l'éternelle curiosité malsaine qui empêche les gens de respirer librement se sentant épiés. Il vient de se faire, tout récemment, une fortune en dénonçant les malades atteints du choléra aux autorités. Lorsqu'Okkasionne rencontre Om Hassan, il lui propose de tirer profit de sa fortune. L'éventualité d'une telle "collaboration" terrifie la pauvre femme mais afin d'éviter la curiosité d'Okkasionne, elle devient néanmoins sa victime. Elle se voit entraînée, à contre-coeur, dans une course à travers la ville. Chaque fois qu'elle essaye de s'échapper, Okkasionne la rejoint et finit par lui lancer son singe pour qu'elle le porte. La chaîne de l'animal relie maintenant Okkasionne à sa proie éveillant chez le lecteur une image insolite: celle de la danse macabre médiévale.

Le troisième personnage est le batelier du Nil. Dans la dernière partie du roman, grâce à l'entremise d'Okkasionne, Om Hassan est certaine d'avoir une embarcation qui lui permettra de sortir de la ville avec l'enfant. Cette entreprise se fait la nuit, à la lueur de la lune, ce feu qui consume et rend tout à sa forme première. Sous un autre aspect, la respiration, elle aussi, consiste en un feu mais un feu intériorisé; il assure la chaleur du corps et la vie. Om Hassan est convaincue qu'au *sixième jour*, ce feu intérieur lui rendra un petit-fils sain et sauf. Le batelier symbolise le destin (144), l'irré-médiable; il est chargé du dénouement de ce ballet-danse macabre.

Des personnages secondaires apparaissent dans le texte portant en eux, simultanément, les caractéristiques du bien et du mal. Dans le premier segment, ce sont les membres de la famille d'Om Hassan qui, dans leur village, enterrent les victimes du choléra à l'insu des autorités; leurs actions partent d'un bon sentiment mais leur ignorance contribue à propager le mal. Dans la seconde section ce sont les gens de la ville: ceux des quartiers pauvres et ceux des quartiers riches. Les relations humaines entre les deux secteurs semblent bien définies, courtoises et toutes dictées par l'eau, entre autres, se révèle la nécessité d'engager une laveuse pour chaque habitant des quartiers riches; cette même laveuse qui va rompre l'harmonie en propageant l'épidémie. Dans la troisième partie, ce sont les gens du fleuve, en particulier les femmes, que l'on voit sur les bords du Nil. D'une part, la beauté esthétique de la femme y puisant l'eau est évoquée; d'autre part, le destin funeste est perçu à travers celle qui, entourée de ses enfants, s'y rend pour laver le linge, contaminant ainsi son eau.

L'élément liquide est présent à chaque page du roman; que ce soit l'eau de la pompe dans les bas quartiers, l'eau du robinet dans les quartiers opulents, ou l'eau du Nil elle-même, celle qui invariablement conduit à la mer. Par l'eau, le choléra se propage; les conseils que l'on donne ainsi à Om Hassan ont tous trait à l'élément aquatique:

> -"Il ne faut pas manger des crudités. Pour se défendre du choléra, il faut se
> laver . . . Tout bouillir, faire attention aux . . ." Sa voix bourdonnait comme
> une guêpe. S'approchant de l'unique étagère, elle montra le réchaud à pétrole. -
> "Il faut l'utiliser". Elle examina ensuite la casserole de cuivre. "C'est propre",
> approuva-t-elle.
> -"Je suis laveuse", répliqua la vieille. (44)

L'eau inonde la cruche que le démuni apporte à la pompe pour y puiser la vie, ensuite elle emplit la jarre dont il se sert et le gobelet duquel il boit. Ce thème se développe à mesure que l'on suit la laveuse, femme pauvre qui malgré son travail de décrasseuse, n'en "rêve" pas moins de ces chambres de lessive juchées sur les terrasses des immeubles des quartiers riches:

> Saddika rêvait de retrouver ses chambres de lessive (situées sur des terrasses,
> posées dans le ciel) et d'y amener Hassan comme elle le faisait autrefois.

> Assise devant l'immense cuvette en étain, les bras jusqu'aux coudes dans l'eau
> savonneuse, elle lavait le linge et l'enfant s'amusait autour d'elle. Dans les
> quartiers riches, penché au-dessus du parapet il observait ce monde d'en-bas.
> Le Nil miroitait entre les flamboyants; . . . (29)

Suspendues entre ciel et terre, ces chambres de lessive sont des havres
de paix et de sécurité. La vieille femme se hâte vers cet espace en emmenant
son enfant contaminé: "La femme souhaitait se trouver dans la cité avant
l'aube. 'Une chambre de lessive serait un bon refuge, Mais laquelle?'" (61).
En qualité de laveuse, elle perçoit son petit fils comme un chiffon souillé
qu'elle se donne le devoir de métamorphoser en linge propre: "La vieille
pivota, s'éloigna pour contempler l'enfant des pieds à la tête. Le torse
contourné, il lui rappelait ces linges encore gris qu'elle tordait après le
premier savonnage" (49).

Le Nil représente pour elle l'élément salutaire; son angoisse et son
désarroi s'expriment avec naïveté lorsqu'elle parle à l'enfant: "Nous irons
demain, jusqu'au fleuve. Je piquerai un roseau dans ma savate, elle
deviendra une barque et nous pourrons monter dessus. . ." (54). Elle
emprunte alors au monde des bateliers la métaphore qui décrit les ravages
du mal:

> D'un mouvement uniforme—comme s'il s'était trouvé sur un radeau et tentait
> de s'éloigner des berges en chassant l'eau—sa main recourbée en forme de
> godet, allait et venait près du rebord de sa couche. (50)

> Soudain, secoué de spasmes, il se redressa et vomit par flots. (57)

> Lentement elle souleva la chemise de Hassan, découvrit son ventre; il était
> aplati, en forme de barque, avec une peau flasque qui pendait autour: "le ventre
> des morts . . .", songea-t-elle, le recouvrant aussitôt.(88)

Ainsi, au début du récit, la présence physique de l'eau domine. Cette
eau est source de vie car non seulement Om Hassan la boit mais en outre,
elle lui permet de gagner sa vie en qualité de laveuse. Son existence dépend
donc doublement de cette présence. Cependant, l'eau présente également

un aspect néfaste: elle est polluée et cause ainsi le choléra. Cette pollution creuse le corps, l'assèche comme une brindille de roseau. En Egypte, quel pourrait être le rêve d'un roseau si ce n'est de trouver refuge sur les bords du Nil? Pour réaliser ce rêve, Om Hassan élabore un plan d'action à la mesure de ses connaissances et de ses croyances. Pour elle, l'hôpital n'est pas un lieu où le malade se rétablit; il est l'endroit d'où personne ne revient. Elle met alors en action son privilège de laveuse; pour se donner le temps de trouver un voilier qui l'emmènera par la route de l'eau vers la mer, elle va cacher son petit fils malade dans une des chambres de lessive.

Le second volet du texte est centré sur les relations humaines qui sont à la base de l'eau. Le riche peut se permettre une laveuse pour sa femme. Dans cet espace de la buanderie, l'objet le plus frappant est le robinet. Ce dernier suggère le progrès de la civilisation mais aussi la richesse et la salubrité: avec lui, on peut s'offrir la garantie d'une eau pure et potable. Cet objet devient un symbole de vie: il acquiert des propriétés médicinales et spirituelles: "J'ai trouvé la chambre! Sur la terrrasse, loin de tous. Nous serons bien. Il y a un robinet, et de l'eau! Elle haletait d'impatience. 'Toute l'eau que tu voudras. Tu vas boire et guérir mon âme!'" (73).

Pendant que la vieille femme transporte l'enfant jusqu'au sixième étage, elle fantasme cette chambre, véritable fontaine de jouvence:

Pour prendre courage, elle se figure la chambre, ses murs de chaux, le robinet en cuivre. Il suffirait de l'ouvrir pour que gigle une eau claire, pleine de bulles. "Je te laverai et tu boiras . . ." A cette évocation elle se sentit enveloppée de fraîcheur. "Plus que trois étages . . ."(73)

Dans la chambre, l'objet magique, "couleur d'or", représente le salut:

Dans la chambre, tout est en place: la cuve, le Primus [petit réchaud], un pain de savon, le bâtonnet qui sert à remuer le linge bouillant. Le mur blanc réverbère la lumière, le robinet étincelle: couleur d'or. Plus beau, plus vif que l'or, avec sa goutte d'eau suspendue.
- Nous sommes sauvés! Tu entends petit, nous sommes sauvés! (74)

Laissant l'enfant seul, Om Hassan descend pour aller en ville et réserver un voilier. Malheureusement, elle y rencontre Okkasionne et son singe. Pour éviter de se compromettre en expliquant sa présence dans ce quartier, elle accepte de seconder le montreur de singe en faisant la collecte pendant qu'il amuse les badauds. En tenant l'animal, elle se laisse enchaîner au montreur pour se rendre sur les lieux d'un mariage: mariage qui anticipe déjà l'union irrémédiable entre ces deux protagonistes dont les destins sont soudés eux aussi. Cette chaîne qui la rattache à l'homme évoque l'image de la danse macabre où tous les personnages sont liés l'un à l'autre dans le même destin, celui de la mort. Pendant ce temps, l'enfant Hassan, resté seul, se désydrate toujours plus. Lorsque sa grand-mère revient, il se meurt. L'eau du robinet, aussi potable qu'elle soit, n'est d'aucun secours pour l'enfant; la vieille sait qu'après le quatrième jour il est supposé avoir soif et vouloir boire, boire à l'infini! Mais la vue de l'eau et le contact de ses lèvres avec le liquide, écoeurent le petit Hassan. Le robinet tant admiré et convoité s'avère alors cruellement inutile:

> La vieille retourna s'asseoir près de lui, après avoir jeté un regard mauvais en direction du robinet, plus luisant que durant le jour et qui paraissait les narguer. (86)
>
> . . .
>
> Traversant la lucarne, les rayons de lune font flamboyer le robinet inutile. Saddika avance de quelques pas et lance un jet de salive sur le métal brillant. (89)

Déterminée à sauver son petit-fils, Om Hassan ne songe plus qu'à une seule échappatoire, le Nil: ". . . nous embarquerons la nuit prochaine. L'eau guérit, l'eau est sainte" (124). On pourrait alors évoquer Moïse, venu de la nuit des temps, enfant sauvé des eaux; son image languit un instant en parallèle à la destinée de Hassan. Sera-t-il sauvé? Ressuscitera-t-il vraiment au *sixième jour* comme l'avait prédit le maître d'école à ses élèves?

A bord du voilier qui les emmène vers la mer, Om Hassan et son petit-fils descendent le fleuve; lui, enfoui dans une cachette, elle, sur le pont faisant le guet. Sa confiance est vaste comme la nuit, et aussi infinie que la mer vers laquelle la barque se dirige. La description du fleuve fait appel aux cinq sens. D'abord, la vue; le moment est parfait: il s'agit d'une nuit où la lune est reine, comme il se doit dans cette culture musulmane, nous respirons l'air marin: "-Je sens déjà l'*odeur* des voiles et de l'eau..." (129). L'atmosphère de cette nuit orientale nous est communiquée par le sens du toucher: "Une *brise tiède* amplifiait les robes de Saddika tandis qu'elle descendait les quarante marches, blafardes sous la *lune*" (131) [c'est moi qui souligne]. Les bruits nous révèlent une activité nocturne peut-être encore plus intense que celle du jour vu le mystère des ténèbres. Sous la voûte étoilée, l'homme et les éléments forment un tout. Le batelier chante avec béatitude: "Seul, pieds nus sur la berge, un homme veillait encore et il chantait en regardant le fleuve:" (131).

Le fleuve dont on sentait la présence se manifeste dans toute sa splendeur, associée à la faune et la flore:

> Le fleuve brillait comme le dos des poissons, s'élargissait, filait loin de la cité. Quelques maisons flottantes ballottaient sur le Nil; à l'un de leurs pontons scintillait parfois un lumignon orange . . . Devant elle il n'y avait plus qu'une longue étendue d'eau: devant cette eau, de l'eau encore, et ainsi de suite, jusqu'à la mer. (142)

> Le fleuve se rétrécissait, se comprimait entre des berges en dos de tortue couverte de sable ou de gravier. A la vue des saules pleureurs et des lentisques, on pouvait déjà imaginer . . . la protection des branches, formant des cages d'ombres au bord de l'eau. (150)

Par malheur, Okkasionne et son singe se trouvent eux aussi à bord. Okkasionne avait aidé Om Hassan à lui procurer l'embarcation. Arrivé en retard afin de se faire payer, il s'était vu emporté sur ce bateau malgré ses protestations. Dans son désarroi, il enferme sa guenon dans un sac et la bête suffoque. Okkasionne entreprend alors de la sauver en lui appliquant la respiration artificielle (140). L'air et le souffle; les deux éléments qui précisément manquent à l'enfant. Revenue à elle, la guenon déniche la cachette du petit garçon et Okkasionne devine enfin le secret d'Om Hassan.

Il dénonce cette femme en criant "Le choléra!" et en la traitant de "criminelle" et de "cinglée" (147). Mais ces appellations ne semblent nullement inquiéter le batelier; pour lui le destin est inévitable. Pour Om Hassan, il s'agit de la lutte finale. D'abord, elle foudroie Okkasionne du regard et le subjugue en le menaçant de le jeter à l'eau alors qu'il ne sait pas nager (148). Puis n'en pouvant plus, épuisée, elle devient la proie de visions cauchemardesques. Sa vie passe littéralement devant ses yeux: elle se revoit petite fille en pleurs, puis adolescente battue, enfin femme adulte seule, n'ayant que ses yeux pour pleurer. Chaque étape de sa vie est baignée d'une eau particulière, celle de ses larmes. Cependant, ces larmes[3] qui l'envahissent lorsqu'elle somnole et que les cauchemars s'emparent d'elle, sont faites d'une eau régénératrice non du corps mais de l'âme:

> Saddika laissait couler ses pleurs, se livrant à un torrent intérieur que rien n'endiguait. (153). . . Ses yeux débordent. Ses joues, bistres et ridées, sont noyées sous les larmes. Elle laisse faire . . . (154) Au milieu de la nuit, elle est déjà au bout de ses larmes . . . Un autre fois, Saddika pleure; et cela fait un chapelet de larmes qui la relie à celles d'à présent . . .(154–56) Le don des larmes, la grâce des larmes est toujours quelque part. Tout s'apaise après qu'on a longtemps pleuré. (157)

Enfin le *sixième jour* arrive: le soleil et son feu remplacent la lune et apportent l'espoir. A la lueur du jour, dans un geste sublime, Om Hassan laisse au montreur de singe le soin de dévoiler son petit-fils et de lui annoncer la bonne nouvelle, à savoir qu'il est guéri; geste généreux qui symbolise le pardon: "- Ote donc ce voile, dit-elle . . . Tout est immobile. Les paysages se figent. Le temps s'interrompt. Les oiseaux retiennent leurs ailes. On n'entend même plus les clapotements de l'eau" (181).

Malheureusement Hassan n'est pas guéri et Om Hassan s'affaise mourante sur le pont du bateau. Le batelier intervient alors, de la façon la plus humaine qui puisse se concevoir. Bien que l'enfant soit bien mort, lui, le batelier, dit à la vieille femme qui n'a plus que quelques secondes à vivre, que son petit-fils "vit" et qu'il vient "d'attraper son doigt!" Om Hassan entre dans la mort apaisée et souriante:

- C'est toi qui avait raison, Om Hassan, ton enfant vit . . . Il fait une pause après chaque phrase pour que les mots aient le temps de s'infiltrer. "Ses joues se réchauffent. Il tient dans sa petite main le doigt du batelier, et il serre... Tout continue, Om Hassan . . . Nous allons vers la mer."

. . .

- Tu l'as sauvé avec ton dernier souffle . . .

- L'enfant verra la mer!

Un sourire se dessine sur sa bouche; elle entend leurs voix. De grandes rivières coulent. Om Hassan se laisse doucement porter.

. . .

- La vie, la mer . . . soupira-t-elle. Enfin la mer . . .(185–86)

Le dernier mot du roman, "mer", évoque la continuité et l'infinité de l'eau ainsi que la vision du paradis dans la culture musulmane en particulier pour celui qui ne connaît, sa vie durant, que le désert et l'eau rare des oasis. Cette vision qui met un point final au roman est cependant ambiguë. D'un côté nous percevons le soleil levant du *sixième jour* et l'image de la barque qui nous rappelle celle du poème "Le Lac" des *Méditations* de Lamartine[4]; il s'agit d'une vision très chrétienne de l'homme comme voyageur dont la vie est symbolisée par le périple en bateau (le bateau symbolisant la chrétienté) qui va d'une rive à l'autre. D'autre part, le fait que des hommes s'affairent autour de la vieille femme et s'unissent pour rendre très doux ses derniers moments, reflète un aspect de la tradition musulmane. Selon Ali Mazrui[5], dans la tradition islamique, "la mort c'est l'affaire des hommes"; cette notion s'oppose donc au fait que "la vie, c'est l'affaire des femmes". Dans cette tradition, lors des funérailles, les hommes et les femmes sont isolés: les femmes pleurent en commun, recluses, tandis que les hommes seuls, s'unissent pour s'occuper de l'enterrement du corps du défunt. Ce qui unit le monde des femmes à celui des hommes est l'image mentale de l'au-delà, l'eau sainte et purifiante, l'eau à perte de vue, en un mot la mer à l'infini.

En conclusion, dans son texte *Le Sixième Jour*, Andrée Chedid nous fait entrevoir un aspect de la grande misère humaine, un thème universel, qui en réalité n'a ni temps ni lieu car le choléra peut frapper n'importe quand et n'importe où. La lutte entre la misère, la peur et l'ignorance est au coeur de ce ballet qui se transforme en danse macabre. A l'arrière-plan, le paysage égyptien évoque une des plus anciennes civilisations qui ait laissé des vestiges de leur croyance à la vie dans l'au-delà; la silhouette de la déesse égyptienne Isis, soeur et femme d'Osiris à qui elle rendit la vie [6], se dessine dans ce décor. Tout ancienne qu'elle soit cette terre d'Egypte n'en reste pas moins la proie du choléra, un fléau millénaire contre lequel les civilisations modernes n'ont pas trouvé de remède certain.

Qu'émerge-t-il cependant dans la troisième et dernière partie du roman? Le lecteur y découvre une profondeur incommensurable dans le portrait des relations humaines entre hommes et femmes à l'heure de la mort. La délicatesse du batelier qui se transmet comme une épidémie au montreur de singe, au moment où Om Hassan quitte la vie, est frappante. Elle rappelle les béatitudes et particulièrement celle qui proclame: "Bienheureux les pauvres d'esprit . . ." Quant au Nil, il symbolise la route de la vie; sur le plan spirituel, il évoque la grâce qui unit les êtres les uns aux autres. L'eau du large, que ce soit la mer ou l'océan, relie les continents et l'humanité. Andrée Chedid, en mettant en scène une femme luttant pour sauver la vie de son petit-fils nous ramène au mystère même de la vie, de la naissance. Symboliquement, le fleuve ici ramène cet enfant à son milieu originel; cette route d'eau qui lie le batelier, au montreur de singe, à Om Houssan et à son petit-fils, les mène tous symboliquement à une nouvelle vie: à l'infini de l'au-delà. Sur la toile de fond des pyramides, des sphynx, et des momies, à l'ombre de la grande civilisation égyptienne où la survie ne fut jamais mise en question, cette vision de l'éternité anéantit les irrémédiables misères de la vie terrestre en rendant à l'être humain toute sa dignité et sa noblesse.

Notes

1. Le thème de l'eau tel qu'il est traité dans *Le Sixième Jour* est repris dans les romans qui suivront: *La Cité fertile* (1972) et *Nefertiti et le rêve d'Akhnaton* datant de 1974. Dans *La Cité fertile*, nous retrouvons ce thème dès les premières lignes avec l'entête

"fleuves" suivi de celui d'"Aléfa (une vieille) danse". . . "Le chantier", "La berge", .
. . "Le voilier" etc. Dans le roman *Nefertiti et le rêve d'Akhnaton*, il s'agit du fleuve
avec "sa crue qui innonde les terres". Là, indirectement, Chedid nous confie son
attachement à l'eau et en particulier à la mer de son Egypte natale: ". . . Enfant, j'ai
connu la mer. Pas longuement, car Thèbes où j'ai vécu, en était éloigné. Je ne sais
quelles circonstances m'ont amenée à passer quelques jours au bord de cette grande eau.
Ce temps je ne l'oublie pas" (36).

2. Les pages de citations sont tirées d'Andrée Chedid, *Le Sixième Jour* (Paris: Julliard,
1960).

3. Voir l'article "Larmes" dans le *Dictionnaire de spiritualité ascétique et mystique*
(Paris: Beauchesne, 1957).

4. Ali Mazrui, *The Africans-A Triple Heritage* (Boston: Little Brown and Co., 1986)
44–47.

5. Gérald Antoine, *Les Cinq Grandes Odes de Claudel ou la poésie de la répétition*
(Paris: M.J. Minard, 1959): 26–32.

6. Richard Cavendish, *Mythology* (New York: Barnes & Noble Books, 1992).

L'EAU QUI EFFACE, L'EAU QUI ANIME: DU TRIPTYQUE DE MARIE REDONNET

Jordan Stump

Le triptyque de Marie Redonnet[1] dépeint trois aspects d'un monde moribond qui tombe inéluctablement dans l'oubli, toujours menacé par quelque chose de plus moderne, de plus avancé, de moins délabré: un monde qui touche à sa fin, peuplé de vieillards fatigués et de jeunes ambitieux qui ne vont nulle part. Mais dans chaque roman l'histoire de ce monde est racontée par une narratrice qui cherche à lutter contre cette disparition omniprésente, lutte qui prend la forme d'une tentative de création. La narratrice de *Splendid Hôtel* s'efforce de préserver l'hôtel vétuste que lui a légué sa grand mère et de le transformer en son hôtel à elle; la narratrice de *Forever Valley* a comme "projet personnel" la recherche des morts qui, selon elle, sont enterrés dans le jardin du presbytère du petit hameau perdu de Forever Valley; Mélie, la narratrice de *Rose Mélie Rose*, se sert d'un polaroïd et d'un livre de légendes que lui a légué sa mère adoptive pour créer un livre qu'elle léguera à sa propre fille. Selon Elizabeth Fallaize, *Rose Mélie Rose privilégie* "the matrilinear transmission of knowledge"(333); en fait, cette idée s'applique uniformément à tout le triptyque, à ces trois tentatives désespérées de créer quelque chose de durable pour sauver un passé et un présent d'un avenir qui menace de tout anéantir.

Ces trois s'opposent non seulement à la disparition qui hante ce monde, mais aussi, beaucoup plus concrètement, à un paysage hostile et profondément marqué par l'eau. Le Splendid Hôtel est situé au bord d'un marais qui menace de tout inonder et de tout contaminer; Forever Valley, par contre, occupe un site aride et pierreux, mais le hameau se trouve au-dessus d'une nappe d'eau qui sera captée pour l'inonder. La ville de Oat, dans *Rose Mélie Rose*, se situe entre la mer et une lagune; celle-ci inonde la ville, celle-là permet aux habitants d'abandonner Oat et son île pour s'installer sur le continent plus prospère. L'eau, par sa présence et par son absence, détermine l'existence dans ces trois romans. Elle influence la vie de chacun des personnages, et plus particulièrement celle des narratrices, car leur besoin de créer, de laisser les traces de leur vécu, se confronte toujours à l'eau: l'eau qui recouvre, qui anéantit et qui efface. L'élément liquide est donc à la fois antagoniste concret et emblème abstrait, car il menace non seulement la vie quotidienne d'un monde, mais aussi le *souvenir* de cette vie et de ce monde, la possibilité d'un avenir. Nous verrons plus tard que ce n'est pas le seul rôle que joue l'eau dans ces romans; néanmoins, il est clair qu'elle est d'abord la source d'une mort, d'une disparition, d'un effacement.

Cet aspect de l'eau se manifeste sans doute le plus explicitement dans *Splendid Hôtel*. La grand-mère de la narratrice (anonyme) lui a légué l'hôtel qu'elle avait fait construire au bord d'un marais isolé; ses deux soeurs (Ada, invalide capricieuse et hargneuse, et Adel, actrice manquée) se sont installées dans l'hôtel, mais seule la narratrice essaie de le préserver. La compagnie des chemins de fer espère construire une voie à travers le marais, mais ce projet n'aboutit à rien, sauf à la mort d'Ada et d'Adel: le chef du chantier, infecté par la morsure d'un rat dans le marais, leur transmet une maladie qui leur sera fatale. Le marais (ses miasmes, mais surtout son eau) s'étale pour tout effacer (sauf l'hôtel): il n'épargne, ni le cimetière où est enterrée la grand-mère, ni le chemin de fer qui promettait de transformer cette région perdue. L'eau inonde et efface le vieux et le nouveau, le passé de l'hôtel et son avenir. Mais le marais n'est pas la seule source d'une eau qui tue ici: la narratrice doit "sans arrêt déboucher les sanitaires" de son hôtel (9), ces sanitaires qui, du temps de la grand-mère, rendaient le Splendid Hôtel "unique [. . .] dans la région" (9) mais qui ne sont à présent qu'un "foyer d'infection permanent" (90) et une marque du délabrement de l'hôtel, comme en outre la toiture et la tuyauterie qui ont des fuites partout. A l'extérieur de l'hôtel comme à l'intérieur, l'eau coule au-delà de son espace ou ne coule pas du tout, constituant dans les deux cas la source d'une dégradation et d'un effacement.

Forever Valley raconte une histoire nettement plus complexe que celle de *Splendid Hôtel*. La narratrice, elle aussi anonyme, a passé toute sa vie avec "le père" dans le presbytère de ce petit hameau dont la quasi-totalité de la population a émigré dans "la vallée d'en bas", moins isolée, plus moderne. Dès son seizième anniversaire, elle commence à travailler dans le dancing et bordel de Massi, établissement qui représente la seule industrie et la seule source de vie à Forever Valley. En même temps, elle creuse des fosses pour chercher les morts qu'elle croit être enterrés dans le jardin du presbytère, ces morts dont la découverte serait à la fois preuve de l'importance du hameau et réalisation du désir de créer qui motive la jeune fille. Mais le dancing ferme, le père meurt (comme Bob, l'ami que la narratrice rencontre au dancing), la recherche des morts n'aboutit à rien, et la vallée d'en bas finira par construire un barrage et inonder Forever Valley afin d'être électrifié. Même dans le site sec et pierreux de Forever Valley, l'eau revient pour se lier, non à la fécondité qu'elle pourrait opposer à cet endroit stérile, mais encore plus radicalement à la mort. Car si la narratrice espère trouver les morts en creusant ses quatre fosses dans le jardin du presbytère (les morts qui révéleraient l'existence d'un passé, sinon glorieux, du moins tangible, *vivant*), deux de ces fosses ne donnent qu'une arête de pierre et les autres une vase "dégoûtant[e]" (74) dans laquelle les morts ne sauraient être enterrés. Elle n'y trouve rien, et elle n'y déposera rien: quand elle sera obligée d'enterrer Bob et le père, elle choisira plutôt les deux fosses rocheuses. La découverte des morts donnerait une certaine fertilité à ce monde stérile, mais l'eau qui produit la vase s'y oppose en excluant la possibilité de découvrir, voire d'enterrer. Elle crée une stérilité encore plus complète que celle de l'aridité et de la pierre: elle annihile la possibilité de réalisation du projet de la narratrice. Et l'eau se lie d'autant plus triomphalement à la stérilité et à l'absence avec l'inondation de Forever Valley: elle efface le hameau et avec lui tout le passé de la narratrice. Elle regardera longuement le lac sans jamais voir le hameau perdu au fond, n'y voyant que les "montagnes qui se reflètent dans l'eau" (126), montagnes où est mort son ami Bob et en conséquence un avenir possible. L'eau a déjà anéanti l'espoir de la narratrice de trouver les morts; elle finit par effacer Forever Valley et le peu de vie qui y subsiste.

La narratrice de *Rose Mélie Rose* est la première du triptyque à porter un nom: Mélie. Abandonnée dès sa naissance dans un site touristique (la grotte de l'Ermitage) elle est recueillie par la vieille Rose, qui y tient un magasin de souvenirs. Le roman commence le jour de son douzième anniversaire, qui coïncide avec ses premières règles et la mort de Rose. Cette dernière a inscrit une adresse sur la dernière page du livre de légendes dans lequel Mélie a appris à lire; Mélie va à Oat pour s'y rendre. Là, elle apprend à lire le nouveau alphabet d'Oat (elle connaît déjà l'ancien), trouve du travail, prend douze polaroïds et se marie. Elle accouche de sa fille, Rose, à l'Ermitage, là où elle-même avait été abandonnée, et revient à Oat pour mourir d'une hémorragie. L'histoire se déroule sur une île qui se dépeuple; l'eau prend donc la forme de la mer, par laquelle les Oatiens disparaissent à la recherche d'une vie plus riche. La mer est aussi source de contamination, à cause des "maladies du continent" (37) dont mademoiselle Marthe, fonctionnaire qui devient maire de la ville d'Oat, est à la fois l'ennemie vigilante et la première victime (car elle mourra d'une maladie contractée lors d'un séjour sur le continent). La mer tue, mais la lagune qui a donné naissance au premier port d'Oat, elle, est déjà morte: devenue inutilisable à cause de l'ensablement du chenal qui la relie à la mer, le seul vestige de son passé vivant est un grand bateau rouillé qui s'enfonce peu à peu dans l'eau stagnante. Lieu de fascination pour un vieillard d'Oat, Nem, la lagune deviendra également le lieu de sa mort; elle effacera également toute une culture et une histoire en inondant le vieux quartier qui la borde. La mort de la lagune contribuera à celle de la ville à qui elle a autrefois permis la vie. Dans *Rose Mélie Rose* comme dans les deux romans qui le précèdent, l'eau est ce qui tue, ce qui efface, ce qui dit non.

Mais la monumentalité de cet aspect de l'eau est peut-être illusoire, car il existe également dans *Rose Mélie Rose* une eau qui est liée tout aussi étroitement à la vie et à la création: celle de la rivière et des cascades de l'Ermitage. C'est là que Mélie jouait avant la mort de la vieille Rose, c'est là qu'elle baigne sa fille Rose: "Son premier bain, j'ai voulu qu'elle le prenne à la source de la rivière comme un baptême"(132). Ici, l'eau représente la vie, la possibilité d'un nouveau début et d'un avenir. Mélie mourra peu de temps après avoir donné la vie à Rose, mais cette naissance représente néanmoins un certain triomphe sur la mort: pour la première fois du triptyque, la narratrice crée "quelque chose" qui durera, qui aura un avenir, qu'elle pourra *nommer* et dont le nom gardera le souvenir d'un passé. L'eau de la source est donc vivante, mais elle ne l'est que suite à un événement qui mène directement à la mort de Mélie. La source représente simultanément et inséparablement sa mort et sa survie, de même que l'abandon de la petite Rose (et, seize ans auparavant, celui de Mélie) constitue à la fois une fin et un nouveau début.

Une fin et un début: les événements qui ont lieu près de cette source sont de nature *cyclique*. Et le cycle marque l'histoire de Mélie tout autant que celui de l'élément aquatique: le roman commence le jour de ses premières règles, le jour d'une initiation à la féminité et à la fertilité (à la possibilité de créer); le sang, lui aussi fluide, représente ainsi la vie au même titre que l'eau de la source. Le sang revient à la fin du roman, mais sous forme d'une hémorragie mortelle. Le sang de Mélie représente donc à la fois sa vie *et* sa mort, dualisme fondamental déjà présent dans le liquide menstruel, qui marque à la fois un début (possibilité de reproduction) et une fin (un oeuf non fertilisé, une reproduction devenue provisoirement impossible). Quant au sang hémorragique, il marque ici la fin d'une vie et le début d'une autre qui garantit la survie de la disparue.

Ainsi, le paysage de *Rose Mélie Rose* et le corps de Mélie sont tous deux marqués par l'eau, qui implique à la fois début et fin, continuité et rupture. Il en est de même dans *Forever Valley*. L'eau souterraine rend impossible le "projet personnel" de la narratrice: elle ne trouvera pas les morts dans cette vase, pas plus que dans l'arête de pierre qui constitue l'autre moitié du sous-sol de ce jardin stérile, dépourvu de tout vestige du passé. Mais en même temps, cette eau souterraine qui condamne le hameau à une existence sans passé (et qui condamnera également son avenir) fait du jardin le seul endroit de Forever Valley qui *ne soit pas* stérile, le seul endroit où il y ait des plantes, des fleurs, autre chose que des pierres et de la poussière, le seul endroit fertile. Et si cette eau qui garantit à la fois la fertilité et la stérilité du jardin du presbytère permet l'inondation qui tuera le hameau, cette inondation sera également une sorte de triomphe sur la mort, car le panneau érigé devant le barrage et le lac ("Barrage de Forever Valley" 124) représente le souvenir du hameau plus durablement que le lieu lui-même; hameau qui, avant la construction du barrage, ne faisait que disparaître. Si Mélie réussit à conjurer sa propre disparition par sa capacité de nommer et de porter un nom, le panneau représente ce même triomphe, pour ironique qu'il soit: souvenir d'une perte sans doute, mais souvenir néanmoins, le panneau qui immortalise Forever Valley doit son existence au dualisme de l'eau.

Et de même que le sang de Mélie reflète le caractère de l'eau qui l'entoure, l'eau du paysage trouve son écho dans le corps de la narratrice de *Forever Valley*. Elle a seize ans mais elle n'est "pas encore formée" (23); elle ne le sera d'ailleurs jamais. Son corps est aussi stérile que le paysage de Forever Valley, car il lui manque le sang menstruel, preuve de la fertilité de Mélie. Cependant, cette même stérilité valorise la narratrice aux yeux de Massi, gérante du dancing et bordel: n'ayant "pas de précautions à prendre" avec cette jeune fille pré-pubère, les clients paieront plus cher ses services (23); ainsi représente-t-elle pour Massi une manière d'augmenter ses revenus: revenus qu'elle donne au père pour qu'il les place, pour qu'il les fasse "fructifier" (26). Comme l'eau cachée qui efface et qui immortalise le hameau, l'absence de sang menstruel dans le corps de la narratrice se manifeste simultanément par une stérilité et par une sorte de fertilité, même si Massi en est obliquement le récepteur, celui qui jouit de la "fertilité" de ce corps stérile.

Ce même dualisme s'opère dans *Splendid Hôtel*. Le marais efface toute tentative de modernisation, car le chemin de fer ne sera jamais fini. Il annihile également toute trace du passé, puisque le cimetière sera englouti, les tombes aspirées au fond du marais. Mais cet effacement semble justement maintenir l'hôtel, lui garantir une sorte d'immortalité: sans passé, sans avenir, le Splendid restera toujours égal à lui-même. L'eau du marais ronge ses fondations, les sanitaires risquent de se boucher définitivement, l'hôtel "penche légèrement sur la droite" (118) à cause de l'instabilité du terrain. Mais l'eau qui le détruit lui donne aussi une certaine durabilité: "De loin, le Splendid doit ressembler à un bateau qui aurait échoué là sur la neige avec sa coque de bois à moitié pourri. Il n'a aucune chance de sombrer, puisqu'il s'est échoué" (125–26). *A cause de* cet échouage, l'hôtel durera (ne sombrera pas): l'eau crée une instabilité dangereuse, mais qui mène malgré tout à une certaine stabilité. L'hôtel continue d'exister *grâce à* sa dégradation et son délabrement; il reste présent par un acheminement continuel vers l'absence. Pareillement, c'est à l'impossibilité même de maintenir un hôtel dans cette région hostile et déserte que le Splendid doit son existence; étant le seul hôtel de la région, les voyageurs sont donc "obligés de s'[y] arrêter" (42). On ne s'étonne alors pas que l'eau de l'hôtel soit "bonne pour le sang" mais "pas [. . .] pour la peau" (79): cette eau profondément double/trouble est simultanément source de vie et de mort, de danger et de protection.

Et une fois de plus, le paysage extérieur se reflète dans le corps du personnage principal. Si, selon Redonnet, la narratrice de *Forever Valley* n'atteindra jamais la puberté, celle de *Splendid Hôtel* est une "éternelle ménopausée"("Redonne"163). Cette absence définitive de sang menstruel représente une fin (celle de cette possibilité de créer dont jouit Mélie), de même que les sanitaires bouchés représentent la fin d'une époque de grand prestige pour l'hôtel. Mais ce manque constitue aussi une stabilité: la narratrice se trouve en dehors de l'instabilité impliquée par le cycle menstruel (qui consiste en un va-et-vient entre la présence et l'absence du sang). Comme l'hôtel, son corps sera toujours égal à lui-même, son corps durera à cause de la "fin" représentée par la ménopause.

Le triptyque montre donc trois moments de la relation entre l'eau et la terre, la stérilité et la fertilité: inondation quasiment continuelle qui tue mais qui maintient dans *Splendid Hôtel*; stérilité aride transformée par l'inondation en une stérilité encore plus radicale mais toujours double dans *Forever Valley*; présence simultanée, dans *Rose Mélie Rose*, d'une eau qui met fin à la vie et d'une eau qui se lie à sa création. Chacun des moments s'associe à une autre sorte de relation, celle de la présence et de l'absence du sang menstruel et donc de la fécondité: dans *Splendid Hôtel*, la fécondité a pris fin; dans *Forever Valley* elle ne commencera jamais. *Rose Mélie Rose* dure exactement le temps de la fécondité de Mélie, temps qui commence avec ses premières règles et qui finit avec son hémorragie, fécondité donc qui crée une vie et en tue une autre. Il s'agit de deux séries de permutations complémentaires, faisant de l'eau et du sang un seul élément dans une combinatoire qui met en jeu la présence et l'absence, la continuité et la rupture, la vie et la mort, et qui ne permet aucune résolution de la "contradiction" ainsi créée.

Les romans de Marie Redonnet ressemblent à "des paraboles fondées sur un réseau très élaboré de symboles" (Prévost et Lebrun 193) mais ce ne sont cependant pas des paraboles unidirectionnelles; si ces romans "se composent de symboles qui nécessitent un décryptage permanent" (Went-Daoust 388), ces symboles résistent à toute interprétation univoque. Le dualisme fondamental de l'eau suggère plutôt l'*impossibilité* du symbole, l'erreur de toute tentative de réduire à un seul sens la multiplicité du monde, des choses, des mots, l'erreur de toute tentative d'exclure l'autre. Selon Gaston Bachelard, l'eau serait "un symbole naturel pour la pureté" (*L'Eau et les rêves* 181), mais dans le triptyque cette pureté même devient impossible: l'eau semble bien représenter sans équivoque le monumental, l'amorphe, l'uniforme (car tout ce qui est recouvert d'eau se ressemble, un jardin et une digue inondés ne se distinguent pas), mais elle devient ici l'emblème d'une différence profonde et ainsi d'un refus de cette pureté. L'eau ne symbolise ni la vie ni la mort, ni la fécondité ni la stérilité, car elle les implique toutes simultanément; elle pourrait donc représenter l'inséparabilité de ces idées contradictoires, et donc, peut-être, la simultanéité irréductible des éléments de toute contradiction, ou encore la contradiction toujours présente dans l'identification. Là aussi, l'eau *mine* d'une certaine manière (elle dit non à l'intégralité de l'identification) mais en même temps, elle *crée*: elle donne naissance à une antinomie et donc à une disjonction qui produit du sens, qui produit une oeuvre. Elément fécond *à cause de* la stérilité qu'elle porte en elle, l'eau est toujours l'autre dans le triptyque de Marie Redonnet; elle est cet autre qui permet la création, cet autre qui anime . . . et qui efface.

Notes

1. Marie Redonnet (1948–) commence à voir la possibilité d'une carrière littéraire à l'âge de vingt-sept ans. Jusque-là, dit-elle dans "Redonne après maldonne", les mots lui semblaient étrangers: "A l'école, j'étais nulle en rédaction, je n'avais aucune imagination, je ne savais ni décrire, ni raconter, je n'avais pas la moindre qualité d'expression". Fille d'une couturière et d'un machiniste à la RATP, elle s'était destinée à l'enseignement; cependant, la mort de son père (avec qui elle a eu une relation des plus ambivalentes), la réflexion qu'elle entame ensuite et son horreur de l'enseignement au lycée l'éloignent de "ce bloc de mutisme qui avait toujours été le [s]ien" et la poussent vers l'écriture. Depuis 1985, elle construit une oeuvre étonnamment riche et variée: poèmes (*Le Mort & Cie*), contes et nouvelles (*Silsie, Doublures*), romans (*Splendid Hôtel, Forever Valley, Rose Mélie Rose, Candy Story*), pièces de théâtre (*Tir et Lir, Mobie-Dig, Seaside*). Mais si cette oeuvre est variée, elle est aussi profondément unie. On retrouve dans tous les textes cette même écriture (qui n'est pas exactement un style); écriture plate, détachée, mais en même temps extraordinairement évocatrice, voire hallucinatoire. On retrouve également les mêmes thèmes, mais constamment reformulés, remaniés, parfois à peine reconnaissables: l'héritage et la perte, le même et l'autre, la fin, le début, la continuité. On retrouve surtout une sorte d'espoir, une résistance à la mort et au silence. C'est peut-être avant tout cette résistance—calme, modeste, parfois inutile mais toujours ferme—qui fait de l'oeuvre de Marie Redonnet une des plus émouvantes de toute la littérature contemporaine.

DU SILENCE DE LA MORT À LA PAROLE DE LA VIE:
À L'ÉCOUTE DE L'EAU ET DU VENT
DANS *TRAVERSÉE DE LA MANGROVE*

Ellen Munley

> Si l'on participe vraiment, par l'imagination
> matérielle, à la substance de l'eau, on
> *projette* un regard frais.
>
> Gaston Bachelard, *L'eau et les rêves* (198)

> Caché sous les roches, je devenais cheval à
> diable pour écouter la chanson de l'eau.
>
> Maryse Condé, *Traversée de la mangrove*
> (259)

Aller du silence de la mort à la parole de la vie . . . Comment accomplir ce trajet? Où trouver la volonté et les forces nécessaires pour parler et agir? Comment se sauver des pièges d'une vie plongée dans une activité qui déporte mais ne mène nulle part? La trace sur laquelle Maryse Condé nous guide dans *Traversée de la mangrove*[1] est à la portée de tous mais cependant complexe à découvrir. C'est une voie indiquée par les ancêtres morts, une piste à la fois imaginaire et réelle qui s'éclaircit quand on avance à tâtons dans son for intérieur en communion avec les forces de la nature. Tous les éléments naturels se lient au destin des personnages dans ce roman où le vent incite à agir et où une prolifération de la vie animale et végétale encadre l'action. L'eau est cependant privilégiée en tant que force naturelle liée à la sensibilité et à la volonté de ceux qui s'échappent de la malédiction poursuivant les habitants de Rivière au Sel.

Le texte s'ouvre avec la mort de Francisco Alvarez Sancher, nommé Francis Sancher. Peut-être a-t-il été victime de la même malédiction qui avait déjà pris la vie de son père et de son grand-père à l'occasion de leur cinquantième anniversaire. Il est aussi fort possible qu'il ait trouvé la mort à cause de la malédiction symbolique hantant tous les habitants de ce petit bourg guadeloupéen. Celle-ci ne remonte pas loin dans le passé; il s'agit d'une "damnation" à laquelle tous participent dans le présent. Moïse la connaît bien et en parle ainsi: "Seul celui qui a vécu entre les quatre murs d'une petite communauté connaît sa méchanceté et sa peur de l'étranger"(39).

Les membres de cette collectivité se trouvent aliénés dans deux sens: ils perçoivent qu'une distance sentimentale les sépare d'eux-mêmes et parallèlement, ils se trouvent dans l'impossibilité de se rapprocher les uns des autres. Partageant une vie aussi stagnante que celle des eaux de la mangrove qui les environnent, ils sont des "morts-vivants" n'ayant plus de rapports significatifs avec eux-mêmes ou autrui. Vivant dans un présent contaminé par le passé—comme Francis Sancher, dont la veillée mortuaire fournit le "locus" et les heures propices aux réflexions personnelles—ils s'empalent sur les racines des préjugés, s'enterrent et étouffent dans la boue contaminée par la peur de l'étranger et la méchanceté mutuelle. Semblables au défunt qu'ils veillent, ils sont condamnés à reproduire les mêmes vies tristes et sans amour mises en relief par celle de Francis Sancher, personnage central mais absent, même de son vivant où il n'était en contact qu'avec les eaux mortes de la mangrove. Le même terrain marécageux qui rend impossible un cimetière à Rivière au Sel nourrit une population insensible à ses peines individuelles et collectives.

Certains habitants, contrairement au naufragé Sancher qui avait abandonné tout espoir, trouvent cependant le moyen de renaître en passant du "serein" au "devant-jour" et sentent l'espoir se lever avec le soleil. Un des éléments communs à leur renaissance personnelle est le contact retrouvé avec leurs émotions; les coeurs endurcis contre tant de méchanceté s'ouvrent et s'amollissent. Ces transformations s'accomplissent lentement, en suivant cette trace au-delà des barrières sociales et des contraintes psychologiques, en puisant de nouvelles forces dans la redécouverte d'un élan vital.

Ces modifications personnelles se réalisent grâce à l'ouverture au monde naturel. Pour renoncer à la répétition des fautes antérieures, il faut d'abord une prise de conscience, une acceptation de la vérité de son existence, un contact avec sa peine individuelle pour passer dans l'au-delà. La nature s'offre comme source de régénérescence aux habitants de ce village, souvent évoqués comme des enfants mal nourris. La sous-alimentation dont ils souffrent est de nature à la fois émotive, psychologique et sociale. Seuls ceux pouvant projeter un regard nouveau sur leur condition sont capables d'imaginer une autre vie et de faire s'écrouler les murs des préjugés au coeur des familles et de la société guadeloupéennes.

Deux textes théoriques de Gaston Bachelard continuent de nos jours à soulever l'intérêt de ceux qui s'occupent de l'étude des rapports entre la renaissance individuelle el les éléments naturels, plus particulièrement l'eau: *L'eau et les rêves: Essai sur l'imagination de la matière* (1942) et *L'air et les songes: Essai sur l'imagination du mouvement* (1943). Dans le premier essai, Bachelard parle de "l'imagination matérielle" de l'eau, qui "en groupant les images, en dissolvant les substances, [l'] aide dans sa tâche de désobjectivation, dans sa tâche d'assimilation" (17).[2] Dans *L'air et les songes*, le critique souligne l'importance de la fonction d'ouverture, qui est celle de l'imagination, car, selon lui, si la mission d'ouverture se fait mal, la perception elle-même reste obtuse: "Un être privé de la fonction de l'irréel est un névrosé aussi bien que l'être privé de la fonction du réel. . . (14).[3] Il définit l'imagination matérielle en ces termes: "cet étonnant besoin de 'pénétration' qui, par delà la séduction de l'imagination des formes, va penser la matière, rêver la matière, vivre dans la matière ou bien, ce qui revient au même, matérialiser l'imaginaire" (*AS* 14). En nous servant des définitions de Bachelard, nous analyserons chez Maryse Condé le contraste entre les eaux vives, de source et les eaux mortes, stagnantes. Ce contraste marque les étapes de la renaissance individuelle d'un bon nombre de personnages dans *Traversée de la mangrove*.

Décrire les habitants de Rivière au Sel comme des enfants mal nourris (*TM* 38) nous emmène sur le chemin, vers la source où ils pourraient s'alimenter. Avant d'examiner la symbolique de l'eau dans *Traversée de la mangrove*, élément foncièrement féminin que Condé relie souvent aux images des eaux maternelles de gestation, il convient de discuter la figure de la mère absente chez notre écrivaine. "Les malheurs des enfants sont toujours causés par les fautes cachées des parents" (*TM* 111), se dit Dinah Lameaulnes en pensant à la détresse de sa belle-fille Mira; pensée qui trouvera écho dans celle de Rosa Ramsaran, mère de Vilma: "Car, il ne faut pas chercher, le malheur des enfants est toujours causé par les parents" (*TM* 177). Mira et Vilma à qui Francis Sancher a fait des enfants, malgré le désir de celui-ci de ne pas propager son héritage de malheur, avaient recherché auprès de lui l'amour, et surtout un substitut maternel. Dans un sens plus large, l'absence de rapports significatifs profonds avec la mère semble une constante dans la société guadeloupéenne peinte par Maryse Condé. Dans un article, de nature structuraliste, sur l'univers fictif de la romancière, Arlette Smith unit le concept de l'exil dans l'oeuvre condéenne à la représentation de la mère absente, la mère adoptive et la femme-séductrice (381–88). Ce qu'elle démontre si bien pour *Hérémakhonon, Moi, Titube, sorcière noire de Salem, Ségou: les murailles de la terre* et *Une saison à Rihata* l'est encore davantage pour *Traversée de la mangrove*. Dans ce roman, le motif de la mère absente et celui de la mère adoptive s'unissent dans la figure de la mère perdue: celle qui, à cause de la mort ou d'un manque de sensibilité maternelle, ne "nourrit" pas ses enfants sur le plan émotif et les prive de l'amour essentiel. Parmi les personnages principaux du roman, on en compte au moins sept qui, selon des indications précises dans le texte, sont mal aimés de leurs mères. Ainsi abandonnés aux dangers de la mangrove où "on s'enterre et on étouffe dans la boue saumâtre" (*TM* 202), ils peuvent chercher la source vive qui remplace la mère perdue ou se noyer dans le dédain collectif des habitants de Rivière au Sel.

Dans certains cas, on trouve la trace de l'absence de l'amour maternel dans la génération des grands-mères; les mères de Rosa Ramsaran et de Dodose Pélagie ont sacrifié leurs filles à des mariages arrangés, donc malheureux. La mère de Rosa n'avait pas le courage de contredire son mari, tandis que la mère de Dodose pensait aux avantages financiers qu'elle allait en tirer. On en déduit donc que pour être capable d'amour maternel, il faut avoir reçu soi-même des soins maternels: "Pour donner, pour rendre l'amour, il faut en avoir reçu beaucoup, beaucoup" (*TM* 180). Cette observation de Francis Sancher frappe l'esprit de Rosa qui s'étonne de sa vérité. Mais qui sera la nouvelle Ève pour créer un nouvel ordre? Qui nourrira les mères malheureuses, silencieuses, privées de pouvoir par rapport à elle-mêmes et vis-à-vis de leurs enfants? Ce groupe de mères dépourvues comprend Rosa Ramsaran, Dinah Lameaulnes, Shawn, mère de Moïse et Estella, mère d'Émile Étienne. Qui remplira le rôle des mères mortes, comme Rosalie Sorane, mère de Mira Lameaulnes? Par une extension qui relie la figure de la mère perdue à l'image de la "Guadeloupe marâtre", tous les enfants du pays souffrent, manquent de l'appui dont ils ont besoin pour s'épanouir. Condé se sert à plusieurs reprises de cette métaphore pour désigner les malheureux, délaissés par leur mère biologique ou leur Mère-patrie. "Sortie de mon ventre, je t'ai mal aimée. Je ne t'ai pas aidée à éclore et tu as poussé, rabougrie" (*TM* 182), se dit Rosa, la mère de Vilma. Et la narratrice observe que "Guadeloupe marâtre ne nourrit plus ses enfants" (*TM* 38). Voilà pourquoi "tant d'entre eux se gèlent les pieds en région parisienne" (*TM* 38).

Quitter sa famille ou son pays n'engendre cependant pas l'épanouissement personnel. Moïse nous offre le spectacle de ses camarades de la poste partis en métropole, "un lac de tristesse au fond des prunelles" (TM 49). Cette métaphore aquatique fait allusion à la tristesse infinie de ceux qui se trouvent forcés de choisir l'exil, comme le remarque Bachelard dans *L'eau et les rêves*. En suivant le destin de l'eau dans la poétique d'Edgar Poe, notre critique signale des passages dans *Ile des fées* où l'ombre des arbres s'ensevelit dans l'eau, "imprégnant de ténèbres les profondeurs de l'élément" (*ER* 75). Il constate qu'en absorbant les ombres, l'eau offre une tombe quotidienne à tout ce qui, chaque jour, meurt en nous. Ce lac profond au fond des prunelles des camarades de Moïse s'alourdit des ombres des espoirs morts, s'étend jusqu'à l'âme et témoigne de la même sorte de "suicide permanent" que Bachelard identifie dans "l'ombre qui tombe au flot", dans le chagrin quotidien qui tue chez Poe (*ER* 78). La vision solitaire du penseur face aux reflets sur l'eau souligne le sens de la solitude dans l'oeuvre de Poe et trouve son écho dans le texte de Condé. Moïse retrouve la solitude accablante et sans issue de l'exilé après une brouille avec son seul ami, Francis Sancher: "Ce qui comptait, c'était que depuis cette époque-là la vie avait retrouvé son goût d'eau stagnante. Que les arbres de Rivière au Sel s'étaient à nouveau resserrés autour de lui comme les murs d'une geôle" (*TM* 49). Entravé par la méfiance de ses voisins vis à vis de l'étranger et empoisonné par son manque d'amour-propre, il est naturel que Moïse succombe "aux eaux" du chagrin. A la fin du chapitre consacré à son histoire il sent une douleur monter dans sa poitrine et "un flot d'eau salée déborda de ses paupières" (*TM* 49). Lui-même est rendu plus sensible au sort malheureux de ses bourreaux au cours de la veillée mortuaire de Francis Sancher. Peut-on espérer que les autres qui y assistent seront à leur tour sensibilisés par les injustices qu'il perpétuent à l'égard de Moïse? Le chapitre se termine par des voix en prière et le sort de ce dernier reste incertain.

Certains individus à Rivière au Sel entrevoient un avenir plus prometteur. Ils parviennent à éviter l'étouffement de l'eau stagnante. Nous examinerons le cas de quatre survivants: Mira Lameaulnes, Vilma et Carmélien Ramsaran et Xantippe. Ils réussissent à se sauver grâce à leur relation intime avec l'eau vivante, à leur contact direct avec la source, et ainsi qu'à leur éveil à une conscience capable de transformer la vie quotidienne. Cette conscience rénovatrice naît des images qui émergent du va-et-vient entre l'imaginaire et le réel. Les deux "réalités" coexistent. Pour faire l'analyse des transformations de ces personnages et nous rapprocher des sources, revenons aux deux textes de Bachelard, *L'eau et les rêves* ainsi que *L'air et les songes*. Dans ces deux études, le critique relie les images littéraires aux rêves et aux songes pour en révéler leur puissance transformatrice: "Car l'être est avant tout un éveil et il s'éveille dans la conscience d'une impression extraordinaire" (*ER* 10). Selon Bachelard, les images matérielles premières prennent naissance dans la chair et les organes; elles sont dynamiques et liées à des volontés simples. L'imaginaire, qu'il définit comme un au-delà des images, se caractérise par leur mobilité et une aspiration à d'autres plus nouvelles. "C'est le trajet qui nous intéresserait: l'immanence de l'imaginaire au réel et le trajet continu du réel à l'imaginaire" (*AS* 11). Les images littéraires qui en surgissent "vivent de la vie du langage vivant. On les éprouve, dans leur lyrisme en acte, à ce signe intime qu'elles rénovent l'âme et le coeur" (*AS* 9). Les eaux mortes et les eaux régénératrices constituent toutes deux une matière originelle que l'imagination peut faire vivre doublement et dont Maryse Condé trouve le duel poétique. L'eau dans *Traversée de la mangrove* participe au désir et à la crainte, au bien et au mal. L'auteur met en mouvement tout un univers de rêveries qui permet à certains personnages et au lecteur voulant bien "se perdre", d'éprouver cette double appartenance de l'eau qui attache l'âme entière (*ER* 17). Un retour aux sources s'avère primordial; retour aux sources, non pas exil intérieur ou extérieur. Mira Lameaulnes, Vilma et Carmélien Ramsaran et Xantippe découvrent les eaux de la source, perdues dans la forêt dense symbolisant les rapports sociaux embrouillés; en dépit de la dévalorisation des sentiments envers leurs semblables, il s'échappent du gouffre visqueux, de la stagnation individuelle. Ils résistent à l'habitude (que Bachelard caractérise comme aplatissante et antithétique à l'imagination créatrice) et puisent des forces dans la "substance" privilégiée. Etudions de plus près les passages illustrant cette renaissance dans les eaux vives de la Ravine fraîche et dans la pluie.

De tous les personnages, Mira Lameaulnes, jeune femme dont la mère est morte en lui donnant la vie, est la "sourcière" par excellence. Elle parle de la manière la plus explicite des eaux de source qui renouvellent l'âme et le coeur et qui donnent un accès symbolique à la figure de la mère perdue. Dans sa propre histoire racontée à la première personne, elle se remémore un jour de son enfance où elle était partie de la maison très tôt le matin à la recherche de sa mère qu'elle ne pouvait croire morte. Après avoir remonté un sentier, aussi connu intimement par Vilma, Carmélien et Xantippe, elle bute sur une roche et déboule jusqu'au fond d'une ravine qu'elle décrit ainsi: "Je n'ai jamais oublié cette première rencontre avec l'eau, ce chant délié, à peine audible, et l'odeur de l'humus en décomposition . . . J'avais

retrouvé le lit maternel" (*TM* 54). Elle y descend chaque fois qu'elle a "le
coeur ensanglanté à cause de la méchanceté des gens de Rivière au Sel" et
à chaque anniversaire de la mort de sa mère, Rosalie Sorane. Elle ne
partage avec personne ce refuge, cet espace où elle se sent en sécurité et
libre de s'ébattre. La Ravine fraîche accepte Mira comme elle nourrit d'
autres vies sur ses rives: "Je n'aime que les ravines vivantes, violentes,
même. Je m'y baigne. Je dors sur leurs rives, peuplées de batraciens. Je
me tords les chevilles sur leurs roches glissantes. C'est mon domaine à
moi, à moi seule" (*TM* 52). En se fantasmamt la reine de ce domaine
aquatique, elle retrouve la volonté et les forces nécessaires pour ne pas se
laisser contaminer par l'étroitesse d'esprit des habitants de Rivière au Sel.
L'imagination et la volonté, d'après Bachelard, sont deux aspects d'une
même force profonde: "Sait vouloir, celui qui sait imaginer" (*AS* 130).
Mira se recrée en quelque sorte après un contact intime avec l'eau comme
l'imagination se renouvelle à l'intérieur de l'être. L'eau de la Ravine
correspond à celle que décrit Bachelard en ces termes: "un *support* d'images
et bientôt un *apport* d'images, un principe qui fonde les images" (*ER* 16).
Mira raconte à Dinah un rêve qu'elle a fait suite à l'infusion que Sancher lui
a administré pour avorter l'enfant qu'elle portait. Ce rêve témoigne des
rapports entre l'imagination formelle qui peint les images de beauté "dans
le sens des formes et des couleurs, dans le sens des variétés et des
métamorphoses" (*ER* 2), et l'imagination matérielle qui cherche les images
cachées, l'intimité substantielle, la racine même de la force végétante et la
force imaginante (*ER* 3).

> Mon esprit s'est détaché de mon corps, paisible, paisible. Il m'a semblé que je
> revenais habiter comme autrefois le ventre ombreux de ma mère, Rosalie Sorane
> aux dents de perle. Je flottais, je nageais éperdue de bonheur dans sa mer
> utérine et j'entendais assourdis, affaiblis, les tristes bruits d'un monde dans
> lequel j'étais bien décidée à ne jamais faire mon entrée. (*TM* 115)

Ce songe correspond aux rêves bercés dont parle Bachelard dans un
chapitre intitulé "L'eau maternelle et l'eau féminine"(*ER* 155–80). Elle
flotte, elle nage dans la mer utérine: mer utérine et mère se confondent dans

ce rêve où l'élément porte la "baigneuse", la berce, l'endort et lui rend celle qui l'enfanta. En la retrouvant, Mira révèle le caractère féminin de l'eau qui ouvre un infini de virtualités de devenir dans le présent. Elle avait souhaité une mère pour la voir grandir et lui assurer sa place dans le monde. Dans cet espace, loin des heures mesurées et des activités habituelles, elle commence à se connaître et découvre les forces et le moyen d'appartenir à un moment historique.

Mira, seul personnage dont le récit s'étend sur deux chapitres, se réjouit de voir son avenir s'ouvrir devant elle; elle se prépare à commencer sa vie véritable: vie qui coïncide paradoxalement avec la mort de Francis Sancher. Mira se rend compte qu'il existe tout un monde à découvrir et elle se prépare à son exploration. Il faut quitter la Ravine et apprendre à vivre avec autrui. Cette ouverture au monde et aux autres se lie à une expérience de l'unité profonde de tous les êtres et des éléments naturels. On ne peut pas forger de nouveaux rapports avec autrui si l'on reste enfermé dans soi-même sans prendre de risques. Au lieu de se fixer à la source et de s'évader du monde triste, forte de la volonté, elle se prépare pour un départ symbolique vers l'"autre", les autres.

Carmélien Ramsaran, frère de Vilma, avait ressenti la présence de cette même mèr/e utérine le jour de son baptême. Plongé trois fois dans la rivière, "il avait retrouvé le souvenir du ventre maternel quand, sans yeux et des nageoires aux pieds, il baignait dans la félicité" (*TM* 184). Petit, il ôtait ses vêtements et se trempait dans la pluie, ivre de joie à l'idée de laisser couler l'eau sur son corps immobile ou de gambader sous les gouttes bienfaisantes. Après avoir lu *Gouverneurs de la rosée* à l'école, il s'est identifié avec le personnage du gardien de l'eau dans ce livre et s'est mis en tête de découvrir une source nouvelle. Une quête assidue l'a emmené à la source au-dessus de la trace Saint-Charles, même lieu secret découvert par Mira des années plus tard. C'est l'endroit où elle renaît en reprenant contact avec la mère morte et où Francis Sancher fait face à la mort dans des circonstances jamais expliquées dans le roman. C'est un lieu d'intimité, de mystère et de volupté, un point de rencontre entre la vie et la mort. Lors de l'une de ses visites à la source, Carmélien voit Mira nue qui descend dans l'eau; depuis ce jour il rêve de l'épouser. Sa joie et ses espoirs du passé se raniment au son du martèlement de la pluie la nuit de la veillée.

Vilma, soeur de Carmélien, sait aussi écouter la parole de l'eau. Si Francis Sancher avait l'habitude de rester silencieux pendant sa vie, il devient éloquent après sa mort:

> Dans le bruit des gouttes sur le toit, le frottement des branches des arbres et le froissement des herbes des talus, dans le sifflement du vent qui se glisse à travers les planches mal jointes, mal rabotées de cette maison, il me semble que j'entends sa voix prononçant des paroles secrètes que je n'avais jamais entendues et qui lèvent le mystère de ce qu'il a été. (*TM* 206)

Dans ses réflexions sur les échos ontologiques dans la nature, Bachelard cite Tristan Tzara dans "La parole de l'eau", le dernier chapitre de *L'eau et les rêves*: "De tous les éléments, l'eau est le plus fidèle 'miroir des voix'" (*ER* 258). La sonorité des cascades mélodieuses comme les notes liquides de la pluie nous parlent et nous encouragent à ne plus nous taire. La parole de l'eau ouvre les digues construites des peines tues et des espoirs étouffés pour laisser couler la parole de la vie.

Les vivants à l'écoute héritent du savoir des ancêtres. Rappelant les mots des anciens la nuit de la veillée, Vilma finit par comprendre que "la mort n'est qu'un pont jeté entre les êtres où ils se rencontrent à mi-chemin pour se chuchoter ce qu'ils n'ont pas pu se confier" (*TM* 206). L'image du pont qui réunit les vivants et les morts offre une leçon profonde sur l'existence dans une image poétique révélatrice de l'indivisibilité de la vie et de la mort. "La traversée de la mangrove" s'accomplit en édifiant des ponts, lieux où se nouent des liens entre les vivants et les morts.

Les êtres humains partagent le destin de l'eau qui coule et qui se métamorphose sans cesse. La manifestation de l'éternel ne se produit que dans le transitoire et tout "n'est que branle et inconstance" pour les habitants de Rivière au Sel au 20ème siècle aussi bien que pour le maire de Bordeaux, Montaigne, au 16ème siècle.[4] L'auteur des *Essais* ne s'est pas engagé dans une spéculation purement intellectuelle, car il est arrivé à rester dans le moment et à l'étoffer en le vivant pleinement. Autrement dit, il a vécu l'éternel dans le transitoire, une leçon qui a toutes les apparences de la simplicité mais qui renferme un profond enseignement que nous continuons tous à oublier. Le refrain du chant délié de l'eau dans *Traversée de la mangrove* nous avertit de ce même message, dans les vagues, la course de la rivière et la chute de la cascade, il n'y a qu'une succession de moments furtifs. Et comme les eaux vives, l'être humain a la liberté de se recréer à chaque moment. Des individus tels Francis Sancher, Loulou Lameaulnes et Sylvestre Ramsaran vivent dans le passé en se révoltant contre le présent. D'autre part, Mira Lameaulnes, Vilma Ramsaran et Carmélien Ramsaran se rangent parmi ceux de Rivière au Sel qui trouvent la force d'intégrer le passé dans un présent vivant. Ils s'ouvrent à d'autres possibilités d'une existence en commun sans exploitation ni abus du monde naturel. Leurs histoires particulières contribuent à la puissance du rêve poétique qui parcourt *Traversée de la mangrove*. Mais le pivot au centre du texte n'est cependant ni la "fabula" ni les protagonistes mais plutôt la redécouverte de l'élan vital.

Le représentant le plus puissant de cet élan vital est Xantippe, un personnage à dimension mythologique. Il réincarne les ancêtres et parallèlement il concrétise dans son être un passé qui remonte loin. Symbole du "Nèg mawon"[5] révolté et de tous les suppliciés à travers les siècles, son corps est un rappel douloureux pour toutes les victimes de l'injustice. Il ne permet pas aux habitants de Rivière au Sel voués au matérialisme d'oublier le passé. Il existe depuis toujours et apparaît partout, suscitant toute une gamme de réactions chez ses compatriotes, de la terreur à la sympathie.

Contrairement à Mira Lameaulnes, qui visite un espace éternel et hors-lieu en retrouvant sa mère morte, Xantippe incorpore ces dimensions dans sa chair en épousant la femme-paysage dont l'élément primordial est l'eau. Cet avatar des opprimés s'accommode à tous les sols du monde naturel dont il ne se sépare pas, et dont il se considère partie intégrante. Les arbres et les lianes sont des amis, et il représente dans son corps endeuillé et rejeté les bananiers abattus, les golomines mortes de soif et toutes les autres victimes des hommes dont le coeur "devenait de plus en plus dur et mauvais, tout occupé de postes de radio et de télévision en couleurs"(258).

Xantippe recrée le monde en le désobjectivant. En étudiant les oeuvres d'Edgar Poe dans *L'eau et les rêves*, Bachelard parle du rôle de l'eau dans la vie active du langage. Il se rapporte à la citation suivante de Claude-Louis Estève pour démontrer comment elle aide l'imagination dans ses tâches d'assimilation:

> . . .il est non moins indispensable. . .de désobjectiver le vocabulaire et la syntaxe. Faute de cette désobjectivation des objets, faute de cette déformation des formes qui nous permet de voir la matière sous l'objet, le monde s'éparpille en choses disparates, en solides immobiles et inertes, en objets étrangers à nous-mêmes. L'âme souffre alors d'un déficit d'imagination matérielle.(*ER* 17)

Coupés les uns des autres et de la nature, les habitants de Rivière au Sel décrits par Xantippe souffrent et font souffrir. En se mariant aux forces de la nature, Xantippe remplit la fonction de porte-parole de l'eau, nécessaire à la restauration des rapports entre les habitants de Rivière au Sel et leur environnement naturel.

Il raconte comment il s'est initié au langage de la nature. La jalousie et la méchanceté de ses voisins ont abouti à un incendie qui, responsable de la mort de Gracieuse, sa femme bien-aimée et celle de ses enfants, a également entraîné la perte de tous ses biens. Fou de douleur, il a dispersé les cendres de Gracieuse sur la mer et a erré longtemps sans but jusqu'aux coins les plus perdus du pays. Après être descendu au fin fond de la Ravine, caché sous les roches, "il devenait cheval à diable pour écouter la chanson de l'eau" (*TM* 259). Ensuite, on lit: "Rivière au Sel, j'ai nommé ce lieu" (*TM* 259). Xantippe compare les ravines aux sexes grands ouverts, et assimile le processus de nommer le pays à une fécondation "sortie de ses reins [des reins de Xantippe] dans une giclée de foutre" (*TM* 255–56). C'est lui qui donne naissance au pays, aux arbres, aux plantes, aux roches et à tous les éléments primitifs en les nommant, en les appelant à l'existence. L'eau féminine et maternelle coule à travers Xantippe, l'eau avec laquelle il a des rapports sexuels (les ravines étant pour lui des sexes grands ouverts), l'eau dont il écoute le chant pour imaginer et entrer en création avec son monde.

A la fin du chapitre, dans une invocation adressée à la fois à la mer et à sa femme morte dont les cendres se sont dissoutes dans la mer, Xantippe vit la matière profonde en même temps qu'il s'en sert pour exprimer son amour perdu: "Rappelle-toi mon amour sans sépulture quand nous dérivions étales sur l'écume du plaisir" (*TM* 260). L'acte sexuel déplace et porte les amants sur les vagues de la jouissance. La fluidité, la création inhérente et la profonde maternité de l'eau se mêlent aux fluides de l'amour qui porte les amants en dehors d'eux-mêmes. Au sommet du plaisir, en contact avec une force plus grande, se manifeste le moment de l'ouverture extrême. Cette invocation réunit l'ouverture des corps à l'ouverture de l'imagination. Le verbe "dérivions" suggère l'union étroite de l'homme, de la femme et de la mer, non pas seulement dans le sens de la jouissance mais aussi dans le sens de provenir, de dériver de la mè/re en même temps que d'être portés par le courant.

Il convient de noter en passant, et avant de conclure, que le vent s'associe souvent à l'eau dans *Traversée de la mangrove*. Quelquefois il signale un changement dans l'ambiance sentimentale près de la Ravine, parfois il parle avec la pluie et berce ses gouttes bienfaisantes. Dans *L'air et les songes*, Bachelard fait allusion "aux leçons de l'air libre, du mouvement aérien libérateur" (*AS* 15). Conformément à cette caractérisation, c'est le vent qui inspire la colère et la révolte à Mira et à Vilma, un vent qui renverse tout, qui rit, qui souffle des idées de rébellion aux deux jeunes femmes et précède leurs départs pour la maison de Francis Sancher: "Oui, c'est le grand vent qui a planté cette idée-là dans ma tête sous la touffeur de mes cheveux," s'avoue Mira (*TM* 66). Si elle réalise enfin que l'idée d'aller vivre avec Sancher était folle et et déraisonnable, il n'en est pas moins vrai que cet acte a permis à Mira et à Vilma d'abandonner leurs tristes vies sous le toit patriarcal où les pères enferment leurs filles, comme Emmanuel Pélagie, dans les rancoeurs et les "petitesses immuables" de Rivière au Sel (*TM* 225).

Il faut aussi noter que le vent est décrit en termes animaliers et anthropomorphiques dans *Traversée de la mangrove*. Comme une grande bête dormant aux pieds de la montagne le soir où Vilma quitte sa famille, le vent "s'est secoué. Il s'est levé debout. Il s'est arc-bouté . . . puis d'une seule enjambée il est descendu . . ." (TM 201), lui inspirant la fuite. La description de l'eau et du vent se confond avec celle des êtres vivants chez Condé. S'il n'existe que des divisions artificielles et égoïstes entre les gens, on peut discerner les mêmes barrières fausses séparant les différentes manifestations de la vie humaine, animale, végétale, minérale, aquatique et atmosphérique.

L'imagination matérielle qui pénètre la matière et matérialise l'imaginaire chez Bachelard s'exprime éloquemment dans *Traversée de la mangrove*:

> Mais si nous pouvons convaincre notre lecteur qu'il y a, sous les images superficielles de l'eau, une série d'images de plus en plus profondes, de plus en plus tenaces, il ne tardera pas à éprouver, dans ses propres contemplations, une sympathie pour cet approfondissement; il sentira s'ouvrir, sous l'imagination des formes, l'imagination des substances. (*ER* 8)

Mira Lameaulnes, Vilma Ramsaran, Carmélien Ramsaran et Xantippe se distinguent parmi les habitants de Rivière au Sel; ils pensent, rêvent et vivent intimement le destin de l'eau qu'ils identifient comme destin collectif. Bachelard nous rappelle qu'on ne se baigne pas deux fois dans un même fleuve parce que "déjà, dans sa profondeur, l'être humain a le destin de l'eau qui coule . . . la mort quotidienne est la mort de l'eau" (*ER* 8-9). Une fois comprise, comment cette découverte pourrait-elle manquer d'agir sur la conscience? La réponse à cette question se trouve dans l'eau qui coule, car pour bien vivre il faut constamment être à son écoute: "Il faut apprendre sans cesse de nouveaux battements à nos coeurs", dit Man Sonson, la vieille guérisseuse de Rivière au Sel (*TM* 88). L'eau qui nourrit et unit les vivants et les morts nous enseigne et, qui plus est, nous exhorte à le faire.

En se souvenant du jour où son père lui a interdit de retourner à l'école, Vilma fait allusion à une promenade dans la forêt jusqu'à "l'étang de Bois Sec dont l'eau, à ce que l'on dit, se tourne en sang à la tombée du soleil et où les esprits viennent pour boire" (*TM* 197). Parmi les morts réelles et symboliques, c'est la mort dans la vie qu'on doit fuir. L'eau morte de l'étang et l'eau stagnante de la mangrove s'opposent à l'eau de la source, de la Ravine, de la pluie et de la mer qui incorporent la mort et la vie, donnent conscience de la mort physique dans une célébration de la vie.

Vilma sait interpréter le bruit des gouttes sur le toit; Xantippe prête l'oreille à la Ravine; Carmélien répond à la pluie que son père fuit; Mira retrouve la mère-paysage dans la source de la Ravine qu'elle doit transgresser pour que sa vie à elle commence enfin. La peine et les virtualités de l'eau sont infinies. Le lit maternel et les pleurs, les eaux de source de la Ravine et la pluie—toutes les manifestations de l'eau dans un contexte humain ou naturel—illustrent l'indivisibilité de l'imaginaire et du réel et de leurs rapports profonds.

Traversée de la mangrove pense et rêve la matière de l'eau dans toutes ses manifestations: "Le ruisseau vous apprendra à parler quand même", lisons-nous à la fin de *L'eau et les rêves* (262). La dernière phrase du roman de Maryse Condé fait preuve de l'efficacité de l'apprentissage: "Secouant sa fatigue et voyant devant elle la route droite, belle et nue de sa vie, Dinah rouvrit le livre des psaumes et tous répondirent à sa voix" (*TM* 265). La voix humaine témoigne du chant délié de l'eau.

Notes

1. Désormais, *Traversée de la mangrove* aura pour sigle *TM*.

2. Gaston Bachelard, *L'eau et les rêves: Essai sur l'imagination de la matière* (Paris: Librairie José Corti 1942). Désormais, *L'eau et les rêves* aura pour sigle *ER*.

3. Gaston Bachelard, *L'air et les songes: Essai sur l'imagination du mouvement* (Paris: Librairie José Corti, 1943). Désormais, *L'air et les songes* aura pour sigle *AS*.

4. Michel de Montaigne, *Essais* 3 vols. (Paris: Garnier-Flammarion, 1969), "De l'inconstance", II:1, 6.

5. Langue créole pour "nègre marron".

ARCHITECTONIQUE DE L'EAU ET DESTIN DE FEMMES: UNE RECHERCHE PASSIONNÉE DE LA VIE DANS C'EST LE SOLEIL QUI M'A BRÛLÉE DE CALIXTHE BEYALA

Joseph Ndinda

L'eau par sa multivalence, revêt plusieurs significations. Qu'elle soit solide, vapeur, rivière, lac, fleuve, mer, elle possède des vertus diverses que recherche tout un chacun. *C'est le soleil qui m'a brûlée* (Beyala 1988)[1] illustre cette recherche de la vie à travers l'eau. L'héroïne de ce roman est lancée dans une quête de cette vie qui devrait la mener vers la liberté totale. La théorie des eaux qui se développe dans le roman de Calixthe Beyala dévoile une gradation, un agencement qui catalysent les comportements de l'héroïne. En effet, "l'eau est germinative, source de la vie sur tous les plans de l'existence" (*Eliade* 1964). A ce titre, quelle que soit sa forme, l'élément aquatique est incontournable. Nous nous proposons donc d'analyser cette architectonique de l'eau, élément régénérateur qui influence l'histoire et l'évolution d'un personnage tourmenté à la recherche de la Femme et de la Vie.

C'est le soleil qui m'a brûlée se caractérise par une singularité narrative. Le roman commence par un avant-récit narré par la conscience, le Moi, l'âme de celle qui sera l'héroïne. Dans cet avant-récit, la narratrice signale une séquence récurrente qui se répète chaque soir depuis dix-neuf ans, âge d'Ateba Léocadie : ". . . Derrière la jeune fille de dix-neuf ans . . . trottinait l'ombre de la femme qui, chaque jour, à l'heure du soir, regardait fixement le ruisseau qui traversait le quartier et se demandait ce qu'elle allait bien pouvoir faire" (6). Cette séquence, non seulement se reproduit chaque jour, mais aussi fait ressortir le désarroi d'une jeune fille à la recherche de ses racines.

Tout le long du récit, le ruisseau devient le moyen de communication entre la jeune fille et l'univers, qu'il soit féminin ou céleste. Ateba Léocadie a un comportement qui ne cadre pas avec les normes communément admises dans les milieux des bidonvilles. Dans cet environnement, elle est l'une des rares filles à avoir fréquenté l'école jusqu'en classe de philosophie. Au lycée, elle pouvait encore discuter avec ses camarades sur le sens de la vie. Mais, depuis deux ans, après avoir quitté les bancs, Ateba Léocadie évolue dans un milieu qui n'est pas intellectuellement le sien. De ce fait, elle se trouve en rupture de communication réelle avec les habitants du QG (Quartier Général). L'héroïne est ainsi obligée de trouver d'autres moyens lui permettant d'exprimer ses convictions profondes. Ne pouvant communiquer ses pensées aux habitants de son aire géographique, "elle se contente de se les réciter ou de les écrire sur des bouts de papier qu'elle s'empresse de transformer en bateau et de lancer sur le ruisseau du QG, voies sûres, selon elle, pour conduire ses idées dans le monde" (34). Ateba Léocadie enverra ainsi, à travers le ruisseau, ses pensées dans deux directions précises. Elle écrit tout d'abord aux femmes qui peuplent son imaginaire et ses rêves. Il faut remarquer qu'Ateba n'écrira jamais aux hommes étant donné que pour elle, la communication entre l'homme et la femme a été rompue depuis les temps paradisiaques. La jeune fille s'adresse exclusivement aux femmes pour deux raisons. D'une part, elle se rend compte que l'univers ne fonctionne pas comme il se devrait. La femme qui est source de vie n'a pas sa place dans l'environnement que les hommes ont créé à partir de leurs discours. Elle constate amèrement que "le monde n'est plus, que la vie n'est plus, seul règne le Rien" (34). L'univers du Rien ne peut être que le monde de l'annihilation de la Femme, l'annihilation de la vie. A partir du moment où le chaos s'installe, il est impératif que la femme retrouve ses empreintes, qu'elle retrouve le chemin de la vie. Ateba se donne donc des impératifs catégoriques qu'elle inscrit sur une feuille de papier jetée plus tard dans le ruisseau:

RÈGLE No 1 RETROUVER LA FEMME
RÈGLE No 2 RETROUVER LA FEMME
RÈGLE No 3 RETROUVER LA FEMME ET ANÉANTIR LE CHAOS.(88)

L'anéantissement du chaos ne peut être possible que grâce à la Femme qui véhicule en son être profond la bonté, et surtout l'amour. C'est donc ici que, d'autre part, se matérialise l'autre raison qui incite Ateba à écrire aux femmes. L'héroïne a vécu dans un univers féminin où les hommes ne sont que des "faire-valoir", des "objets". Dès sa tendre enfance, Ateba s'est sentie attirée par les femmes qui partagent toutes une même communauté de destin. Les sentiments de la protagoniste se traduisent par un "lesbiannisme latent" qui éclatera avec la mort de son amie Irène.[2] Mais cette passion pour la femme atteint un stade de sublimation qui permet à Ateba de l'aimer d'un amour pur:

> Femme, tu combles mon besoin d'amour. A toi seule je peux dire certaines choses, n'être plus moi, me fondre en toi, car je te les dis mieux qu'à moi même. J'aime à t'imaginer à mes côtés, guidant mes pas et mes rêves, mes désirs enfouis dans le désert de ce monde incohérent . . . J'imagine ta nuit quand cesse à tes yeux l'agitation triviale et qu'à ton visage transparaît la limpidité de tes eaux. Tu m'as appris la passion, la joie de vivre. Quelquefois, je t'ai reproché ton désir de l'homme. Aujourd'hui, je cours vers lui avec la flamme aux yeux et j'apprends ainsi qu'à son contact mon amour pour toi se fait plus serein.
> "Femme, je t'aime". (55–56)

La lettre d'Ateba indique qu'elle rencontre l'homme pour la première fois, à l'âge de dix-neuf ans. Le contact initial avec Jean Zepp n'est pas à la hauteur de ses espérances. L'âme-narratrice l'aidera dans son désir de connaître quelque chose de nouveau:

> Je savais qu'elle lèverait la tête et clamerait son désir de parler, afin que les mots obscurs dans leur clarté deviennent lumière dans les ténèbres. Je savais qu'elle voulait parler afin que l'homme se découvre dans la forme limitée de ses vérités. Je guidais son souffle, je guidais ses lèvres . . . C'était mon rôle. (14)

Malheureusement, Jean Zepp ne fonctionne pas sur le même registre linguistique. Le vocabulaire du jeune homme se réduit à un liste de termes infamants qu'il déverse sur Ateba. Il la traite de "garce", "salope", "pute" dès la première amorce de leur conversation. Jean Zepp est le prototype même de l'individu ayant intériorisé (et extériorisé!) le discours dévalorisant

sur le féminin. Il ne fait qu'entériner le processus de "victimisation socio-
sexuelle de la femme" (Felman 141), entretenu depuis des millénaires. Il
n'est qu'un maillon à l'intérieur d'un système qui tire son origine dans "les
présupposés du raisonnement discursif lui-même, dans les mécanismes
subtils du procès même de production de sens" (Felman 141). En outre,
Jean Zepp affiche un parfait mépris des femmes, et son souci est de les
humilier dans leur intimité (58–59). Ateba Léocadie se rend compte que leur
rencontre n'a été qu'un suite de malentendus et d'illusions. Jean Zepp est
animé par les flammes du désir charnel alors qu'Ateba aspire à autre chose.
Le mépris de l'héroïne pour les hommes s'accentue et elle les écarte de sa
vie. Si la jeune fille accepte d'aller à son premier rendez-vous avec
l'homme, c'est donc pour mieux redécouvrir et savourer l'amour pur qu'elle
porte à la femme. Voilà donc la mission qu'Ateba confie chaque jour au
ruisseau: faire connaître au monde son amour pour le féminin. Cette activité
l'amène fréquemment hors du temps et de l'espace. Elle ne pense plus à
rien, "sauf à écrire aux femmes, à regarder les bateaux dériver" (108).

L'autre destinataire d'Ateba Léocadie est Dieu. Tout commence par des
questions qu'elle se pose: pourquoi ce chaos dans l'univers? Dieu n'est-il
pas fou d'avoir créé ce monde? Quels sens peut-elle donner à l'existence
terrestre? "La vie ne serait-elle qu'un tableau peint par un fou pour fuir la
folie qui l'assaille?" (37). L'héroïne constate qu'il y a trop de désordre dans
un monde qui devrait être Harmonie. Dans la perspective féminine, l'ordre
divin n'est pas source de bonheur. Sans angoisse, Ateba se pose des
questions parce qu'elle sait que Dieu répondra à ses attentes. Les réponses
viendraient par une nuit sans lune afin que l'Etre suprême ne voit pas la
crasse accumulée sur ses créatures. Seulement, Celui qui doit "décanter le
sens réel du sacré" ne vient pas. La jeune fille décide de Lui écrire afin de
dire la misère, l'injustice, la mort. Malheureusement, elle constate l'inanité
de son projet. Dieu s'est coupé du monde et Ateba pleure: "Elle souffre
pour Dieu qui souffre d'avoir raté son oeuvre" (38). Même la venue du
Christ n'a rien changé à la situation de la femme. Finalement, l'héroïne
brûle les pages écrites à Dieu: "Elle prend une feuille blanche, elle la
transforme en bateau et l'envoie à Dieu" (38). Cette feuille blanche est

chargée de symboles. Ateba aurait pu lui écrire des pages entières et étancher sa soif de vérité. Le livre du monde étant trop grand pour le petit univers de la jeune fille, toutes les misères de la terre ne peuvent être recensées sur quelques feuillets. La feuille blanche devient à elle seule un message total: c'est l'expression d'une recherche de la pureté manquant à toutes celles qui, comme elle, se débattent dans la fange morale et dans la gadoue des bidonvilles.

Chez l'héroïne, la recherche de la pureté se manifeste à différents niveaux. L'espace géographique dans lequel évolue Ateba et les siens les condamnent dès le départ à vivre avec les miasmes de la misère. Cette recherche se manifeste d'abord au niveau de l'espace physique du personnage. Ateba a toujours la sensation et la conviction que la misère ambiante du QG se répercute sur sa propreté physique. Elle recherche systématiquement les eaux de pluies lui permettant de se laver des impuretés qui maculent son corps. La contexture géographique ne permettant pas un bon nettoyage de l'espace du QG par les eaux de pluies, la jeune fille fait une recherche individuelle de la pureté physique. A ce niveau, il se dégage entre Ateba et les eaux de pluies un degré d'harmonie et des rapports physiques qui permettent à son corps d'éclater des mille feux de la jouissance:

> Ateba se déshabille en toute hâte et se lance sous la pluie. Elle tend son corps à l'eau, elle s'offre, elle la prend, elle écarte ses fesses et donne son ventre. Quand la sensation devient jouissance, Ateba Léocadie chiale nez contre terre. Elle a l'impression que chaque goutte d'eau l'immacule et la sort du QG et de ses noirceurs d'égout. Elle a l'impression de retrouver la pureté, cette pureté que la coutume prétend garder de haute lutte, en la parfumant de théories et en la souillant d'incohérences. (118)

La communion totale qui s'établit entre Ateba et la pluie montre à quel point la jeune fille est soucieuse de rechercher cet état de pureté qui manque à la terre. Malheureusement, à ce niveau physique, la pureté ne dépasse pas le stade de la conformation spéculaire. Voilà pourquoi après la pluie et le don de son corps, la réalité resurgit de manière brutale. Elle se retrouve dans la fange et "patauge dans la boue gluante que la terre a vomie" (118). Ateba s'est retrouvée face à un miroir qui lui a réfléchi autre chose que la réalité. L'image que l'héroïne a eu d'elle s'est dissoute et après avoir eu la sensation de s'être assainie par le don de son corps, Ateba se réveille sur "un monde en ruine". Mais le besoin de purification est si fort que la jeune fille décide de conquérir les éléments du Cosmos : "Elle séduisait la pluie et le vent, elle était le divin" (42–43). Ateba devient par ce fait la déesse qui incarne toutes les femmes passées, présentes et à venir.

Si la recherche de la pureté au niveau physique n'aboutit pas à cause des contingences extérieures, Ateba Léocadie se voit dans l'obligation d'orienter sa quête vers les eaux intérieures de la femme. Dans l'univers mental d'Ateba, le passage des eaux physiques extérieures aux eaux internes se fait sans heurt. Il suffit que la jeune fille soit dans un lieu où coule les eaux physiques pour qu'elle se retrouve dans son univers intérieur. C'est ainsi qu'Ateba:

> . . . s'assoit sur le pont, elle écarte les jambes, elle se caresse en sifflotant et en pensant à ses eaux, eaux mystérieuses et tendres, eaux ruisselantes de ses yeux d'enfant, eaux perdues dans les abîmes insondables de la mer. . . .(117)

L'évocation et l'évolution à travers les eaux intérieures sera pour Ateba l'étape primordiale lui permettant de s'engager plus en avant vers la recherche de la Vie et la libération de la Femme.

L'homme a "enfanté" un monde de chaos. Son logos a réduit la Femme et il a fait d'elle un objet: elle est devenu "le Rien". Face à Jean Zepp qui représente l'homme dans tout ce qu'elle exècre, Ateba Léocadie voudrait d'abord aplanir les incompréhensions qui ont toujours régi les rapports Homme/Femme: ". . . elle pourrait lui expliquer, lui dire qu'elle ne voulait pas le blesser, qu'elle était une fille "bien" au fond, tout au fond d'elle, là où le bateau chavire dans les eaux fluides de la femme" (16). Malheureusement, l'homme a toujours voulu dominer grâce à l'élaboration d'une mythologie masculine du monde. Ce besoin de domination s'est généralement traduit par les rôles attribués à la femme. En effet, "la mythologie . . . symbolise l'éclatement forcé de la Femme en une Mère ou une prostituée" (Chesler 33). Elle est réduite en une diptyque dévalorisante grâce à un logos qui s'est développé à travers l'histoire. Elle, objet silencieux et subordonné, devient le réceptacle de toutes les souillures masculines. C'est le cas de Betty, la Mère d'Ateba, d'Ada, d'Irène et de toutes les femmes du QG.

En fait, dans le discours qui préside au fonctionnement social, la femme "est vue par l'homme comme son autre, négatif du positif" (Felman 140). La négativité de la femme se manifeste ici par les insultes que Jean Zepp adresse à Ateba. Celle-ci voudrait sortir de cette dimension dégradante où l'homme l'a confinée. Son corps, son coeur et son âme ne peuvent retrouver la pureté que par l'épanchement de ses eaux intérieures. Voilà pourquoi "... elle éclate en sanglots. Elle pleure, elle demande aux larmes de venir, de venir, de transformer sa vie en un gigantesque lac et de la purifier, de sanctifier sa vie. Puisque l'homme l'a obscurcie avec ses calomnies, puisqu'il l'a souillée avec ses mains" (17). La nature abjecte des propos de Jean Zepp provoque la rupture totale avec l'homme qui se voulait l'ami de la femme. La jeune fille décide d'oublier sa présence et attend la pureté qui lui viendra des éléments: "Ateba le regarde sans le voir, sans déjà le reconnaître, l'esprit dilue dans les temps mornes qui s'écouleront encore au QG avant qu'une pluie providentielle ne lave son ciel" (62). Mais cette pluie ne vient pas, et l'héroïne cherche ailleurs d'autres sources de purification.

Au cours de son évolution, Ateba voudrait aussi purifier les eaux intérieures, à savoir le sang de vie. Dès sa tendre enfance, à travers sa Mère Betty, elle a été confrontée au liquide impur. Lorsque Betty ressentait des malaises après ses rapports multiples avec les hommes, elle en déduisait que certains avaient "un mauvais sang". Dans l'esprit de la petite fille, et par envie de protection, elle défalquait et arrivait à la déduction que ce "mauvais sang" correspondait à la saleté et aux miasmes qu'ils déversaient dans le corps de sa Mère: "Elle aurait voulu s'introduire en elle afin de purifier chaque veine, chaque artère, du mauvais sang, leur sang qu'ils déversaient en elle pour se décrasser" (90). Mais elle est impuissante et ne possède pas encore le pouvoir de donner la vie. Au fur et à mesure qu'elle grandit, elle se rend compte que la situation ne s'améliore pas. En effet, "il y a encore d'autres peurs, d'autres cris, d'autres sangs que seules ses larmes pourront laver" (93). En l'état actuel des choses, Ateba Léocadie se rend compte que le sang, source de la vie ne sert plus à rien. La terre est devenue un désert où règne l'Absence. La vie a déserté le monde à cause de la misogynie masculine:

> l'homme, dans sa cruauté aveugle, a crevé les yeux du sang, et, traqué par lui, le sang a fini par déserter son Royaume . . . Le règne du sang s'achève. Le sang à ses yeux n'est plus qu'illusion, un sang artificiel créé par l'homme pour remplacer l'original. Puisque la flamme du sang n'est plus, tout ce qui sous terre vibre va se ratatiner, s'écraser. (33)

Puisque le sang subit les miasmes de la mort, Ateba se tourne vers un autre type de fluide pouvant lui permettre de continuer sa recherche de la Vie. La mer au sel vivifiant sera l'autre support de la quête d'Ateba. C'est à ce niveau qu'éclate la métaphore vive de l'eau génératrice de vie. A ce stade, l'eau n'est plus seulement moyen de purification, elle est aussi germinative. Lorsqu'elle se retrouve un jour dans un cimetière, lieu de mort et d'ombres, Ateba se rend compte qu'elle veut rester attachée à la vie. Voilà pourquoi elle répond au fossoyeur : "je préfère la mer" (110). La mer prend ici toute une dimension symbolique. Dès le bas âge, Ateba est confrontée au thème de la mer. En regardant les évolutions de sa Mère, elle procédait déjà à une "anticipation de l'accès à la mer du temps" (75). Par la suite, elle reste attirée par le sel de vie contenu dans la mer. Mais cette recherche de l'existence se heurte à un phénomène de taille. L'homme a tué la vie en pratiquant la "chosification" de la femme, en la maintenant dans des rôles dévalorisants. Ateba Léocadie constate que depuis des temps immémoriaux, la femme, face à l'homme a toujours été assise, accroupie ou à genoux. Cette position est celle de "la femme fautive depuis la nuit des temps" (36). Pour qu'elle se remette debout et ne soit plus considérée comme être humain de seconde catégorie, elle doit lutter pour que le néant ne soit plus son lot quotidien; elle doit se battre afin que le Rien ne puisse plus triompher de la vie. Pour cela, il lui faut "remonter la mer. Mais la mer n'est plus. L'homme l'a emprisonnée dans sa mémoire, il n'y a plus de mer, la mer est devenue un mythe" (36). L'homme a donc mythifié la mer afin de maintenir sa supériorité sur la femme. Sans le sel vivifiant, que faire? Ateba Léocadie procède selon deux démarches qui doivent faire d'elle la "Reine de Vie".

A partir du moment où l'homme a mythifié la mer, Ateba, la Femme, décide de recréer la légende du monde. Le processus de re-création de l'univers devient dans la mémoire de la jeune femme le moyen d'établir une autre Vérité se substituant à la vérité biblique. Ainsi, la Femme, à l'origine était une étoile qui brillait dans le Cosmos. Et l'homme, rejeté sur terre après avoir commis une faute grave, souffrait. L'Etoile-Femme, par compassion et dans sa grande générosité décida d'offrir à l'Homme la lumière et l'amour. Elle descendit donc sur terre. Mais, guéri et fort, Il, décida, par traîtrise, de conserver la femme prisonnière auprès de lui. L'Etoile, ne pouvant plus monter au ciel hurla sa douleur: "Elle pleura pendant sept jours et sept nuits et ses larmes formèrent la mer, les rivières, les marigots et les lacs" (146). Ce mythe de la re-création du monde induit deux phénomènes. Tout d'abord, l'ingratitude transparaît: ingratitude en retour de l'amour et de la générosité de la Femme. Ensuite, malgré ses souffrances, Elle reste le symbole de la vie, à tous les niveaux. En effet, même l'expression de sa souffrance engendre l'élément primordial, l'eau régénératrice indispensable et présente au début et à la fin de toute vie, *ad eternam.*

Ateba Léocadie substitue donc un mythe à un autre parce qu'elle a besoin de retrouver un *illud tempus* lui permettant de justifier ses luttes sur terre. On comprend qu'ici "le mythe réintègre la femme dans l'époque a-temporelle, qui est en fait . . . un temps auroral, "paradisiaque", au-delà de l'histoire" (Eliade 360). Par son acte, Ateba est arrachée "au devenir profane et retrouve le Grand Temps" (Eliade 345). Le mythe de la Femme Reine de la Vie devient un premier pas dans la lutte pour la liberté. Il s'agissait donc pour Ateba Léocadie de réajuster la mémoire collective féminine via la re-création du monde. Dans ce contexte, "la fonction maîtresse du mythe est de fixer les modèles exemplaires de tous les rites et

de toutes les actions humaines significatives" (Eliade 382). Ainsi, malgré sa
déchéance, la Femme doit rester forte parce qu'elle est la dispensatrice de
vie, grâce à ses eaux intérieures. Dans sa démarche, Ateba Léocadie fait de
la Femme l'Alpha et l'Oméga de toute vie humaine. Cependant, l'héroïne
sait que "dans l'état actuel de l'histoire, quoi qu'elle fasse, quoi qu'elle dise,
elle aura toujours tort" (36) face à l'homme. Voilà pourquoi dans le
deuxième aspect de sa démarche, Ateba Léocadie choisit la folie, voie royale
lui permettant de réaliser ses rêves sans inhibitions.

La narratrice, conscience et âme d'Ateba avait déjà perçu cette évolution
intérieure de l'héroïne. Les normes de leur milieu pousse les jeunes filles à
la prostitution; Ateba, elle, se veut différente. Son comportement devient
ainsi une mise à l'écart par rapport aux normes ambiantes. En outre, grâce
à son éducation scolaire, "elle veut se consacrer reine pour que la femme
ne se retrouve plus acculée aux fourneaux, préparant de petits plats idiots
à un idiot avec une idiote entre les jambes" (122). Mais cette ambition
d'Ateba se trouve entravée par les règles du milieu. En plus, comme nous
l'avons déjà remarqué, l'héroïne ne peut communiquer ses pensées à son
entourage. La jeune fille est victime d'entraves physiques et psychologiques
qui l'obligent à se réfugier dans la psyché. L'univers intérieur d'Ateba
Léocadie déborde d'un flot de paroles. S'étant psychologiquement coupée
du reste du monde, elle veut créer un discours qui lui est propre.
Cependant, la puissance du Verbe qui se développe en elle est telle que la
jeune fille a peur: "En son dedans, naissent d'autres discours qu'elle
s'acharne à garder par peur d'Ada, des autres, et surtout d'elle même" (30).
Dans ce contexte, il s'agit d'un discours radical qui doit bouleverser
l'univers tout entier et détruire les archétypes qui gouvernent le monde
misogyne. Bien entendu, son âme-conscience se rend compte des enjeux en
présence. Voilà pourquoi elle "scelle la bouche pendant dix-neuf ans et dix-
neuf mois" (7), afin que le Verbe mûrisse et arrive à maturité. Ce discours
intérieur s'identifie à une quête pour la Vie: "Je continuerai ma quête
jusqu'à remonter l'obstacle de vos mains couchées sur mon coeur.
J'invoquerai la pitié pour mes morts présentes et à venir . . . Je me
tournerai vers vous pour retrouver la flamme du savoir . . ." (46).

L'invocation devient ici l'expression de la force incantatoire du Verbe; cette situation provoque dans les chairs d'Ateba des vibrations qui la poussent à attendre l'avenir avec sérénité: "Elle éprouvait une sorte de frénésie sereine à songer au Grand Jour et tout ce qui était bon en elle vibrait. Ateba Léocadie songeait par moment qu'elle était folle, ou illuminée" (108).

Cette folie et cette illumination à l'intérieur de la jeune fille, l'âme conscience l'attend depuis longtemps, parce qu'elle sait que par cette voie viendra la délivrance. Mais, tout comme Ateba, l'âme-narratrice a peur. Elles appréhendent toutes deux les conséquences du Verbe lorsque l'héroïne sera en mesure de proférer la parole. En effet, la puissance magique et destructrice du Verbe pourrait aussi les emporter. Ateba Léocadie est obligée, dans l'état actuel de son histoire, de conserver ce discours enfoui dans ses eaux intérieures, au prix d'efforts intenses. Cette situation vécue quotidiennement l'entraîne vers les eaux de la démence. Elle essaie de résister mais:

> la folie l'appelle . . . Elle construit des barrages pour l'endiguer. Des barrages avec des repères connus, pour que la raison ne la fuit plus, pour qu'elle ne prenne plus la folie. Elle lutte et pourtant elle sait qu'un jour viendra une marée plus forte qui l'emportera. (30)

Le fleuve-folie pénètre Ateba Léocadie par infiltration au fur et à mesure qu'elle évolue dans le récit. Il y a d'abord les lettres qu'elle écrit à Dieu. Ensuite son besoin de se réaliser pleinement dans la femme. Comme nous l'avons déjà remarqué, la jeune fille a toujours vécu dans un univers féminin ou l'homme sert uniquement de "faire-vouloir". Dès l'enfance, les attouchements et les caresses qu'elle prodiguait à sa Mère ont développé son amour pour la femme. Par la suite, elle transpose son attirance physique sur sa tante Ada: "Pour ne pas avoir peur cette nuit, il aurait fallu qu'elle aille dans les bras d'Ada, renifler ses aisselles, épouser son ventre, palper ses chairs" (42). Plus tard, son attirance pour Irène l'amène à un haut degré de tension charnelle qui torture son corps :

> Elle veut cette bouche malgré la fatigue qui en affaisse les coins, elle veut lui

donner un baiser profond, un baiser de reine qu'elle enfermera dans sa couronne
pour la mettre à l'abri des erreurs de rencontre . . . Et elle reste le corps
tremblant, essayant d'écraser cette chose intérieure qui la dévore. (138)

Ateba se retrouve prise entre "le marteau" des exigences morales et
"l'enclume" de ses désirs intimes. L'homosexualité étant considérée comme
tabou, la jeune fille tremble parce qu'elle a l'impression de pécher. Mais,
pour elle, "le péché n'est qu'une illusion, . . . un mythe" (138). Les
interdits érigés par la société sont malheureusement pleins de contradictions.
Les hypocrisies de toutes sortes guident les actions des individus. Il est
exigé d'Ateba le vernis de la virginité alors qu'elle vit dans un milieu
pourri. C'est ainsi que sa tante la soumet au "rite de l'oeuf" chez une
matrone. Ada et les autres s'accrochent aux apparences alors qu'elles savent
très bien que la prostitution et la souillure relèvent surtout du domaine
moral. Cette situation traumatisante, ajoutée à l'homosexualité interdite par
les tabous rendent fragile l'équilibre psychique de l'héroïne. L'âme-
narratrice remarque : "Je regarde son esprit égaré, saigné à blanc par
l'entaille des sous-entendus et des masques . . ." (43).

Ateba sait aussi repérer les différentes étapes de sa lutte à travers le
fleuve de la folie. L'un des moments capitaux qui déclencheront le raz-de-
marée sera sa dernière conversation avec Jean Zepp qui, une fois de plus,
agit avec un "mélange d'arrogance et de vanité absurde" (109). Face à cette
rupture totale, l'héroïne sait que son aventure intérieure affrontera des zones
de turbulences: "Elle a compris que sa croisière en eaux calmes venait de
s'achever" (109). La combinaison du Verbe intériorisé et du besoin de
bouleverser l'univers provoque un processus que même l'âme-conscience ne
peut maîtriser: "Plus tard, j'allais apprendre que le processus était enclenché
et que ni ma présence, ni mon absence ne pouvaient modifier son cours"
(43). Ce phénomène qui gagne en intensité permet à Ateba d'avancer
inexorablement vers la Liberté. L'avancée vers la délivrance intérieure
franchit l'étape décisive avec la mort de son amie Irène. La narratrice-
conscience assiste impuissante à l'éclatement de la douleur longtemps
contenue. Le décès d'Irène devient ainsi le paroxysme et l'achèvement d'une

lutte intérieure dévastatrice. Même l'âme narratrice respecte cette souffrance: "Je me suis mise en retrait comme il convient de le faire et j'assiste à l'éclosion de l'inéluctable, je regarde la douleur écarteler la matière" (145). C'est à ce moment que le discours longtemps auto-censuré éclate dans toute sa violence. Ateba Léocadie devient le Verbe incarné dans son caractère re-créateur. Elle redit le monde avec la force du désespoir, avec la volonté de ". . . s'accrocher aux mots, seules cordes qui l'amarraient désormais au monde . . . Ateba parle, elle peint, elle répète la parole de mille manières, on l'écoute ou on ne l'écoute pas, elle raconte, elle devient un torrent de mots, d'idées, de théories . . ." (146–47). Bien entendu, elle n'est pas comprise des siens et est chassée et insultée vu sa marginalité et la folie de son discours. A ce niveau, l'exil intérieur devient errance. Ateba Léocadie a voulu s'accrocher au monde par le pouvoir des mots. Malheureusement, elle a été rejetée. L'héroïne perd ainsi définitivement ses repères d'ancrage et se retrouve en pleine "atopie".[3]

Pendant sa période "normale", Ateba évoluait déjà dans un non-lieu par rapport aux siens, s'étant repliée sur elle-même. Elle s'est inventé un mythe qui a été détruit. Son rejet par les siens et l'univers utopique désagrégé accentuent la douleur de la jeune fille. Mais une fois de plus, la souffrance de la femme engendre la Vie : "Je ne pouvais rien faire, je ne devais rien faire pour endiguer la peine. Je laissais les venir, éteindre le feu et alimenter la mer au sel vivifiant" (146). C'est ainsi que la douleur d'Ateba enfante la Liberté; liberté obtenue par les voies de la folie qui déborde lorsqu'elle tue l'homme qui la possède pour la deuxième fois de sa vie. Le meurtre devient ainsi le geste symbolique de libération. Par cet acte, l'héroïne s'arrache à la domination masculine. C'est le jour le plus beau pour Ateba et sa Conscience-compagne :

Le jour s'est paré de ses plus beaux atouts. Le soleil brille, et une brise de bonheur flotte dans l'air. J'ai mis ma robe de mariée. Je l'ai choisie longue avec du tulle dans le bas. Devant la glace, j'ai rajusté ma couronne de fleur d'oranger, j'ai fardé mes joues de mes plus vifs désirs, j'attends les eaux de perdition et de la noyade. (152–53)

Le mariage d'Ateba et de sa Conscience-compagne aurait pu définitivement consacrer la jeune fille Reine. Mais l'héroïne ne reconnaît plus son âme: elle s'est à jamais noyée dans les eaux de la folie. Mais, elle a rempli sa mission. Cet acte symbolique du meurtre du père, elle ne l'a pas posé pour elle-même. Elle doit donc partir, parce que "l'héroïne encombre une fois sa mission terminée . . . L'histoire le dit" (153). Cet acte démentiel est donc aussi un espoir. Dans la dernière séquence du roman, Ateba avance vers la lumière de l'aube. Il s'agit ici d'une re-naissance dans tous les sens du terme. En effet, la recherche de la vie ne finit pas avec la folie d'Ateba, elle ne fait que commencer. En sortant à l'aube de l'appartement de l'Homme, la jeune fille voit la clarté du jour. Seulement, "ce n'est pas cela qui l'attire, mais cette lueur plus vive, tapie dans les eaux complexes des femmes à venir" (153). Cette dernière phrase qui "clôture" le récit est chargée de symboles et de significations. La vision d'Ateba implique que la femme sera toujours celle qui, par ses eaux, fertilise la terre rendue aride par des discours et des pratiques desséchantes. La femme sera toujours l'eau de Vie qui apporte la lumière au monde. Cette vision signifie également que les femmes ne cesseront jamais de conquérir leur position dans le monde et de chercher à retrouver leur place d'Etoile du Cosmos. Mais, redevenir "un Cosmos vivant ouvert à tous les autres Cosmos" (Eliade 382) est une entreprise de longue haleine. Le mariage entre Ateba et son âme est impossible parce que la jeune fille reste dans la dimension mythique de son itinéraire. Ateba a séduit la pluie et le vent, elle est devenue divine en appelant les étoiles de son univers perdu. Mais elle a oublié que l'évolution à travers le mythe ne suffit pas pour que la femme se libère. La folie qui lui a permis l'entrée dans l'univers mythique l'a en même temps empêchée d'inscrire sa réflexion et son projet dans le temps profane; monde profane qui lui aurait donné la possibilité de mieux appréhender les exigences propres aux conditions de la femme de son temps.

Ainsi s'achève l'aventure d'Ateba Léocadie. La quête passionnée de l'héroïne place d'emblée le roman de Calixthe Beyala dans la lignée des "nouvelles écritures africaines". *C'est le soleil qui m'a brûlée* se caractérise par une poétique débridée qui, tel un torrent impétueux bouleverse tout sur son passage. Le récit est raconté dans un style qui met à nu et sans détour la laideur et la fange morale des habitants des bidonvilles et des quartiers chics. Les descriptions hallucinantes du QG plongent le lecteur dans un univers de désolation. La description des aventures sexuelles d'Ateba indiquent de la part de Beyala le besoin d'utiliser de manière consciente la provocation et la subversion. Par ailleurs, les thématiques qui se dégagent de ce texte montrent les orientations que Calixthe Beyala voudrait donner aux nouvelles "écritures féminines". Il se développe dans son roman une topique des astres (soleil, lune, étoiles) et un foisonnement de l'élément aquatique intimement liés au destin des femmes. A travers son écriture, *C'est le soleil qui m'a brûlée* pose le problème de la femme non plus par rapport à une micro-société, mais par rapport au fonctionnement même de l'univers. Dans ce contexte, les éléments célestes et aquatiques procédant dans la perspective d'une réécriture de l'histoire, à la re-création et à la re-définition des composantes du Cosmos.

L'évolution d'Ateba Léocadie s'est faite au rythme de divers registres. Le récit de son âme montre qu'Ateba a passionnément recherché la liberté à travers les diverses formes de l'eau. Qu'elle soit lac, fleuve, marigot, mer, sang, l'eau reste l'élément primordial nécessaire à la vie. Face aux impuretés de toutes sortes, la jeune fille veut se consacrer Reine pour purifier la monde et "Retrouver la Femme". Pour cela, elle recherche un autre ordre du Discours en créant un mythe lui permettant de réajuster l'histoire de l'univers. Elle recrée l'antériorité en sachant qu'"un jour, le passé viendra et, adossée à son arbre, la femme froissera le présent en boule et le jettera dans le fleuve des abominations" (25). Cependant, la navigation d'Ateba Léocadie dans le fleuve-folie est un itinéraire qui l'a maintenue dans le temps mythique. L'impossibilité des noces avec son âme atteste que la voie choisie est insuffisante et manque de prolongement dans le temps profane. La jeune fille aurait dû comprendre que la répétition du mythe, événement primordial, doit résister la tendance à retourner au temps auroral, à l'époque a-temporelle pour se manifester dans le présent des femmes qui aspirent à la vie. Mais d'un autre côté, on se rend compte qu'Ateba Léocadie s'est sacrifiée afin que la femme trouve la place qui lui revient dans l'univers. L'itinéraire de l'héroïne devient ainsi une passion, et la jeune fille "meurt" pour donner la Vie. Cette quête se déroule dans l'architectonique de l'eau où se tissent le destin des femmes . . . et des hommmes.

Notes

1. Calixthe Beyala est camerounaise. Après avoir fait ses études dans son pays, elle les poursuit en Espagne et en France où elle s'installe. En 1987, elle publie à Paris son premier roman, *C'est le soleil qui m'a brûlée* (Paris: J'ai lu /Editions Stock). Cette oeuvre reçoit un accueil enthousiaste de la part des critiques occidentaux. Par contre, dans son pays, la parution du livre provoque le scandale. Calixthe Beyala sera alors l'objet d'attaques plus ou moins virulentes et insidieuses. Certains critiques lui dénient la "maternité" de son roman, d'autres l'accusent de plagiat à propos du titre du texte. Il faudra que Calixthe Beyala publie *Tu t'appeleras Tanga* (Paris: Stock) l'année suivante pour que les critiques camerounais voient en elle un écrivain plein d'avenir et de talent. C'est ainsi qu'elle publie *Le Petit Prince de Belleville* en 1992 (Paris: Albin Michel) et *Maman a un amant* (Paris: Albin Michel, 1993), son dernier roman en date.

2. Il faut reconnaître le lesbianisme comme interprétation dans la mesure où Beyala dément avoir voulu insuffler une telle perspective (Interview avec Héloïse Brière et Béatrice Rangira-Gallimore, été 1992).

3. Monique Plaza, *Ecriture et Folie* (Paris: Puf, 1986), 19. Elle écrit: "Dans le non-lieu de la Folie . . . le sujet ne trouve même pas le lieu chimérique de l'utopie, parce que la question qui le traverse est décalée de la totalité symbolique. L'"atopie" pourrait désigner ce type de "non-lieu" . . . "Atopique", qui n'est relatif à aucun lieu donné".

LE SANG ET LES PLEURS; DÉLUGE INTÉRIEUR
CHEZ HÉLÈNE CIXOUS

Metka Zupančič

Dans son roman[1] très complexe, très riche, énigmatique, polysémique et très poétique, *Déluge* (au titre sans aucun déterminant), Hélène Cixous aborde de la façon qui lui est particulière le thème mythique qui chez elle n'est absolument plus "biblique" dans le sens traditionnel du terme. Elle réécrit ce thème aquatique en le plaçant, par le titre même du livre, dans le contexte presque "absolu", le voyant comme quelque chose d'inévitable et d'assez définitif, dans le cas surtout des femmes dont il est question dans le texte ou bien qui y "prennent la parole". D'autre part, Cixous rétrécit la problématique en donnant au mot "déluge", qui apparaît d'ailleurs pour la première fois dans le récit vers la fin du texte, un déterminant, l'article défini: ". . . le déluge est notre condition" (*D* 177) [*Déluge* aura désormais pour sigle *D*].

C'est probablement dans ces quelques lignes que se condense toute la thématique et où il apparaît, en une sorte de résumé, à quel point Cixous voit l'eau, le déluge, l'orage comme condition interne de la femme, de toute femme: "Le deuil déploie son orage sur tout le pays, nous-même [*sic*] à verse nous pleurons mêlant nos peines aux peines du monde . . ." (*D* 177). A des étapes différentes de la vie de cette Ascension attendant et n'attendant plus le "bonheur" de la part de son "Là-bas", de son "Séparé", de son trop absent David (qui l'avait en fait abandonnée, ce qui débloque en quelque sorte le "flux" du texte), ce sont donc les sentiments qui relèvent de l'eau; dans la quête de son propre être et de celui de son bien-aimé, dans les descentes vers les profondeurs de son moi, Ascension se liquéfie chaque fois, sans pouvoir éviter de se pétrifier/ se solidifier/ se dessécher aussi.

L'aquatique dans ce roman va donc inévitablement de pair avec son contraire, parfois le feu, la pierre, ou le cristal, mais aussi l'aridité, toujours dans la logique de la (con)jonction des contraires qui est propre à l'écriture cixolienne et à toute écriture mythique, mais devrait-on dire féminine?[2] Le livre abonde en toutes sortes de jonctions paradoxales, en oxymores[3], paradoxes purs et simples, antithèses, mais aussi renversements perpétuels des rôles (un type de comportement peut être assigné à différents personnages; ce qui arrive à l'un peut se reproduire dans le cas de quelqu'un d'autre). Parmi ces éléments, le feu comme l'opposé et parfois le complémentaire de l'eau s'impose pour différentes raisons, la première relevant peut-être du domaine archétypal où les images du déluge, d'un type de cataclysme (mot d'ailleurs fréquemment utilisé par Cixous), ne peuvent apparaître sans les images de l'apocalypse, la destruction (traditionnellement perçue comme telle) par le feu (*D* 217—ici en liaison avec le vent: "l'harmattan me roule dans ses énormes vents d'apocalypse"—).

L'écriture est d'ailleurs à elle-même un des éléments "aquatiques" du roman: elle "coule", elle "tourbillonne", elle se précipite tel un torrent, s'apaise telle une rivière dans la plaine. Les marques de ponctuation manquantes à la fin des paragraphes, nouveaux paragraphes commençant par des minuscules et, d'autre part, par des majuscules (sans que le texte soit séparé de ce qui précède par un point): ce flot textuel est donc "anarchique" et imprévisible comme l'est tout cours d'eau. Les aspects formels, c'est-à-dire l'organisation du livre en chapitres, reflètent en quelque sorte ce même phénomène de fluidité: le roman propose onze chapitres de longueur inégale qui découlent l'un de l'autre. Leurs titres s'arrêtent, comme pour "le temps d'un pont", dans le quatrième et le huitième chapitre, au mot de "La Tempête" qui a trait à la pluie, donc au liquide, à prendre au sens plutôt métaphorique, dans la mesure où l'évocation de la pièce de Shakespeare est ici incontestablement présente.[4]

A part ces caractéristiques, l'écriture, la dimension apparemment "externe", traditionnellement vue comme une donnée "encadrant le récit", est incorporée elle-même, chez Cixous, dans le tissu du texte, dans la mesure où son processus est sans arrêt discuté par celle qu'on peut nommer la narratrice. On pourrait dire qu'en dehors de ces renvois multiples en miroir qui dans *Déluge* créent des mises en abyme très intéressantes, cette "intrusion", presque la "pénétration", de ce qu'on appellerait l'intérieur du texte par sa caractéristique dite "extérieure" est non seulement une marque des nouvelles tendances scripturales telles qu'amenées et "légalisées" surtout par les Nouveaux Romanciers, mais encore une sorte de métaphore pour le "déluge" du titre, pour cette eau symbolique qui s'immisce partout, qui peut noyer mais qui régénère et purifie à la fois. Il arrive que cette écriture "aquatique", coulante, ne soit pas perçue comme novatrice ou qu'elle soit parfois tout simplement rejetée comme "diarrhea writing" par Camille Paglia (*Sex, Art and American Culture* 243; 262).[5] Évidemment, pour Cixous, comme elle l'affirme dès 1975 (*Le Rire de la Méduse* 51), ce sont ces "fleuves se jetant à la mer" qui marquent l'écriture "nécessaire", "à venir", à laquelle elle incite les femmes, puisque "nous sommes nous-mêmes mer".

Dans l'ordre d'idées déjà énoncées plus haut, la narratrice, le "je" devient facilement "autre" et surtout "elle" dans ce texte, dans ces méandres scripturaux, dans ce labyrinthe certainement voulu tel par l'auteure.[6] De plus, cette écriture inextricablement liée à la "fiction" est perçue dans le livre comme l'élément privilégié qui "sauve" la narratrice, tout en lui assurant la descente "créatrice" en elle-même, et je dirais, pour continuer dans la veine "diluviale" du texte, pour toucher aux "eaux infernales", les liquides dans le corps. L'écriture est ce qui permet d'équilibrer les forces qui déchirent la femme aux prises avec les "abandons", avec les exigences que lui impose son entourage. La narratrice, c'est-à-dire ce terme plutôt générique de celle qui, en l'occurrence, se proclame comme "je", oscille dans son identité entre plusieurs possibilités. Dans *Déluge*, le "je" peut être réservé à Ascension, nom significatif dans le cas d'une personne qui ne cesse de descendre dans ses profondeurs, dans ce qu'elle croit être une des morts par lesquelles elle se voit obligée de passer, et qui n'ascende, ne s'élève que dans les dernières lignes du livre (où elle devient d'ailleurs "elle" et où une autre narratrice) mais qui, se demandera-t-on, annonce "Elle va bien tomber" (*D* 230). Par ailleurs, Clarice (p.ex. *D* 195, 215), *Moi* (p.ex. *D* 94), un "nous" fréquent prennent souvent la relève; on ne sait pas toujours *qui* écrit dans le livre et *qui* en particulier parle d'Ascension lorsqu'elle revient à la troisième personne du singulier, ce qui ne semble même pas devoir être dévoilé, peut-être encore pour le maintien de cette fluidité et de ces échanges multiples entre les personnages. "Clarice" peut en outre renvoyer à Clarice Lispector sur qui Cixous a déjà beaucoup écrit; d'ailleurs, l'abréviation C.L. apparaît (*D* 175) à côté de celle de I.B. qu'on délie en Ingeborg Bachmann (le prénom comme tel apparaît à la page 176). Toujours est-il que ce "je" textuel découvre au plus profond d'elle-même celui qui dans ce roman devient un "être", nommé d'ailleurs Isaac, ce qui lui permet en quelque sorte de "compenser" les manques, les souffrances qui la font pleurer, et, comme on dit, la font se ronger ou se faire tourner les sangs.

Evidemment, le prénom d'Isaac comme personnification intériorisée du "porteur de la parole", de celui qui permet à la "narratrice", telle l'inspiration (mais qui dans cette écriture féminine est devenue une "Muse" au masculin), de se lier à l'écriture, de puiser en elle, ne peut évoquer que la tradition judaïque et le fils d'Abraham et de Sarah, "second of the patriarchs of the people of Israel" (*Judaica* 9: 1). Mais si on prend en considération que les femmes dans le judaïsme n'ont pas le droit à la parole et surtout pas à l'écriture, le choix d'Isaac par Cixous revêt d'autres significations[7] qu'on ne peut pas négliger. Bien sûr, la Bible nous apprend qu'après *le* déluge, le peuple "choisi" a pu reconstruire sa lignée; effectivement, c'est Isaac qui est vu comme "the true heir of the Abrahamic tradition and covenant (17:19, 21; 21:12)", et il représente "the fulfillment of the repeated divine assurances of posterity" (*Judaica* 9: 1). Il est intéressant que pour ce personnage qu'est Ascension (ou pour d'autres "je") dans le livre de Cixous, l'écriture est cette assurance de postérité[8], la possibilité de s'extraire à la mort, symbolique ou "réelle", dans laquelle *la* narratrice semble être plongée à la suite de ses problèmes avec David, autre prénom renvoyant à la tradition hébraïque. Curieusement encore, dans la tradition (*Judaica* 5: 1318), David est vu, avant d'accéder au trône et de prouver son héroïsme dans le combat avec Goliath le Philistin (d'ailleurs, chez Cixous, des allusions aux géants sont fréquentes), comme simple berger (celui qui s'occupe des brebis et des agneaux?). Celui dont il hérite le pouvoir, Saül, apparaît chez Cixous comme coiffeur, "taillant" les boucles d'Ascension (lui enlevant donc tout pouvoir) lorsqu'elle décide qu'il lui faut une belle coupe de cheveux avant de reposer dans le cercueil, pleurée par ses proches, chose pour elle très imminente (*D* 184: "Les grosses boucles tombent comme des larmes"; *D* 185: "Quant ils la verront morte ils la mettront dans le cercueil et verseront sur elle des larmes qui la font pleurer. Elle pleure de penser à leurs pleurs"). Ici encore, c'est l'idée de l'écriture (donc d'"Isaac") qui vient la sauver et la ramener en quelque sorte à la vie.

Dans la mesure où David, chez les Juifs, est le guerrier par excellence[9] *Judaica* 5: 1318), celui qui a conquis de nombreux territoires, qui a causé les morts, qui a tué dans le but d'élargir son domaine, d'acquérir plus de pouvoir, on peut dire, par analogie et par extension, que dans le texte de Cixous, il est celui qui fait pleurer, verser du sang, puisqu'il amène (symboliquement) la mort, puisqu'il quitte les êtres chers.[10] Il est possible qu'il pleure, lui aussi, notamment à la mort de cet enfant (on dirait imaginé). Mais dans l'accumulation des contrastes, des oppositions, même des contradictions, Cixous place le "deuil", la séparation de David et d'Ascension, dans le contexte biblique remanié de la pierre lancée (de David à Goliath, 1 Samuel 29, 30). Chez Cixous, celui qui fait mal aux autres est blessé lui-même; mais surtout, la femme abandonnée, dans un jeu de paradoxes, croit être la coupable, d'où ce passage: ". . . elle s'accusait d'avoir lancé une pierre à David, à lui montrer son visage en sang et défiguré" (*D* 198). C'est donc elle qui devient une petite David aux prises avec ce Goliath qu'est devenu David lui-même, et la pierre qu'elle lance, ce n'est que le fait d'avoir osé montrer sa souffrance. A la même page (*D* 198), on lit: "Nous donnons force coups de pied à un mort, nous téléphonons à un cadavre, nous exigeons que le sang et la voix coulent". Le sang ici peut être perçu dans deux sens: comme une preuve que nous avons touché notre victime (on fait couler le sang) et comme l'indication de la fluidité dans les rapports, ce qui marque en même temps un procédé cher à Cixous, la jonction (métaphorique) du liquide, du sanguin, et d'un phénomène qui, à lui tout seul, ne relève pas du domaine des liquides, comme ici la voix.

Voilà donc les éléments dans *Déluge* qui rendent pratiquement impossible une lecture se concentrant exclusivement sur la dimension des liquides dans le texte, ce qui ne serait d'ailleurs pas souhaitable, dans la mesure où on perdrait une grande partie de la richesse et de la polyvalence qu'assurent au texte les évocations des symboles (souvent aquatiques) et des éléments mythiques.

Non seulement l'écrivaine fait intervenir dans ce texte des références à de très nombreuses traditions mythiques, religieuses et culturelles, elle se sert également des renvois intertextuels parfois clairs et parfois cachés, perceptibles à un deuxième niveau de lecture. Ce qui est très important pour notre problématique, c'est que cet agencement des références, cette ouverture vers les cultures et les temps largement différenciés, s'inscrit d'une façon ou d'une autre dans l'isotopie aquatique. Soit les mythes réactualisés ont trait à l'eau, avec les grands fleuves comme le Rhin, où il s'agit de la tradition mythique des Nibelungen [sic], soit ils évoquent la perte de sang, comme dans le cas du renvoi à la Chanson de Roland, ou encore les deux épopées[11] interviennent conjointement:

. . . mais celui-ci, ce livre, cette Chanson aux gestes noirs, je ne l'assiège pas, j'étais dedans et traversée d'Ouest en Est . . . Je lis la Chanson noire de *Nibelungen*, c'est une inondation, j'en ai la terre trempée de sang. (*D* 12)

Dès la première page du texte, après le titre du premier chapitre, "C'était l'entredeux" (*D* 9), d'ailleurs lui-même l'indice du flou, flottant, sans forme précise, il est question de "deux camps, entre Rhin et Danube" (*D* 11), avec des mentions de "combien de sang et combien d'or chaud, jaune et rouge, dans les veines et dehors, ce sont des fleuves" (*D* 11), ce qui met d'office le sang en relation avec l'eau; d'ailleurs, le Rhin et l'or évoquent déjà le mythe des Ni(e)belungen: "Jamais on ne verra tant de sang couler dans aucun livre" (*D* 12). Et encore, dans cette jonction des contraires tellement typique de Cixous, "c'était bien une noce cet enterrement" introduit, à côté du Rhin, et pour étendre encore l'espace dans lequel se promène cette écriture, un autre fleuve: "Du Rhin au Gange chaque mort est roi, chaque morte est reine de sa peine. Tout ce qui est extrême est un couronnement" (*D* 13). Dès le début, nous avons donc la certitude que nous allons rencontrer dans le livre beaucoup de peines éprouvées ou poussées à l'extrême, d'où tous ces flots de larmes qu'on retrouve par la suite.

On peut dire que cette "Chanson aux gestes noirs" est une façon originale d'évoquer l'épopée moyenâgeuse qui permettra à Cixous de placer la quête, les batailles, les pertes de sang de la femme dans un contexte "héroïque", en en faisant d'une part l'"égale" de l'homme valeureux décrit dans une épopée et de l'autre part en élevant la "petite souffrance" d'une femme abandonnée au niveau d'un héros légendaire: "Ascension halète à grand-peine comme si elle avait chevauché toute la nuit et puis souffert terriblement en sonnant du cor" (*D* 184–85). C'est en fait la scène chez son coiffeur Saül qui la prépare, comme elle le croit, pour le cercueil. Elle sent la mort approcher, tout comme Roland dans la chanson de geste qui traite de lui; elle est blessée tout comme il l'est, et elle appelle à l'aide. Quant au "comte Roland" de l'épopée, il "a la bouche sanglante. De son chef sa tempe s'est rompue. Il sonne l'olifant, à grande douleur, à grande peine".[12] Le roi Charles sonne du cor lui aussi, pour rassembler ses troupes et pour secourir Roland, mais ce sera trop tard pour ce héros qui, entretemps, va perdre son sang. Dans le cas d'Ascension, on ne comprend pas qui elle appelle à l'aide; de toute façon, c'est à partir de sa propre force intérieure qu'elle réussit à éloigner la mort.

C'est au huitième chapitre, intitulé "La Tempête suite 2: On perd toujours l'enfant" (*D* 165 et sq.), que Cixous remet dans un même ensemble les deux "histoires", celle des Nibelungen et celle de Roland, avec, en outre, de nombreuses évocations de l'aquatique (que je mets plus tard en relation avec d'autres traditions encore):

> Treize années après la mort de Sigfrid [*sic*], elle pleurait toujours, c'est une chose très véritable. Elle pleure autant, treize années. . . . Si je fais le compte, Kriemhild a maintant cinquante ans, mais cela peut aller jusqu'à cent. Charlemagne a deux cents ans. . . . tous lui donnent fièrement leurs jeunesses. . . . Au fond Kriemhild a toujours vingt ans. Il lui vient des enfants, Il lui perd des enfants. . . . Elle a de quoi pleurer encore cent années. / C'est la source. C'est elle qui est inépuisable. . . . Qui est la source? L'inépuisable. /

Aujourd'hui encore le sang coule en larmes, Sigfrid va mourir. . . . (D 167–68)

J'ai déjà signalé que le judaïsme avec sa propre tradition peut être révélateur pour la lecture de *Déluge*, sans oublier que son histoire est aussi celle du sang. De la souillure à la nécessité de se purifier, avec l'eau, il n'y a qu'un pas: le déluge n'est-il pas un phénomène qui, de cycle en cycle, assure cette purification, ce "nettoyage"? Cette nécessité de se laver de tout le passé, pour ensuite réinvoquer le sang, pour en subir les affres et les contraintes (comme dans le cas de la narratrice), est très présente chez Cixous. Voici, à titre d'exemple, le passage à la page 200:

> Et dans une illumination, elle s'est sentie menteuse, quelle saleté. Vite, se laver.
> Et, dans une deuxième illumination, elle a compris pourquoi de rêve en rêve .
> . . elle cherchait . . . une salle de bains salutaire, mais au contraire se souillait,
> mettait les pieds dans la boue et la merde, les fontaines desséchées .

De nombreuses évocations plutôt symboliques que "réalistes" du déchirement, du dépècement, du découpement de la viande (humaine) comme si elle était celle de boeuf[13], où, bien sûr, le sang coule à flots, font ancrer le texte cixolien dans la Grèce et font penser à tout l'ensemble mythique autour de Dionysos, surtout à sa manifestation sous forme de Dionysos Zagréos, figure dans la cosmogonie orphique.[14] Si on continue dans la chaîne des analogies, dans *Déluge*, les allusions au mythe orphique abondent, surtout dans le cas de la *katabasis*, de la descente "aux enfers", c'est-à-dire aux eaux du Styx. Des références à la descente sont d'ailleurs nombreuses dans le texte, p. ex. à la page 178: ". . . mais ensuite on doit ressusciter. Trouver des remèdes à l'irrémédiable. / Elle avait développé la science des passages. Rien de plus simple et de plus difficile, parce que l'Autre Côté est ici même". Évidemment, Cixous renverse ici le scénario "original", en insistant sur la difficulté (dans la suite de ce passage) d'être dans la "réalité" qui, elle, est le plus souvent cet "autre monde". Dans le sixième chapitre "Sous la nappe", à partir de la page 131, où il est justement question de la découverte, par la narratrice, de son amour pour cet être intérieur qu'est Isaac, "synonyme . . . à: joie" (D 134), la descente

"aux enfers" est très bénéfique, c'est la prise de contact avec soi: ". . .
mais au fond de mon être il y a maintenant une pièce où j'ai besoin de me
retirer. J'entre dans ma propre solitude et je ferme la porte derrière moi" (*D*
135). Mais il y a aussi ce passage où "Ascension . . . essaie d'aller derrière
sa propre porte . . . Sans force, sans ressort, sans lampe de poche, elle
rampe le long de sa propre interminable paroi verticale. Intérieurement. Tire
sur le cordon aorte jusqu'aux spasmes" (*D* 129). Ici, la descente est non
seulement pénible mais aussi un processus qui obstrue la circulation du sang
chez Ascension.

Si on est prêt à aborder le texte à un niveau secondaire, on peut y
discerner, effectivement à travers la filiation avec le mythe orphique, un lien
indélébile entre l'eau et le sang, surtout dans un retour à la perception
féminine de l'"univers", comme c'est le cas pour Cixous. Je renvoie à ce
que dit du sang menstruel Barbara Walker, dans *The Women's Encyclopedia
of Myths and Secrets*. Selon elle, cet élément est à la base de tout
symbolisme de sang, incluant l'eau et sa propre valeur emblématique
(parfois remplacement de sang ou élément de purification):

> Greek mystics [associés souvent aux orphiques] were "born again" out of the
> river Styx, otherwise known as Alpha, "the Beginning". This river wound seven
> times through the earth's interior and emerged at a yonic shrine near the city of
> Clitor (Greek *Kleitoris*) sacred to the Great Mother. Styx was the blood stream
> from the earth's vagina; its waters were credited with the same dreed powers
> as menstrual blood. . . . Symbolic death and rebirth were linked with baptism
> in the waters of Styx. . . . (639)

Barbara Walker continue d'ailleurs en associant le baptême grec à la
tradition chrétienne du baptême dans les eaux de Jordan d'où, après sept
plongées, on sortait frais comme un petit enfant (*Women's Encyclopedia*
639). Tous ces éléments semblent être très importants pour Cixous; elle
utilise le chiffre 7 ("Comme si elle se réveillait dans sept tombes
emboîtées", *D* 81), elle décrit, comme on l'avait déjà vu, sa "narratrice"
comme la grande terre-mère (trempée de sang!); Ascension continue de
descendre, de mourir et de renaître, de pleurer toutes ses larmes, de perdre

son sang; sa vie se présente comme cyclique, comme une somme des cycles renouant avec d'autres femmes etc.

Pour placer cette problématique très proche des intentions scripturales de Cixous dans le symbolisme d'ordre plutôt largement anthropologique, en dehors des limites spatiales et temporelles, j'aimerais signaler que Gilbert Durand met lui aussi l'eau en rapport avec les menstrues:

> Ce qui constitue l'irrémédiable féminité de l'eau, c'est que la liquidité est l'élément même des menstrues. On peut dire que l'archétype de l'élément aquatique et néfaste est le sang menstruel. (*Structures*, 10ème éd. 110)

On peut continuer à citer le passage où Durand met l'"eau noire" des profondeurs, celle du côté ombre (les allusions à cette dimension sont présentes chez Cixous), encore en rapport avec le sang:

> . . . qui fuit dans les veines ou s'échappe avec la vie par la blessure dont l'aspect menstruel vient encore surdéterminer la valorisation temporelle. . . . Le sang est redoutable à la fois parce qu'il est maître de la vie et de la mort, mais aussi parce qu'en sa féminité il est la première horloge humaine, le premier signe humain corrélatif du drame lunaire. (*Structures*, 10ème éd. 122)

Pour revenir au roman, le sang versé peut marquer le lien entre l'agresseur et la victime, c'est-à-dire la réversibilité de leur relation. Il en est ainsi dans l'allusion assez particulière et probablement indirecte[15] à l'*Odyssée* où Ulysse est cité avec Brutus (la mention qui revient ailleurs dans le texte, toujours dans le cadre des renvois à Shakespeare) et un chien.[16] Le passage avec Ulysse sert ici de parabole qui renvoie à une autre "réalité textuelle": "Quand Ulysse s'est réveillé du cauchemar dans lequel il était attaqué, il a été innocent; mais c'était mon corps qui était tout déchiré" (*D* 120). Cette parabole est une parmi les métaphores à plusieurs niveaux pour le rapport entre Ascension et David, le "déchirement" d'Ascension qui sort blessée de la relation, alors qu'il continue, lui, à être l'Errant, le fugitif.

D'autre part, l'*Iliade*, la guerre de Troie (avec les tueries, encore du sang versé) apparaît derrière le passage où le "je" devenant une sorte d'Achille croit pouvoir traîner son ennemi attaché derrière son char (*D* 214), dans la poussière (mais ensuite, s'interdisant "de lui faire mal, de le traîner, de le déchirer, de le brûler") pour revenir, en fin de compte, sur l'affirmation que "L'essentiel étant l'attachement".[17]

Le char (surtout si on pense à celui d'Achille) suppose qu'on lui avait attelé un cheval (symbole du feu et de l'eau à la fois), ce qui nous mène immédiatement, si on se fie à ce qu'on lit dans le *Dictionnaire des symboles* (228 et sq.), à une série d'autres traditions où le cheval est considéré en premier lieu comme "une divinité des eaux". Il faut se rappeler aussi que de la Méduse décapitée par Persée naît Pégase, conçu par Poséidon, dieu des océans. Pégase, cheval ailé, "figure l'imagination créatrice et son élévation réelle" (*Dict. symb.* 737).[18] Par ailleurs, le cheval chez les Bambara "correspond à l'enfant et à la parole", et où l'enfant, l'explication donnée dans le paragraphe sur le cheval, est apparenté à la source, en manifestant "l'éveil des forces impulsives et imaginatives" (*Dict. symb.* 228). Chez Cixous: "l'enfant Isaac" naît sous les yeux bienveillants d'un "nous" pluriel qu'on peut associer aux Parques, femmes encourageant la créativité/ création féminine, celle qui naît de la narratrice. Ce qui est remarquable, c'est que cet événement "intérieur" de la naissance (de cet enfant symbolique), est comme accompagné de la pluie "extérieure": "Dehors: pluie. La parole berçante, obstinée, de la pluie. Je suis là, dit la pluie. Je serais toujours là" (*D* 148). Le liquide régénérateur par excellence, comme on le voit dans la tradition chinoise, accompagne ici la "venue": "La pluie dehors la faisait rire. Et dedans Isaac est arrivé: comme l'attendu" (*D* 148; une sorte de Messie, de rédempteur pour Ascension[19]). Cixous utilise ici une série de syntagmes composés des mots indiquant les éléments aquatiques ("une île dans un océan de rêves" etc., *ibid.*), ensuite, l'accouchement tel quel est indiqué (avec ses propres "eaux" seulement sous-entendues, *D* 149). On a déjà vu que la fertilité féminine est liée au rire (malgré les craintes de la femme de ne pas avoir bien accompli sa tâche), mais elle l'est aussi à la simplicité:

. . . il faut se rendre à la grande simplicité de la nature. L'accouchement a

déjoué tous nos pressentiments. La femme en nous est plus forte que nous. . .
. l 'écriture était là . . . Et dire que nous avions toutes pensé: plus jamais
d'enfant. (*D* 149–50)

Entre l'enfant et le cheval, il y a, chez Cixous, un autre lien encore. La
narratrice invoque Dieu pour qu'il lui passe son cheval: "*Ton Cheval, Dieu,
et Ton écriture*" (*D* 208). La femme, "je", est ici prête à sacrifier ses petits
pour le moment exquis de la création, mais elle constate tout de suite après,
que la création, c'est tout aussi bien le sang (celui du cheval devenu
symbole du feu, de la bataille, de l'Apocalypse?): "Je fus en sang, à peine
vue, l'extase, aussitôt, l'horreur. . . . je m'ensanglante encore" (*D* 208).

Sans pouvoir m'attarder davantage sur les renvois aux mythes antiques
ou plus récents qui participent à l'isotopie des liquides chez Cixous, de
même qu'à l'intertextualité où les textes littéraires sont comme convoqués
au rendez-vous[20], je vais cerner ma réflexion en me concentrant sur
quelques passages se trouvant vers la fin de *Déluge*, pour montrer comment
Cixous condense progressivement la problématique annoncée par le titre du
livre.

Dans les pages qui précèdent la première mention du déluge (*D* 177), il
s'agit, pour cette Ascension (elle) qui croyait déjà mieux se porter après ses
"maux", d'une "rechute" dans "le deuil . . . tombé sur elle avec la violence
d'orage" (*D* 174), et qui, comme un phénomène détaché d'elle, "pleurait
sans qu'elle y puisse rien" (*D* 175). Dans deux petits paragraphes, le verbe
"pleurer" revient neuf fois, repris dans le contexte de différentes
"pleureurs/euses", les larmes (terme récurrent) coulant sur pratiquement le
monde entier. Tout de suite après, le texte annonce qu'"Ascension va
bientôt perdre la vie" (*D* 175) en haut d'une falaise, au-dessus d'une plage.
Il faut dire que ceci n'arrivera pas, mais que pendant une discussion
"intellectuelle" où Ascension discute "sur le sexe des femmes", "une
vague" monte "du fond", "verte immense . . . et sans borne" (*D* 175) qui
couvre tout et qui fait courir Ascension "dans les falaises" et "dans la terre"
pour essayer de sauver l'"enfant adoré qui jouait là-bas" (*D* 176). Cette
vague semble avoir emporté deux enfants, le sien et celui d'Ingeborg

[Bachmann], sauf que cette dernière prend la "catastrophe" plus à la légère, en décidant de refaire tout simplement un autre enfant. Pour dénouer cette métaphore géante "imbibée de pleurs", je peux essayer de spéculer sur la nécessité, pour Ascension, de s'occuper, pour ne pas le perdre, de son enfant-écriture-créativité, au lieu de discuter des questions d'ordre plutôt "rationnel"; il s'agit encore de la jonction des contraires: l'eau/ la mer/mère qui donne vie peut aussi l'enlever, notre existence est précaire; c'était Ascension qui semblait être sur le point de perdre la vie, mais après, c'était l'enfant qui s'est noyé, alors que cet enfant n'existe peut-être même pas.

L'enfant, nommé Paolo cette fois, revient, toujours avec des récurrences aquatiques, avec la vague devenue musicale sur laquelle navigue le couple d'amants; ici, la femme veut écarter Paolo, "emprunté", pour jouir pleinement de la présence de l'homme: "Le couple glissait enveloppé dans la haute vague sonore. . . . Nous nous balancions doucement et nous pleurions d'un seul grand sanglot de musique, juissant, accolés, par le coeur" (*D* 190). Je dirais qu'il s'agit ici d'une évocation de l'énergie féminine, une première fois à travers l'eau et une deuxième fois à travers la musique, puisque cette dernière semble être pour Cixous porteuse de la langue de la mère.[21]

Finalement, à quelques pages seulement de la fin du livre, le mot déluge inonde, pour ainsi dire, un petit paragraphe. La rencontre possible, potentielle, imaginée entre Ascension et David est vue de l'intérieur et de l'extérieur à la fois, comme s'ils étaient observés et qu'ils s'observaient mutuellement à travers une ou plusieurs vitres, comme brouillées en plus par la pluie. À titre d'exemple, là où le terme clé, celui du titre (et qui en même temps justifie mon propre titre), revient avec insistance:

> Les vitres étaient à l'intérieur. Il pleuvait. Ascension ne pleurait pas. C'était le déluge. À l'intérieur. Entre nous le déluge. L'eau tombait avec un fracas assourdissant. On n'entendait que le déluge, musique dure, faite seulement pour remplir l'énormité du silence avec des flots de pierre et de rochers. (*D* 225)

Avec le sang et les larmes, deux liquides sécrétés par la femme, par son corps, deux types de liquides dont chacun est lié à tout un ensemble significatif de souffrance; avec les larmes coulant à cause des douleurs psychiques, avec le sang coulant comme symbole de la souffrance généralisée des femmes, annonçant les naissances encore en douleur, Cixous, à sa façon très complexe, comme on l'a vu, évoque en même temps la force, le pouvoir de la femme, inhérents justement dans les deux liquides mentionnés. Cette problématique, analysée délibérement dans un texte, le seul d'ailleurs à porter un titre clairement "aquatique", semble être paradigmatique chez Cixous. Pour illustrer les liens qui existent, dans l'écriture cixolienne en général, entre l'eau et le sang, l'eau et la naissance, la purification, les sacrifices, la créativité, la pulsion du coeur, la circulation de l'énergie menant aux créations littéraires le tout puisant dans des traditions multiples et qui se rient des dangers ("Le Rire de la Méduse"!), il aurait par ailleurs suffi de rapidement survoler ne serait-ce que les deux textes préparant *Déluge*, c'est-à-dire *Jours de l'An* et *L'Ange au secret*. On peut tout aussi bien choisir, parmi les textes plus anciens, *La* [22], celui qui suit de très près l'essai sur la Méduse, le résultat semble être le même: cette écriture naît, tel le cheval ailé, tel l'enfant Isaac, des contraintes, des décapitements, de la perte de sang; et même si elle risque sans arrêt d'être emportée par les "déluges", ses propres vagues ne manquent pas de produire des remous.

Pour conclure sur un questionnement, il serait néanmoins intéressant de voir si Cixous, lorsqu'elle met côte à côte ces deux fluides, pense elle-même à tous les tabous liés au sang de la femme ainsi qu'aux pleurs, dans la mesure où la souffrance féminine exprimée par les larmes, par ces déluges intérieurs, n'est pas toujours vue, perçue pour ce qu'elle est, par la société, c'est-à-dire par les hommes qui continuent à en définir les modes de fonctionnement.

Notes

1. Je prends la liberté de l'appeler ainsi, bien que le texte ne porte aucune indication au sujet du genre.

2. C'est ce qui semble être confirmé par Françoise van Rossum-Guyon et Myriam Díaz-Diocaretz, dans leur "Présentation" de l'ouvrage collectif qu'elles ont dirigé, *Hélène Cixous, chemins d'une écriture*, lorsqu'elles écrivent (7): "A partir d'une expérience vécue—celle de la différence sexuelle—, Hélène Cixous interroge à son tour la psychanalyse, c'est-à-dire les relations du corps, de l'inconscient et du désir, en même temps que notre héritage culturel tel qu'il s'inscrit dans les livres fondateurs comme la Bible, les mythes et les religions".

3. Comme nous pouvons le lire dans le dernier livre de Cixous (*Beethoven à jamais* 172), « [t]out ce qui vit est oxymorique ».

4. Le titre du quatrième chapitre est d'ailleurs "Tragédie avec comédie. La Tempête, suite 1" (*Déluge* 61); dans le roman, Cixous se réfère souvent au "théâtre" de la vie, toujours par rapport à ce qu'en dirait le dramaturge anglais; les termes "tragédie" et "comédie" sont souvent inextricablement liés; on verra plus tard comment les pleurs, chez Cixous, peuvent se transformer en rires, dans cette mouvance perpétuelle qui marque ses textes. D'ailleurs, le rire de celle qu'on peut appeler insolente et qui veut se créer sa place dans le monde, de celle qui par le rire déstabilise le monde, apparaît dans plusieurs textes, littéraires ou plutôt théoriques de Cixous, pour se condenser dans son essai "Le Rire de la Méduse" (1975). Le rire comme contrepartie de la tragédie, tout au long de la création de Cixous, est signalé de façon significative par Claudine G. Fisher ("Cixous ou des sourires et des hommes").

5. Malgré l'attaque qu'on lit dans cette désignation (C. Paglia s'oppose d'ailleurs farouchement à tout ce qui est "français" et admiré comme tel par les universitaires américains), il y a là aussi un renvoi à quelque chose de liquide, de coulant!

6. D'ailleurs, l'eau ne change-t-elle pas de forme, ne s'adapte-t-elle pas aux situations différentes, dans ce roman aussi, où la neige apparaît comme une marque d'eau cristalisée, figée, où les adjectifs comme "glacial" apparaissent souvent? De nombreux phénomènes dans le livre ramènent donc à l'isotopie aquatique, malgré (et peut-être même "grâce" à) l'interpénétration des sémèmes liés à cette isotopie et de tout ce qui semble être son contraire.

7. D'ailleurs, comme Cixous l'affirme dans "De la scène de l'Inconscient à la scène de l'Histoire: Chemin d'une écriture", texte incorporé à l'ouvrage collectif qui lui est destiné, "c'est que l'*on commence à vouloir écrire devant le père*, devant le père symbolique" (18), et encore (19), "Il y a quelque chose de simple et de mystérieux dans l'origine d'une écriture: «Je» suis dans le père que je porte, il me hante, je le vis. Il y a un rapport entre père et langue, père et «symbolique»". C'est donc le père symbolique,

le patriarche, qu'elle porte en elle, qui lui donne le droit à la parole; quoi de plus astucieux que de joindre ainsi la Loi de la Montagne avec la fluidité de l'écriture cixolienne . . .

8. L'assurance qui, dans la tradition, doit passer par une épreuve troublante où Dieu semble demander à Abraham de sacrifier ce fils chéri. Isaac demande à son père prêt au sacrifice et au versement de sang (il a d'ailleurs un couteau dans sa main; la notion du sacrifice et du sang versé revient souvent chez Cixous) où se trouve la brebis/ l'agneau "for the burnt offering" (*Judaica* 9: 2; *Bible*, 22:7–8); ce fait explique de façon assez extraordinaire plusieurs éléments dans le roman de Cixous. Premièrement, la précarité de ce lien particulier entre Ascension et son propre Isaac, deuxièmement, une des dimensions du feu dans le texte, et troisièmement, la description d'une "brebis guerrière" (donc qui ne se laissera pas sacrifier très facilement) qui donne à têter à l'agneau (*D* 179–80). On y revient au liquide, à ce liquide nourricier qu'est le lait: "Tous les deux, debout au faîte de l'univers [voilà une des excursions cixoliennes dans l''universel', le 'cosmique'], dans l'orgie du lait" (*D* 180)]. Mais dans tous ces nombreux renversements et adaptations des sources traditionnelles, la brebis qui se révolte, "comme une cathédrale sans dieu" (*D* 180) donne la force à Ascension, "la femme qui gisait ce jour-là dans la vieille boue tragique du monde à humains" (*D* 180), elle lui fait vivre une expérience pratiquement extatique où elle pourra combattre la mort qui la hante après la séparation avec David.

9. Ses rapports avec les femmes sont peu décrits dans l'encyclopédie, mais il apparaît clairement qu'il est très différent d'Isaac le monogame, n'ayant jamais eu de concubines non plus (*Judaica* 9: 2), même si sa femme "Rebekah" fut sans enfants pendant 20 ans de mariage. Toujours est-il que David promet le trône à Salomon, fils de "Bath-Sheba" (*Judaica* 5: 1325), qu'il a donc plusieurs femmes: chez Cixous, David est monogame tant que dure sa relation avec Ascension, mais il était déjà avec d'autres femmes (et le sera par la suite). Il ne semble pas avoir eu d'enfants dans sa relation avec Ascension, ce qui rend énigmatique l'évocation du David hébraïque (*D* 157): "David ne peut mettre en doute le bonheur d'avoir eu des enfants avec Bethsabée. Il y avait eu ce premier enfant. Puis l'enfant était mort, comme convenu avec Dieu". Peut-être s'agit-il d'un cheminement assez particulier, chez Cixous, entre David "gaspillant" les enfants, causant indirectement leur mort, en reniant celle qui lui est tellement dévouée, Acension, et Isaac fils d'Abraham âgé de 100 ans (*Bible*, Genèse 21 etc.), homme mûr, près de sa mort. Je suggère que la naissance de l'écriture, d'un enfant "littéraire" de celle qui se croyait mourir abandonnée par David peut s'apparenter à la naissance d'Isaac. D'ailleurs, *Encyclopaedia Judaica* (9: 4) signale que l'étymologie populaire du prénom d'Isaac peut provenir de "*sahak/ sahaq*" qui signifie le rire (des parents à qui Dieu annonce la bonne

nouvelle), tout comme l'écriture d'Ascension, son contact privilégié avec Isaac, la fait sortir des pleurs et épouser le rire.

10. La relation entre la Bible et le texte de Cixous a suscité un très grand intérêt auprès de mon assistante de recherche Elsa Michaël que je remercie ici de son apport. Ce qui m'intéresse personnellement, c'est l'intégration cixolienne des images bibliques et plutôt mythiques en général à une pensée et une écriture "liquide", mobile, transformatrice des modèles.

11. Dans le livre *Les Fictions d'Hélène Cixous* (56), Martine Motard-Noar indique que cette épopée germanique du XIIIème siècle, "la Geste des Niebelungen" est intégrée au texte cixolien *With ou l'art de l'innocence* (M.Motard-Noar cite surtout la page 200 de ce texte); il s'agit donc d'un des thèmes qui reviennent fréquemment chez l'auteure. Je dois signaler que l'orthographe Nibelungen et Sigfrid surprennent, dans *Déluge*, mais que je l'ai gardée comme telle, tout en la marquant par un [sic].

12. Je me permets de citer ce texte tout simplement d'après Lagarde et Michard (*Moyen Âge* 19).

13. "le goût de manger une côte de boeuf, . . . plutôt que l'obligation intérieure de se laisser attacher sur la planche à trancher" (*D* 201). Le cannibalisme à la place du vampirisme? D'ailleurs, le cannibalisme fait partie du mythe orphique. Le dépècement chez Cixous apparaît à d'autres endroits dans le livre aussi, p. ex. à la page 209.

14. Ce Dionysos, dépécé, mangé par les Titans (qui sont d'ailleurs évoqués dans *Déluge* 64), peut néamnoins se "réincarner" par le biais de son coeur resté intact. Par ailleurs, il ne faut pas oublier les aspects du cannibalisme chez Cixous qui renouent avec des traditions encore plus anciennes mais qu'elle "traduit" à sa façon: dans une relation amoureuse, nous avons tendance à nous "manger/ bouffer" mutuellement, permettre à l'autre de nous dévorer, jusqu'au moment où nous nous rendons compte de la perte de nous-mêmes que cela provoque; sur un plan mythique, manger la viande de l'autre, boire son sang, c'est justement s'investir de sa force. Cixous applique elle-même le mot "cannibale" (*D* 158) à David, pour signaler qu'il est "innocent" dans son cannibalisme puisqu'en quelque sorte, Ascension lui permet cette intrusion en elle-même, ce vampirisme.

15. Il s'agit en premier lieu de l'intertextualité "interne" de Cixous qui évoque ainsi son texte critique *L'Exil de James Joyce ou l'art de remplacement* (sa thèse de doctorat d'Etat). Je le déduis à partir des données sur ce texte trouvées dans le livre de Martine Motard-Noar (surtout 33).

16. Cet animal est considéré comme psychopompe, menant donc les âmes à travers la rivière qui sépare la vie et la mort (par ex. *Dict. symb.* 239 et sq.), ayant évidemment de nombreuses autres connotations qu'il n'est pas possible d'analyser plus à fond dans ce contexte.

17. Le mot peut être pris dans plusieurs sens du terme, on peut y voir un petit jeu de mots avec les notions clés du bouddhisme, c'est-à-dire la nécessité de cultiver le détachement qui mène à la libération spirituelle.

18. Sans faire directement référence à Pégase, Cixous, dans "Le Rire de la Méduse", évoque justement ce renversement: la femme jusqu'ici tenue "captive", sur le plan de sa créativité, prend de l'envol, dans la nouvelle écriture (née encore de l'eau et du sang!).

19. Ou comme le dit Cixous elle-même: "Écrire c'est toujours d'une certaine manière être sauvé" (*Hélène Cixous: Chemins* . . . 23), ou encore: "Je serais du côté de ceux qui ont une pulsion de rédemption, de protection, de réanimation, de réincarnation" (*Hélène Cixous: Chemins* . . . 20).

20. Il en est ainsi dans le cas de la rédemption par soi-même à partir de cette "petite mort" qui est comme un renversement de "l'auto-assassinat, pas le suicide, l'assassinat obligatoire de soi-même, comment cela s'appelle ce qui vient après l'amour . . . qui est le cadavre d'amour pas enterré jamais enterré" (*D* 169), une allusion bien claire à Antigone, au sang versé entre ses frères etc. Il en va de même des références à Rome, dans le cas d'un Racine désacralisé et dédramatisé (*D* 102) à travers une Bérénice déplorée et un Titus plutôt détaché et superficiel; mais aussi de Shakespeare, avec une autre "parabole" reprenant le conflit entre Brutus et César (*D* 155) et qui traite de la question de qui tue qui, de qui est coupable de se défendre de la mort ou de tuer, faire verser le sang . . .

21. "Et la mère? Elle est musique, elle est là, elle est derrière, qui souffle, la mère qui évidemment pour toute écriture française est la mer. . . . La mère chante, le père dicte". Voilà ce que Cixous affirme dans "De la scène de l'inconscient à la scène de l'Histoire . . ." (*Hélène Cixous: Chemins*. . . 19).

22. Pour donner quelques exemples: "L'écriture était revenue, le fleuve, . . . le cours du sang dans les veines entre les corps, le dialogue sans mots de sang à sang . . ." (*Jours* 5); "Alors nous fermons les paupières, et de tout notre sang, de tout notre feu, avec humilité, condensée en une intensité, nous en appelons aux nôtres . . ." (*L'ange* 17); ou encore "Avec l'eau, l'air, la terre, le sang, l'argent, la chair, la douleur, la faim; avec tous les éléments, j'ai toujours pu faire de la musique, du chemin et du pain" (*L'ange* 52); "J'étais rivée. La mer se retire naturellement. Les vagues nous quittent. Le monde

s'élargissait. Les eaux vous abandonnent. La mer, comment la retenir? On est tu" (*La* 21).

ANNIE COHEN: À LA RECHERCHE DE L'EAU, DES ORIGINES, DE LA MÉMOIRE ET DU SENS CACHÉ

Marianne Bosshard

Dans le cadre de cette collection d'essais dont l'eau constitue l'élément primordial, je me propose de suivre la trajectoire d'une écriture qui s'alimente fréquemment aux sources originaires, aquatiques, pour faire sortir du vide et de l'oubli le sens de notre destin, "la trame obscure de tout" *(Les Sabliers du bord de mer* 57). Pour dessiner cette trajectoire, je me référerai à trois textes d'Annie Cohen où l'eau, dans toute son ambivalence, apparaît comme matière fondamentale de sa poétique: *Les Sabliers du bord de mer* (1981), *Les Etangs de la Reine Blanche* (1984) et *L'Edifice invisible* (1988).

Au sens large du terme, la liquidité a, de tout temps, été associée à la féminité. Dans sa puissance négative, elle est liée au schème héraklitéen de l'eau qui fuit, au temps qui s'écoule, ou encore au sang qui s'échappe (symbole à la fois de la vie et de la mort). En tant que "source originelle du bonheur", elle évoque les eaux maternelles ou le temps cyclique et lunaire, voire l'éternel retour (Durand 11ème éd. 122; 256). Comme il a été maintes fois souligné, le symbolisme des eaux, qu'elles soient douces, salées, descendantes du ciel ou naissantes de la terre, implique une dualité fondamentale: celle de la Mort et de la Renaissance. Elles précèdent toute forme. Comme l'écrit Luce Irigaray, tout ce qui est fluide se soustrait "à toute identification arrêtée", à toute pensée (du) solide (*Ce Sexe qui n'en est pas un* 115). Chez de nombreuses écrivaines cependant, nous constatons que ces éléments fluides, corporels ou terrestres, donnent naissance à un imaginaire, à un langage et à une éthique qui, dans le désir d'embrasser la totalité de l'expérience humaine, se veulent *inclusifs*. Ainsi, cette fluidité se transforme chez ces femmes auteurs en un nouveau modèle du "solide", très malléable en son essence et avant tout, ouvert au devenir.

Lors de ses recherches sur "l'écriture féminine", Irma Garcia a mis en relief le mouvement fluctuant de certains écrits de femmes qui a pour effet de suspendre la linéarité syntaxique et textuelle. Elle a montré comment ces textes et les valeurs sémantiques de leurs images se nourrissent d'un réseau imaginaire de liquides qui s'infiltrent dans une écriture débordante. En dépit de cette constante qui, sans doute, relie divers écrits "au féminin", il faut se garder de généraliser car chaque écrivaine s'engage dans une trajectoire déterminée par des exigences tout à fait personnelles.

Dans le cas d'Annie Cohen, par exemple, l'écriture est souvent précédée ou accompagnée de dessins ou de "rouleaux d'écritures" à l'encre de Chine où l'auteure doit d'abord "vivre un rite graphique initiatique pour pouvoir entrer en esprit d'écriture" (*Le Corps et le verbe* 249). "L'encre de Chine convient à la consistance de mon sang" nous dit la narratrice dans *Les Etangs de la Reine Blanche*. Et c'est à l'encre de Chine qu'elle cherche à tisser une "large voile brodée . . . figure extrait de [sa] chair qui gagnerait chaque jour quelques pouces de terrain" (21). On voit déjà comment ces dessins encore pré-verbaux impliquent l'auteure dans toute sa corporalité, comment ce fluide encre-sang dessine, sans mots, des mouvements charnels d'avant le sens. Ces dessins nous révèlent également le parcours d'une quête tout à fait personnelle par laquelle l'auteure, au moyen de petits points noirs, couvre de grands espaces vides pour rejoindre l'autre, les autres, disparus ou vivants; pour recouvrir l'espace blanc jusqu'aux morts, jusqu'à la mémoire perdue, c'est-à-dire le sens caché de nos destins ou du destin de tout ce qui est vivant. En se réduisant à l'infiniment petit ("je suis le grain de sable du début . . . petit point d'amour" [*Les Sabliers* 30] dont Bachelard nous dit qu'il est "la structure intime du 'grand'", [*L'Eau et les Rêves* 153])la narratrice se rapproche du noyau même d'une douleur qui est le lieu précis de la régénérescence d'où naîtra, peu à peu, l'espace "fertile et fécond du verbe" (*Les Sabliers* 92).

Du "rite graphique initiatique" à une écriture qui se construit "entre la géographie et l'inconscient" (*Roman* 46), voici la trame qui sous-tend cette oeuvre. Comme le suggère la formule incantatoire, l'espace géographique y assume une fonction importante: "Je crois à la force des lieux, je crois à leur appel" (*Les Etangs de la Reine Blanche* 22). De fait, chacun de ses textes nous ramène à des localités différentes. Dans *les Sabliers*, par exemple, nous nous retrouvons, d'une part, devant des contrées sablonneuses, stériles et érodées et, d'autre part, au bord de mer dans une île des Cyclades. Dans *Les Etangs*, nous observons une femme qui, dans une maison de campagne de l'Ile de France, écrit de longues lettres à un être aimé qui a disparu. Dans *L'Edifice invisible*, nous suivons les errances d'Héléna Roujanski déroulant un fil de coton blanc dans les rues d'un Paris nocturne. Bref, chacune des narratrices cherche à retrouver, par un travail pénélopien, la trame d'un passé dont les pistes ont été brouillées.

Nous verrons que ces textes procèdent d'une volonté intérieure qui pousse les narratrices à creuser, à fouiller et à dépouiller les apparences pour atteindre le noyau caché, lieu de régénérescence qui ouvrira la voie à l'imaginaire, un imaginaire qui conduira à l'amour et qui permettra de réconcilier passé et avenir. "Ça ne m'intéresse pas de raconter des histoires", nous avertit l'auteure (*Le Corps* 252), et il est vrai qu'en fin de compte, la véritable substance de ses romans serait plutôt à chercher du côté du chemin parcouru, tracé d'un geste créateur fondé sur l'usure de l'Histoire et de la mémoire. Les deux premiers textes représentent, avant tout, un travail de deuil figuré dans l'image d'une femme vêtue de blanc, allongée sur le sable. Celle-ci prend les formes d'une "perfection blanche", d'une "ombre blanche dissociée" (*Les Sabliers* 4; 114), images qui reviennent sous les traits de la "Reine Blanche" (*Les Etangs*) symbolisant l'ancienne propriétaire d'une vieille bâtisse parisienne. Le blanc ayant été "jusqu'à Catherine de Médicis, la couleur de grand deuil portée par les reines au cours de leur veuvage" (*L'Edifice* 127). Néanmoins, il y a bien des "histoires", des fils d'images qui relient espaces et personnages pour former, ensemble, un corps imaginaire, ou encore un "nouvel ordre" ouvert au devenir.

Il n'est certes pas une coïncidence que sur la couverture du texte *Les Sabliers du bord de mer* figure la photo d'une éclipse solaire universellement reconnue comme signe de mauvaise augure. Elle annonce en effet les "dérèglements cataclysmiques d'une fin de cycle qui appelle l'intervention ou la réparation, en vue de préparer l'avènement d'un cycle neuf"

(Chevalier 389). Cette photo accentue parfaitement la symbolique du "sablier" qui signifie, en même temps, la "chute éternelle du temps" et la possiblité d'un renversement, d'un retour aux origines et, par là, l'avènement d'un cycle neuf. En fait, nous sommes en face d'un groupement d'images qui reflète l'ambivalence inhérente à trois matières élémentaires, à savoir le feu (voire le soleil, à la fois principe générateur et destructeur), la terre (symbolisée par les grains de sable contenus dans le sablier comme instrument de réversibilité) et l'eau miroitée dans l'écoulement du sable. C'est cette dernière qui confère à la matière tellurgique une qualité liquide. Nous verrons que le récit lui-même sera dominé par le symbolisme conflictuel déjà exprimé dans cet amalgame d'images.

Dans la première partie, nous suivons une narratrice qui se rend sur des lieux imbibés d'une atmosphère de terreur et de catastrophes, "aux confins de la stérilité, au bord de l'impossible" (14). C'est un terrain de guerre où s'affrontent l'eau salée, la mer, "immenses espaces inféconds, gorgés d'eaux nuisibles", et la mer de sable, "immenses espaces morts, écrasés", brûlés par un soleil dévastateur (15). Cette eau salée ne ressemble en rien à la mer comme image maternelle, nutritive ou apaisante. Au contraire, elle garde un aspect néfaste, inhumain, dominé par l'image d'un "grand trou de mémoire" (35). Violemment engagée dans une lutte avec la terre, elle est responsable de la décomposition du paysage. Associée à la stérilité sablonneuse, elle fusionne avec celle-ci en une vision de perte totale: perte de toutes traces historiques, de toute mémoire. Ensemble, ces contrées telluriques et aquatiques également nuisibles reflètent la "décomposition des substances vivantes" ainsi que "l'érosion du langage" (16). Sur ces lieux où sévit la guerre, le corps de la narratrice se sent "rabougri, endolori de sécheresse" et sans garantie de survie. Tel un grain de sable qui "s'engouffre dans l'échancrure stérile de la terre" (17), elle descend alors "sous terre, en soi-même", là "où la géologie organise la stratification des souvenirs" (21). Les souvenirs se rapportent ici non seulement aux événements naturels qui ont marqué l'histoire géologique de notre planète, mais aussi à la guerre, c'est-à-dire à ces "morceaux de silence" et au chant patriotique des soldats qui "martèle la terre des vivants" (27).

Il est évident que le récit se construit sur fond d'un drame majeur: celui de la guerre des hommes, imaginée sur des lieux où les éléments de la nature se livrent une lutte acharnée. Et si on connaissait mieux l'histoire de la terre, connaîtrait-on mieux l'histoire des hommes? Saurait-on alors pourquoi et comment "les choses s'emboîtent" (29)? C'est une question que la narratrice se pose souvent et qui nécessite, de sa part, un long travail, une errance inlassable sur des terrains parsemés de débris et sur des plages désertiques "où l'élan vital est à son déclin" (39). En face de ce néant substantiel, elle commence alors à creuser vers l'eau douce, vers "la nappe phréatique" dans "la profondeur des couches historiques" pour y rechercher une "dernière goutte d'eau vivante" (40). Cette descente vers les eaux souterraines rejoint un parcours intérieur propre à la narratrice elle-même et correspond à une "blessure inguérissable" dont elle cherche à se rapprocher au plus près. Et elle creuse "dans le creux du creux, dans les concavités du langage", les espaces de l'imaginaire ("immenses plages blanches qui nous constituent" [42–44]) pour y rouvrir une "porte symbolique du désert" contre la mort (45). Notons l'amalgame opéré entre les eaux douces souterraines et les espaces originaires du langage et de l'imaginaire, amalgame qui revient cycliquement dans ce texte. Cette porte symbolique, la narratrice la trouve dans la figure allégorique d'une plante, signe du "flux incessant de l'énergie vitale" (Chevalier 764), dont les racines cherchent l'eau douce à plus de cent mètres de profondeur: *Welwichia Mirabilis* (43).

A l'image de cette plante qui conquiert le sable grâce à l'eau souterraine, une osmose entre corps, parole et sens s'effectue chez la narratrice: il est essentiel, nous dit-elle, de "tremper le corps dans la source immémoriale" pour que la parole soit "infiltrée et injectée de sens", pour que cesse l'état amnésique devant le "grand trou de mémoire" figuré dans l'eau amère (53; 58). Les racines de cette plante représentent les "longues racines de la mémoire, les racines qui soutiennent l'univers" (60). Notons que deux mémoires se joignent ici: d'une part, une mémoire générale qui est celle de "l'enfance du monde" et, d'autre part, une autre plus spécifique qui est celle de l'enfance individuelle. Le récit nous en apporte, çà et là, des bribes

énigmatiques comme, par exemple, des références répétées à l'exil qui
pousse la narratrice "sans terre" à errer d'une plage à l'autre; au spectre
d'une "guerre dévastatrice" qui fait toujours trembler ses souvenirs (66), ou
encore à un jardin et à une maison d'enfance à jamais perdus. La plante
miraculeuse se transforme alors, peu à peu, en une métaphore de stabilité.
Etant le "point de jonction entre l'humide et le sec", elle est le signe
précurseur d'une volonté qui saura "immobiliser et maintenir la fluidité"
pour "arrêter, définitivement, la perte" et pour marquer "l'espace de
l'avenir"(64). Un avenir où le passé redouté aura finalement été "incorporé"
et "assimilé" (62). Comme nous le rappelle Bachelard, la racine, en tant
qu'axe de la profondeur, nous "renvoie à un passé lointain" en gardant tout,
fidèlement (*La Terre et les rêveries du repos* 300; 308). Elle est aussi
considérée comme image dynamique (291) poussant la narratrice à fixer le
sable mouvant de la mémoire. Déracinée, exilée et "sans terre", tel un
Ahasvérus féminin, la plante bien "enracinée" lui sert donc de symbole de
stabilité. Dans une image hallucinante où nous retrouvons tous les thèmes
qui dominent cette première partie du récit, la narratrice s'assimile au règne
végétal et se métamorphose en plante:

> Alors j'irai . . . noire et boueuse, vers la source... vers le centre lumineux où
> s'élabore la mémoire. Je baignerai dans l'eau . . . je goûterai aux substances
> minérales. Et je m'infiltrerai chaque jour davantage au coeur des terres . . .
> Pour mieux soutenir le poids immense de l'histoire au fond des terres, je saurai
> noyer l'exil . . . En dépit de la guerre. Et je persisterai sous la plage à cent
> mètres de profondeurs, ou plus . . . Quand toutes les lumières du monde seront
> éteintes, au coeur des nuits, je veillerai. J'inscrirai la parole. (71-73)

Comme si l'accès à la parole n'était possible qu'après avoir affronté ces
contrées sablonneuses, stériles, inféconds, symboles du monde "dévasté,
ruiné, défiguré, écartelé" par la guerre. "Il fallait refaire le chemin . . .
passer les ruines . . . précipiter la peur" afin de "contraindre le corps vers
le futur" nous dit la narratrice (82). Comme le rappelle Isaac Ba'al Schem
Tov, "La mémoire est la racine de la délivrance comme l'oubli est celle de
l'exil" (Legris, *L'Express* 49).

Toutes ces réalisations symboliques du retour aux sources profondes, telluriques, aquatiques et, par extension, linguistiques, contribuent finalement à une humanisation de ces endroits terrifiants. Les contrées stériles du bord de mer deviennent alors "terre d'asile" d'où la narratrice pourra partir "vers l'inconnu, vers l'espace privilégié du rêve et de la fiction" (84). Même la mer, naguère immense espace infécond et redoutable "trou de mémoire", semble changer de nature. Elle incarne désormais "l'amour forcené du monde . . . extrait du liquide vert de la matrice" (101). Notons, toutefois, l'accent mis sur le côté "forcené" de cet amour créateur qui est associé ici au liquide salé de la mer. Cette eau qui est source de la vie et de la mort détient les fils de l'Histoire et symbolise, dans ce récit, la "Loi impénétrable" (103). Malgré cette inversion des valeurs, nous sommes portés à croire qu'il s'agit, dans les textes de cette auteure, plutôt d'une masculinisation des eaux amères que d'un retour à l'image de la mère. En fait, nous constatons que dans la réconciliation finale des deux images antagonistes (contrées stériles de sable et d'eau salée/terre d'asile et amour forcené du monde) s'inscrivent deux ordres tout à fait différents: d'une part l'ordre de l'Histoire qui se trame selon la Loi impénétrable inscrite au tréfonds de la "mer généalogique" et, d'autre part, l'ordre nouveau, celui que la narratrice se forge elle-même et qui lui permet de s'avancer "loin des parcours linéaires de la réalité", "loin de l'Histoire" (86; 101). Cette distinction joue un rôle fondamental dans l'oeuvre d'Annie Cohen et accompagne le parcours personnel et judaïque de l'auteure, un parcours qui interdit la représentation. Comme elle dit elle-même, "je travaille beaucoup avec l'interdit . . . écrire, c'est interdit. On est devant une béance ou devant un trou" (*Le Corps* 252). Nous verrons plus loin que la Thora, en tant que Sainte Ecriture, semble avoir une fonction importante dans la génèse de sa propre écriture. On pourrait même dire que ses "rouleaux d'écritures" symbolisent une véritable "anti-Thora" ou image de départ d'où découlera une langue "Par derrière les mots. Dans tous les sens" (*Le Peignoir à plumes*). L'auteure dit aussi se sentir en exil, entre son corps qui est juif et une pensée, ou encore une Loi qui ne lui convient pas malgré le désir "d'être à l'ombre de cette Loi" (*Le Corps* 252). A ceci s'ajoute l'horreur de l'holocauste. Comme l'a remarqué Chantal Chawaf, c'est "du point le plus profond du gouffre qu'Annie Cohen, de la génération des enfants de ceux qui connurent les camps d'extermination nazi, parvient à remonter pourtant jusqu'à la croyance en une éternité de l'écriture et de la parole" (*Le Corps* 251). Une écriture qui, à l'image du rite initiatique, régresse symboliquement vers les sources telluriques et aquatiques pour en renaître régénérée afin de pouvoir remplir avec du sens les "espaces dangereux entourés de vide" (*Le Corps* 254). En fait, il nous semble que nous assistons, chez Cohen, à la naissance d'une écriture qui s'élabore au présent, c'est-à-dire sous nos yeux. A l'instant même où les signes (tout comme les petits points noirs de ses dessins qui s'avancent sur la feuille blanche) construisent un lieu, un personnage et des mouvements d'âme.

La deuxième partie du récit nous transporte sur une île des Cyclades. Un homme est arrivé sur cette île pour y revivre une expérience particulièrement douloureuse. La narration est trouée de blancs. Des paroles mystiques et des allusions à des événements énigmatiques font de cette partie un texte mystérieux et hermétique. Comme dans *Les Etangs*, il y est question de l'absence ou de la disparition définitive d'un être aimé, en l'occurrence d'une femme. Vêtue d'une robe blanche, en signe de deuil, elle apparaît et disparaît, tel un mirage, sur la plage. De nouveau, la plage nous est décrite comme endroit stérile, désertique, brûlé par un soleil terriblement dévastateur (114). L'homme est seul et attend, "dans la célébration solennelle, grave et majestueuse de l'absence" (126). Il a peur des "mots à venir . . . des mots jamais dits, amnésiques, incapables . . . des mots brusquement meurtriers et sanglants" (134). La trame du récit bascule face à la mer qui prend un nouvel essor: chargée de maléfice, elle se transforme tantôt en une image cauchemardesque qui menace, engloutit et anéantit le vivant, tantôt en "blanc de la mémoire" devant lequel le "je" (on ne sait trop bien s'il s'agit d'un monologue intérieur du personnage masculin ou si le "je" appartient à la narratrice de la première partie) a souvent et en vain "attendu l'irréelle beauté blanche sortie des flots" (141). Le récit entier est envahi par le spectre de la Mort. Comme dans la première partie, des visions de guerre, de "visages bombés, déformés, défigurés, défaits . . .

altérés du miroir noir de la mort" (122) ponctuent la narration. A ces visions morbides s'ajoutent des allusions à un "motif bleu, métallique et phosphorescent", image d'un "malheur sans pitié, effroyable": ". . . un feu terrible qui embrasait l'horizon . . . un avion déchiqueté, écartelé, abîmé dans le gouffre insondable de la nuit" (124–27). Prémonition du malheur majeur qui a forcé l'homme à revenir sur cette île pour revivre l'image folle d'une femme qui disparaît dans les flots. Le récit ressasse, impitoyablement, la noyade de cette femme en robe blanche qui, en se baignant un jour, "fut emportée, dissoute, sous l'eau onctueuse et bleue. . .disparue, perdue. . . la tête sous l'eau, intrépide et téméraire" (143). Disparaître dans l'eau profonde ou dans un horizon lointain s'associe, selon Bachelard, au destin humain qui prend son image dans le destin des eaux (*L'Eau et les rêves* 18). Chez Cohen, une telle image de la perte irrévocable correspond toujours au vide créé par l'absence de mots: "l'érosion ininterrompue du langage sur la plage" (51). Tel le sablier, figure de l'écoulement inexorable du temps et de la matière, nous voyons l'homme se vider de lui-même: "Par les pieds. . . les viscères s'enfuyaient . . . le vide se faisait . . . La chute, irréversible fuite, ou l'hémorragie du malheur" . . . Et il "resta ainsi, nettoyé propre excavé hagard" (162–63). Or, le sablier signifie, en même temps, le début d'un cycle neuf. Une renaissance conditionnée, nous l'avons vu, par le retour sur des lieux qui incarnent la ruine, le gouffre, la fuite du temps et de la mémoire et à partir desquels se construit un nouvel ordre: celui de demain.

Dans un épilogue qui sert de lien entre les deux parties du récit, la narratrice s'identifie à "ceux qui s'en vont ramasser la plage, pétrir la mort, rouler la pâte . . . pour devenir la pâte à lendemain qui lève, la matière molle et collante; délayée, liquide, incorporée . . . additionnée d'eau de mer . . . pâte à modeler les figures du temps" (169). Sous-entendu, un temps et un langage neufs qui permettront de s'éloigner "de ces rivages blancs, irréels, originels" pour parcourir des terres plus fertiles, synonymes de l'espace "fertile et fécond du verbe" (92), pour remplir enfin ces "espaces dangereux entourés de vide". Signalons que la pâte qui lève sert ici d'image dynamique où se réalise la jonction de deux matières contiguës mais antagonistes (l'eau nuisible, le sable) pour en modeler une synthèse stabilisante. Comme l'a noté Bachelard, la pâte symbolise le "rêve de la liaison" (*L'Eau et les Rêves* 142). Elle est également "notre propre matière", "notre devenir" (*La Terre et les rêveries de la volonté* 80). En effet, la réalisation de ce mélange des matières telluriques et aquatiques figuré dans la pâte permettra à l'auteure de se libérer d'une Histoire écrasante, de formuler son propre parcours imaginaire en "pâtissant" un "nouveau solide" malléable et ouvert au devenir. Il faudrait, selon la narratrice, "multiplier l'espace. Insister. Gratter l'espace . . . Ne plus revenir" (*Les Sabliers* 176). Et c'est ainsi que se construit la poétique d'Annie Cohen. Elle constitue une espèce d'avancée "où ce qui compte, c'est le chemin" (*Le Corps* 254). Nous pouvons ajouter que c'est dans l'amour d'un sens à trouver que son oeuvre évoque, inlassablement, la présence de l'absence.

Le sens qu'il importe de trouver, c'est celui du destin: soit du destin de notre planète, soit du destin individuel de chaque être humain, le premier éclaircissant peut-être le second. Ainsi, à la fin du texte *Les Sabliers*, la narratrice souligne que chacun est seul à "pâtisser" et à préparer devant les sabliers du bord de mer "l'arcane mystérieux et sacré" (170). Notons cependant que, dans l'oeuvre d'Annie Cohen, le sens caché de toute chose ne réside pas du côté de la Loi (voire la loi du Père, l'interdit, la censure) mais dans des contrées telluriques, aquatiques qui incarnent la Mort et la Renaissance (*Les Sabliers*) ou du côté de la magie (*Les Etangs*). Dans ce dernier texte, le pétrissage inaugure le tissage par lequel l'auteure crée des liens entre le réel et l'occulte. Ainsi, la narratrice y interroge sans cesse un jeu de tarots dans l'espoir d'obtenir des révélations sur l'absence (la mort?) de l'homme aimé. Souvent, elle se rend dans l'atelier de celui-ci pour s'y laisser pénétrer de l'espace que l'être aimé a abandonné. Seul le fluide encre-sang qui se répand sur le papier blanc et qui trace des "courbes de points précis, impeccables . . . qui se rejoignent" (19) est à même d'apaiser son deuil. Ce travail lui permet de "composer le leitmotif de sa propre quête", d'établir, peu à peu, un "parcours imaginaire ou parcours d'amour . . . jusqu'au jour où l'on pourra s'éloigner du lieu de départ . . . vers des espaces à découvrir" (28). Notons le motif constant du retour/ou de la descente suivi par une remontée qui "contraint le corps"—le corps textuel, le corpus imaginaire—vers l'avenir. Dans cette remontée, l'eau jouera, de nouveau, un rôle significatif. "Que serions-nous sans l'eau qui humidifie Paris?" Ou encore sans "l'eau grise" des étangs de la Reine Blanche où tout est infiltré d'une ardeur souterraine et profonde? (33). Là, près de cette eau stagnante, mystérieuse, symbole du "plasma de la terre d'où naît la vie" (Chevalier 380), tout lui reviendra en mémoire. Elle se revoit alors longeant en compagnie de l'être aimé cette eau "chargée de vase" tout à la fois hostile et inoffensive qui, au lieu de les purifier, les plongeaient dans des sentiments sombres et plutoniens (33). En face de ces eaux ténébreuses et dormantes, la narratrice se voit sans cesse entraînée dans des pensées profondes et incontournables.

Afin d'échapper à l'emprise de la stagnation, elle s'aventure dans la cartomancie, dans l'image énigmatique d'un homme rencontrant une femme étrange sur le Pont de l'Archevêché. Ce pont symbolise un lieu marqué par une "destinée inexorable": celui de l'ancienne morgue de Paris à l'emplacement de laquelle se trouve actuellement le Mémorial de la déportation (53). Le pont fonctionne comme charnière de croisement d'images fatidiques: celles de la mort, de la disparition et du flux inexorable du temps. En évoquant les anciens locaux de la morgue, nous apprenons qu'elle a suivi "au cours des siècles le tracé de la Seine" (55). Chemin faisant, la narratrice se met alors à rattacher, au fil de l'eau qui coule, le passé au présent, l'invisible au visible.

Le travail pénélopien du tissage qui, dans *Les Sabliers*, se poursuit sur fond de l'histoire généalogique de la terre se déplace, dans ce texte-ci, vers l'histoire cachée sous le macadam du labyrinthe urbain d'une ville "stratifiée de légendes" où il faudrait chercher "d'autres faits . . . ensevelis sous les pavés" et dont "le récit peut parfois éclairer le dessous des choses" (85). Notons comment cette exigence intérieure qui pousse la narratrice à dépouiller et à creuser la mémoire, l'inconscient, s'apparente toujours à des espaces géographiques. Son écriture se construit effectivement "entre la géographie et l'inconscient" (*Roman* 46).

Or, ni le tragique appel des eaux (l'étang dormant, le fleuve associé à la mort), ni le recours à la magie ne l'aident à trouver un repère dans "l'insondable inconnu qui nous enveloppe" (84). Chaque nuit, la narratrice est hantée par la vision de l'être perdu déambulant "au-dessus des flots. . . de la rive gauche vers la rive droite" (52). Même la fouille dans le bric à brac du voisin brocanteur où elle cherche à trouver "un objet pur sorti du malheur et de l'oubli" (109) n'est autre qu'un leurre. Et, de plus en plus obsédée par le souvenir des recluses d'antan qui, pendant des années vécurent enterrées dans deux mètres carrés, la narratrice se sent finalement bloquée dans son corps même. Telle la plante miraculeuse (*Les Sabliers*), elle glisse, de nouveau, hors d'elle-même, sous terre, où elle marche "vers les lieux importants du passé . . . à l'envers du présent" (137). La maison elle-même, où les objets assument un contour flou "souligné de vapeurs ouatées", se dissout en une image flottante et changeante (139).

A la Saint-Sylvestre, "moment fatidique de l'écoulement du temps, du passage d'une année à l'autre", nous quittons ce récit sur une dernière image qui nous montre la narratrice "accoudée au parapet de pierre, au-dessus du fleuve démésurément grossi d'un sable épais" (141). Le schème héraklitéen, superposé ici à la symbolique de l'éternel retour, accentue l'image primaire de l'eau stagnante. Les errances visionnaires ne conduisent point à une heureuse issue mais à une dissolution substantielle dans la rêverie noire. "Pour qui écrit-on?" se demande, finalement, l'auteure. "Et si c'était pour répondre à l'exigence des morts?" (couverture *Les Etangs*). La double fatalité des eaux dans *Les Etangs* donne, cependant, lieu à une errance heureuse comme en témoigne le texte suivant, *L'Edifice invisible*.

En suivant le tracé d'une rivière ensevelie, la narratrice continue son double voyage dans la mémoire des êtres et la mémoire des lieux. On y découvre le même fil conducteur que nous avons déjà rencontré dans les deux récits précédents, à savoir une descente (et remontée) aux sources profondes de l'être, de l'Histoire et des origines créatrices. Il est à noter, cependant, que "L'Edifice", à la différence de "Sabliers" et "Les Etangs", n'est plus un livre de désespoir. Le "grand trou de mémoire", par exemple, se transforme en une "mémoire géante" qui a laissé des traces partout. Des "morceaux épars d'une histoire" qu'il faut désormais coudre et enserrer pour qu'ils ne soient plus que "ruines, lambeaux ou haillons de passé suspendus" (14).

Pénélope se métamorphose en Ariane: une Ariane citadine qui tient le fil de la destinée dans sa main et qui, trois nuits durant, laisse couler une bobine de fil blanc cent pour cent coton pour empaqueter des quartiers et des squares de Paris en quête d'un sens à trouver dans "ces lieux du présent" (28). On peut effectivement parler d'un projet de guérison car il ne s'agit plus de ranimer une mémoire perdue mais, au contraire, de réconcilier "toutes les figures du sens" (50). En ceci, le trajet rejoint le sens symbolique du fil qui est essentiellement celui "de l'agent qui relie tous les états d'existence entre eux à leur principe" (Chevalier 441). Il faut, selon la narratrice, traquer "dans l'inconnu du monde un monde plus inconnu encore, inscrire le geste sur le béton, inscrire la parole" en poursuivant "une démarche qui apportera la lumière" et "la musique du sens née de sa décomposition et de sa déliquescence" (80). Nous voici donc bien devant le fil d'Ariane, "agent du rattachement du retour à la lumière" (Chevalier 441). Fil ou pâte, l'essentiel de l'éthique littéraire d'Annie Cohen réside en ce qu'il importe de lier (le passé au présent; l'absence à la présence) par une écriture fluctuante et fluide qui rend possible le modelage d'un sens à venir.

Bien que le tissage dans ce texte-ci s'effectue la nuit (ainsi participant à l'imaginaire nocturne qui implique, comme l'a souligné Gilbert Durand, une descente vers les sources originaires, profondes) les images évoquées débouchent toutes sur la vie, sur l'amour et sur la croyance en un sens retrouvé qu'il importe désormais de tenir, de maintenir et de garder (44). D'ailleurs, cette errance nocturne se veut volontaire, sans peur, et Héléna Roujanski, le protagoniste féminin, nous est décrite comme "insolente" et "engloutie par l'acte de vivre" (30). Même si elle représente "la mémoire d'une terre sans terre, sans terre et sans cimetière" (30) étant liée, de par son corps, à la judaïcité. La Loi de Moïse, la Thora, est intensément présente dans ce texte. On y remarque une ambivalence profonde vis-à-vis de ces deux baguettes rangées dans l'armoire et qui portent le texte du Pentateuque copié (84). Mais le chemin d'Héléna court devant le sens, voire devant l'Ecriture où le sens est déjà figé en Loi. Au lieu de laisser la Loi s'ériger de façon verticale, il faudrait la dérouler, la nuit, sur les trottoirs, "dans un sens qui se veut conforme au désir de respecter l'ordre et la Loi" tout en empruntant "un chemin personnel" (85). Ce chemin personnel conduira Héléna à proposer une définition de l'Histoire "à l'encontre des sens interdits", figures de la "voierie urbaine", où "les pas ficelés les uns aux autres témoigneront du déplacement incessant du langage" (45). En ceci, le tissage figuratif à l'aide de la bobine rejoint sa symbolique fondamentale qui est celle d'un travail de création, grâce à l'intervention de l'amour qui lie Héléna à un être aimé et à qui elle lance, sans cesse, des messages amoureux: ". . . je déroule la langue d'amour. Je déroule l'amour de la langue . . . Je reviens toujours au point de départ de l'amour . . . mon amour de vous et du monde" (46).

Le voyage d'Héléna dans la mémoire de l'histoire citadine suit, pour la plupart, le sens d'une rivière souterraine, ensevelie "sous le poids du béton" (98). L'esprit et le corps d'Héléna tout entier "étaient attirés par le parcours de la Bièvre aujourd'hui noyé, oublié, confondu ou embrouillé sous toutes les constructions urbaines" (117). La Bièvre, cette "hydrologie souterraine" qui continue de marquer la topographie urbaine et à laquelle la protagoniste tâche de redonner sa liberté originelle en la faisant sortir de l'oubli.

D'une part, la narratrice suit la course aquatique souterraine et ressent "le désastre, le chaos . . . l'image absente, la mort noyée sous le macadam": les phrases "tombent" alors, elles "dégringolent" devant cette eau endormie et "engourdie d'obscurité" (96–97). D'autre part, nous apprenons que "personne ne devrait se sentir menacé de l'obscurité" émanant de ces eaux et nous voyons Héléna dérouler son fil "avec brutalité, dans un état d'agitation fébrile et d'ardeur exaltée . . . décidée à suivre autant que possible le parcours de la Bièvre, le sens des eaux" (103). Du coup, l'eau reprend son activité vitale et redevient eau de la vie. Comme l'eau, la vie se défait et se refait sans cesse, conforme au "déplacement incessant du langage" (45). Et le fil/la parole s'étale alors "à la surface du monde telle une toile tissée", formant un motif "imparfait, non géométrique" (36) et, soulignons-le, ouvert au devenir. Comme le dit

Héléna, "l'ouverture par le sens est notre seule consolation" (36). Nous sommes "dans l'amour d'un sens à trouver, à découvrir, à accueillir, toujours nouveau, hors de la permanence" (134).

Ainsi, le fil (fil du temps, de l'Histoire, de la mémoire, de la destinée) est celui d'une écriture fluctuante, floue qui, néanmoins, se stabilise finalement dans un tissu poétique bâti sur la généalogie tellurique et aquatique de notre terre. Une écriture qui, dans son désir de réconcilier passé et avenir, absence et présence, constitue, comme nous l'avons suggéré au début, un nouveau modèle du "solide". Dans le cas d'Annie Cohen: une pâte à lendemain, une pâte à modeler les figures de l'Histoire à venir, une Histoire qui se trame "loin des parcours linéaires de la réalité" pour déboucher sur un corpus imaginaire, créateur, tout à fait personnel et individuel.

Hélène Cixous, dans son essai, "Le Rire de la Méduse", du début des années soixante-dix, avait annoncé qu'une écriture au féminin "ne contient pas . . . ne retient pas" mais, au contraire, "rend possible" (50). Ceci est particulièrement vrai quant à la poétique d'Annie Cohen; nous espérons en tout cas l'avoir démontré. Chez elle, cependant, il n'est point question de pousser la fluidité de l'écriture au point où, comme le suggère Irigaray, "ça n'en finit pas" (*Ce Sexe qui n'en est pas un* 109). Une nécessité intérieure, substantielle, mène l'auteure, nous l'avons vu, à inventer finalement une synthèse des images contraires. Bien que celle-ci se construise sur fond de l'élément aquatique, elle vise une harmonie stabilisatrice (telles les traces fluctuantes de ses dessins qui se rejoignent) pour ébaucher, en fin de compte, une éthique de demain: à savoir une éthique qui entend assimiler au solide la fluidité perdue. L'eau, en tant que "colle universelle" (*L'Eau et les rêves* 145), lui servira à modeler un "solide" souple, à l'aide d'un langage à la fois inclusif et toujours renouvelé pour embrasser la totalité de l'expérience humaine.

FÉMINITÉ/FLUIDITÉ OU
HOMMES DE PIERRE ET FEMMES D'EAU:
BACHELARD, IRIGARAY

Irène Pagès

"Like a rock": sur un fond désertique de roches et de broussailles, la voix d'homme proclame les vertus du chevy-truck, la fidélité de l'outil, le "tu peux compter sur moi" exigé du véhicule. Le message suggère la *solidité* de l'objet en rapport de correspondance avec l'*opacité du sujet*—un homme qui en prendra le *contrôle*, et ainsi s'établit un cousinage de *consistance* entre *la pierre*, *l'homme* et *sa machine*. Jadis, le lien s'établissait entre le chevalier et sa monture. Aujourd'hui la publicité en question unit l'homme à son véhicule par une représentation qui renforcera sa confiance en soi. Et c'est encore aux mâles, hommes d'affaires ou pères de famille que s'adresse cette autre annonce publicitaire d'une compagnie d'assurances arborant pour emblème le rocher de Gibraltar dont on devine l'indissoluble présence entre deux mers qu'il contrôle, entre deux fluidités assagies: "get a piece of the rock" clame le discours, et vous aurez acquis le contrôle de votre sécurité, un avenir établi sur les assises de valeurs solides, tangibles, la maîtrise même de l'existant et du "faire" en devenir. Comme on le sait, toute culture, tout existant vit de mythes, baigne dans la représentation. L'ordre symbolique peut varier d'une culture à l'autre, mais il est des significations fondamentales qui semblent s'attacher à l'humanité entière: ainsi le solide, le massif, l'immuable semblent représenter le viril, la raison d'être, la Raison et par conséquent, le viril c'est la base solide sur laquelle repose l'édifice de la civilisation, tout comme les tables en pierre des Dix Commandements servant de fondement au Christianisme. Par contre, le fluide qui échappe à toute prise—et à toute définition—et qui présente une surface sur laquelle rien ne marque ni ne s'inscrit, est abandonné à la féminité" selon le mot d'Irigaray (*Ce Sexe qui n'en est pas un* 113). Il n'y a qu'à parcourir des magazines ou regarder la télévision pour constater combien ces présupposés sont charriés par le discours.

Par contraste, les annonces publicitaires censées s'adresser aux *femmes* ne proposent pas des instruments de contrôle mais bien plutôt une seconde *nature* ou une *métamorphose* le plus souvent par la *liquéfaction*. Ainsi, de part et d'autre de l'Atlantique, les magazines dits féminins annoncent pour la saison à venir une mode "fluide". Eminemment féminine, la fluidité caractérise la coupe de cheveux "souple", "coulante" et "aux arêtes indéfinies". La soie qui flotte, le satin qui coule entre les doigts sont les tissus de prédilection: *Vogue* annonce des mousselines "liquid assets" qui, avec leurs franges, rappellent les cheveux d'Ophélie flottant au gré du courant. Mais ce n'est pas seulement la forme visuelle de la liquidité qui est évoquée, c'est aussi le toucher qui fait songer à la fraîcheur du liquide. En fait, le féminin baigne dans la crème, dans les lotions, pages après pages: hydratez-vous dans la gamme des "moisturizers", abreuvez votre peau de lotions et ce sont encore des mixtures liquides qui raffermiront les contours indécis des visages dont on ne dit pas qu'ils vieillissent mais plutôt qu'ils "s'assèchent". A en croire *Elle*, le fluide redonnera vie aux cellules mourantes, les algues marines raffermiront les courbes du corps, et le "drainage minceur" fera disparaître la cellulite (qui n'est autre que rétention d'eau dans les tissus graisseux). Tout rappelle aux femmes l'affinité de leur peau avec l'eau, leur naissance au sein des mer(e)s—" Vénus sortant des ondes"—et leur nécessaire renaissance dans un milieu liquide, crèmeux ou poisseux, apparenté au sang, à la cyprine et au lait. Le corps de la femme n'est-il pas fait en grande partie de fluides? Mais comme la révolution féministe est aussi présente dans les revues de mode, *Images* met en scène, en une ultime tentative de récupération, des "women of substance" qui, elles, à l'opposé des beautés ineptes de jadis satisfaites de confondre frivolité et raison d'être, proposent l'action, la réussite, le sérieux, l'efficacité d'une carrière. Et voilà réinstituée la suprématie du "solide": les courbes se durcissent aux épaules, la coupe de cheveux se solidifie, la taille des vêtements se fait linéaire, vise droit au but. En somme, l'intention du message, cachée sous le "no nonsense" de la simplicité rationnelle, c'est, grâce au vêtement, l'intégration de la femme nouvelle dans le monde masculin de la politique et des affaires.

Dans "La mécanique des fluides" Irigaray dénonçait, au coeur d'un ordre symbolique phallocentrique, le primat attribué au solide, et, parallèlement, la symbolisation du féminin en fluide. Selon elle, le retard de la science quant à l'élaboration d'une théorie des fluides (les fluides se propageant selon des modalités peu compatibles avec les cadres du symbolique faisant loi et donc dérangeant les normes scientifiques) dériverait en fin de compte d'une "complicité de longue date entre la rationalité et une mécanique des seuls solides" (105–16). Et ce serait cette préséance du solide sur le fluide, au centre d'un ordre symbolique évidemment résolu à assujétir le féminin, qui aboutirait à la symbolisation du féminin en fluide. Pour en donner un exemple, le point de vue Lacanien assimilait le féminin au fluide par son côté soi disant "élusif", par le "trop plein" de sa parole, par l'indétermination de sa libido; plus encore, il n'hésitait pas à ranger le féminin du côté de "l'inconscient", et ce, au profit du masculin solidaire du "solide", c'est à dire de la fonction signifiante. Lacan ne faisait, en cela, que retracer toute une tradition séculaire présentant, du côté masculin la rationalité dure et bien définie, et du côté féminin, le flot de parole incontinent, sans direction ni forme particulière, prêt à s'écouler au gré des pentes et toujours ouvert à la métamorphose.

Protéiforme et élusive, donc, "souvent femme varie et fol qui s'y fie" (c'est du moins ainsi que des siècles la représentent) la femme partage avec le fluide la douteuse qualité de résister à la rationalisation. On sait que les fluides échappent à toute spéculation géométrique, mathématique, mécanique et qu'ils se rejoignent partout, où qu'ils soient, pour retrouver toujours leur unité en dépit des efforts faits en vue de les disjoindre: ainsi toutes les eaux de la planète finissent par se rejoindre sous terre et se réunifier, telles une hydre aux cent têtes renaissant sans cesse. La métaphore recouvrant le pouvoir de l'eau associé à celui de la femme se retrouve autant dans la chanson populaire que dans l'expression poétique arcanique: ainsi, chantait Guy Béart, la femme aimée "est comme l'eau vive, courez, courez, jamais ne la rattraperez"; pour Eluard, elle était "l'eau détournée de ses abîmes" dans "Tu te lèves, l'eau se déplie" (3). Sous la métaphore fluide se définit la méfiance éternelle dont la femme est l'objet, bien plus que l'amour qu'elle inspire. Mais, chose curieuse, on s'arrange toujours pour l'interpréter comme expression d'amour.

La relation entre fluidité et féminité, et concurremment la méfiance dont la femme est l'objet s'inscrit clairement dans les mythes des plus anciennes cultures. Dans la symbolique païenne, l'analogie entre l'eau et l'origine, ou le Maternel, se manifeste par une révérence craintive de l'eau considérée comme archétype des autres éléments et mère de toutes choses, y compris l'Esprit, un principe mâle. Barbara Walker dans son encyclopédie sur les mythes de la femme nous dit que l'analogie serait toujours présente dans les rites du baptême où l'eau fait figure de principe de génération et où les fonts baptismaux, en forme de vasque, représentent le ventre maternel, celui plus exactement de Marie dont le nom était celui de toutes les anciennes déesses de la Mer(e) (Walker 1066). Le culte rendu (encore aujourd'hui, et le plus souvent pour des raisons que l'on croit strictement sanitaires, sauf en ce qui concerne Lourdes) à des sources dites "régénératrices" que l'Antiquité croyait liées avec les enfers et dotées de pouvoirs surnaturels, témoigne du fait que l'on associe eau avec principe de vie et féminité. Aux temps helléniques, des semi-divinités féminines telles que les naïades hantaient ces sources. Autre exemple: une tradition païenne danoise honorerait une source sacrée nommée Hileva ou (Hell-eve) qui aurait ressuscité l'amant d'une reine en réassemblant ses membres disloqués. Le nom d'Eve attaché à la source des enfers montre combien les coutumes païennes survivent et se plient à la chrétienté en un amalgame des représentations (Walker 1097).

L'association fluide/féminité et principe de vie se trouve aussi dans la tradition taoiste: ainsi, nous apprend Barbara Walker, le "yin" censé être une force supérieure à celle de tout homme, était souvent représenté sous la forme de fluide émanant de "la grotte du Tigre Blanc", métaphore pour le sexe féminin. Pour obtenir sagesse et santé, les hommes devaient apprendre à se pénétrer de ce fluide (Walker 1097).

Par ailleurs, il paraît tout naturel d'associer le phénomène de la naissance avec le sang et "les grandes eaux" qui l'accompagnent, ainsi qu'avec le lait nourricier qui lui succède. Mais il y a plus encore dans la correspondance entre le fluide et le maternel: la plupart des mythes méditerranéens et d'Asie Mineure plaçaient la Création dans le "ventre humide" du Chaos, c'est à dire dans un lieu sans contours précis, informe, comme tout fluide. Le Chaos c'était encore la Grande Mère (Tiamat, Kali, Ma-Nu, Thémis), et l'idéogramme représentant le maternel était "M", pour "Ma", le même que celui qui représentait les vagues de la mer (Walker 1066). En tout cas, l'aspect informe, métamorphique, non linéaire et irrationnel du chaos, tel qu'on l'imaginait, rejoint, dans les mythes modernes, la représentation qui est faite à la fois du fluide et du féminin, deux principes dont philosophies et religions semblent bien embarrassées.

Il n'y a pas si longtemps que Bachelard, dans *L'eau et les Rêves*, faisait de l'eau un "non objet" qui "n'occupe pas de lieu géographique assigné de façon mathématique précise (cf les marées des océans, le lit des fleuves), qui ne commence ni ne finit d'être, qui est toujours, déjà, encore là. Ce qui l'autorisait à y voir, comme "inconscient de la forme" et "reflet du sujet", la représentation par excellence du féminin. On peut voir combien le vocabulaire bachelardien fait écho à celui de Lacan dans son discours sur la femme ("Encore" 1975). Cela est d'autant plus évident que Bachelard voit en l'eau aux contours informes prêts à adopter toute nouvelle forme—par opposition avec "les lignes droites et viriles du raisonnement"—à la fois l'élément même du rêve et celui qui représente le mieux la féminité: l'eau étant "bonne conductrice d'images" et "prêtant forme à un imaginaire sans cesse en transformation, en métamorphose":

> Au savant revient la pénétration par la concentration de l'esprit. La rêverie poétique, méprisée comme féminine, est à l'opposé, dilution, expansion. Elle se passe comme dans l'eau profonde, l'eau dormante, et attire, naturelle, le rêveur vers la mort. Mort et rêverie sont une égale dilution. L'eau qui a donné la vie—avec les grandes eaux, reprendra toutes les eaux. (Gouhier 166)

Et voici la suggestion fort courante dans la symbolique de tous les temps, que le principe féminin est pouvoir de mort. Quand les romantiques expriment leur fascination mêlée d'épouvante pour les eaux dormantes ou torrentueuses, ils disent y voir désir de femme et appel de la Mort. On pense aux légendes des sirènes, à la Lorelei, ou encore à l'évocation de Poe dans *Les Aventures de Gordon Pym*, rappelée par Bachelard, où l'eau se fait rêve de lait puis de sang (Gouhier 148).

Dans une toute autre perspective, Bachelard évoque un rêve de Novalis à peu près en ces termes: ayant humecté ses lèvres dans un bassin rencontré en rêve, le poète se voit attiré par la substance de cette eau qu'il a touchée et que ses lèvres appellent. Le rêveur se plonge dans le bassin et soudain l'eau devient des êtres visibles qui entourent le jeune homme, se collent à son torse comme le feraient "une douce poitrine". Dans les termes de Novalis, "il semblait que dans ce flot se fût dissout un groupe de charmantes filles qui pour un instant, redevenaient des corps au contact du jeune homme". L'eau lui semblait être "de la jeune fille dissoute" ou "essence liquide de jeune [vierge]". Bachelard explique: "l'eau a pris la propriété de la substance féminine dissoute. Si vous voulez une eau immaculée, faites y fondre des vierges" (Quillet 190; 192). Aussi curieuse que soit la représentation transubstantielle, Barthes évoque dans *Mythologies* sa persistance dans le fait que le vin, par sa substance sèche, est considéré viril par opposition à l'eau dont la substance est dite "féminine" (74).

L'idée que l'eau sert à *dissoudre la rationalité de l'homme* et qu'ainsi sa représentation sert à exprimer la force du désir en revêtant des formes multiples susceptibles de *métamorphoses* immédiates (ou fantaisies), foisonne dans l'expression surréaliste où le principe féminin et le liquide sont souvent interchangeables ou associés. Le pouvoir du liquide, comme le pouvoir d'attraction des femmes sur les hommes est censé l'être, est invincible: disponible, apparemment désorganisé mais non sans principe d'organisation dans son processus encore élusif pour la rationalité humaine. Voilà pourquoi il paraît toujours impératif de les contenir l'un et l'autre.

Du fait même que la liquidité est le lieu par excellence de la métamorphose, la parole lui est apparentée. En effet, selon Bachelard, toutes deux enferment dans leur spontanéité, dans l'occasion d'ouverture, dans le changement immédiat de leurs possibilités *le refus de toute logique du déjà pensé.* Le rapport de ces deux termes à la féminité est clair: Irigaray en fait la démonstration brillante dans le fameux passage de *Ce Sexe qui n'en est pas un*:

> La femme ne parle jamais pareil. Ce qu'elle émet est fluent, fluctuant. Flouant.
> Et on ne l'écoute pas, sauf à y perdre le sens (du) propre. D'où les résistances
> à cette voix qui déborde le "sujet". Qu'il figera donc, glacera, dans ses
> catégories jusqu'à la paralyser dans son flux. . . . En dehors de ce volume déjà
> circonscrit par la signification articulée dans le discours (du père) rien n'est:
> l'afemme. Zone de silence. (110)

Ou encore dans cet autre passage:

> Elle est indéfiniment autre en elle-même . . . Paroles contradictoires, un peu
> folles pour la logique de la raison, inaudibles pour qui les écoute avec les grilles
> toutes faites, un code déjà tout préparé. (28)

Hélène Cixous, quant à elle, a tourné le discours féminin apparemment échevelé à l'avantage de la féminité en y trouvant l'invention et le renouveau, et par la même occasion, le signe même de la révolte: "ouvrir les vannes aux coulées de fantasmes inouïes" ("Le rire de la Méduse" 12).

Avant d'en venir à son appel à la conciliation et à un nouveau mode de communication entre hommes et femmes comme elle le fait dans *Je, tu, nous* et *J'aime à toi*, Irigaray avait, dans *Amante marine* (20), imaginé s'adresser à l'homme Nietzsche dans la forme d'un monologue qui se voulait conciliant et persuasif, mais qui laissait encore sourdre la condamnation d'une culture privilégiant le phallomorphisme et niant la jouissance de la femme sous prétexte de n'accorder de valeur qu'à la seule forme définissable:

> Que veux-tu vieil homme? me faire sortir de mon heur?... Ce que je ne veux,
> c'est m'écouler goutte à goutte. Goutte à goutte ne veux vivre mon heure. Car
> toute entière me veux à chaque instant. Et que vienne le flux ou le reflux,
> qu'importe! Si, à chaque moment me meus entière. Et, pour moi, flux et reflux
> rythment le temps depuis toujours... Et ainsi vais, viens, change et demeure,

continue et retourne, sans aucun cercle. Etale et ouverte en ce devenir sans fin.

En une sorte de leit-motiv, Irigaray reprenait l'opposition du monde sec et dur du masculin à celui souple, ouvert et en devenir sans fin de la féminité. Et entre les deux modes, la hantise, en l'homme et en Nietzsche, du retour à l'origine marine, le désir d'Eternité:

> En la mer es retourné, vivre ta solitude. Et dix ans, sans lassitude, tu y jouis de ton esprit. La mer te portait, mais point ne troublait ton heur. . . . tu enseignes le surhomme: le sens de la terre. Mais viens-tu de terre ou de mer pour annoncer cette nouvelle? Est-ce profondeur fluide ou volume solide qui t'a réengendré? Es-tu poisson ou aigle, nageur ou danseur, pour annoncer le déclin de l'homme? Veux-tu t'écouler ou monter? . . . Et dans ton vouloir entier de la mer as-tu si peur qu'il te faille toujours te tenir à telle hauteur? . . . Pourquoi vouloir toujours jambes, ou ailes? jamais ouïes? . . . Mais jamais ne dis: le surhomme a vécu dans la mer. De là vient sa survie. C'est toujours chaleur, sécheresse et dureté que ton monde. Et surpasser, pour toi, emprunte toujours un pont. Est-ce vraiment en l'homme que tu crains de retomber? ou plutôt dans la mer?". (18–19)

Ainsi, de solide en fluide nul vrai amour ne passe. L'homme ne sait que se percevoir. Et c'est lui qui a façonné le monde à son image. "L'autre ne l'a éclairé. Ne lui a rien dit. Ne lui est même pas apparue dans son irréductibilité . . . S'est-il jamais ouvert à cet autre monde? Pour lui, il n'existe même pas" (203). L'eau restera l'eau, et la pierre, la pierre. Mais, quoiqu'il en soit, un patient travail de gel donne toujours à l'eau la capacité de faire éclater la pierre.

Il s'agit donc de "détruire les formes déjà codées". Et pour reprendre les termes d'Irigaray, entre le moissonneur (l'homme) et la moissonneuse (l'outil) qu'il contrôle, s'interposera la femme moissonneuse en contrôle d'elle-même, comme la femme médecin s'est interposée entre le médecin et son outil la médecine (*Je, tu, nous* 134–52). Détruire aussi des habitudes publicitaires médiatiques opposant le solide au fluide selon un axe sexiste.

ENTRE DEUX CAPS,
CORPS MARIN ET CORPS SOCIAL
ANNE HÉBERT, POÉSIE ET ROMAN

Anne-Marie Gronhovd

Anne Hébert est née en 1916 à Sainte-Catherine-de-Fossambault (Portneuf) et elle a fait ses études à Québec. Lorsqu'on situe historiquement et géographiquement sa présence dans le monde littéraire canadien, francophone et international en général, on ne peut ignorer le contexte d'aliénation intellectuelle et d'idéologie de genres et de sexes dans lequel ont vécu les Québécoises sous l'emprise froide et méprisante du clergé. Ainsi pourrait-on attribuer à l'oeuvre d'Anne Hébert qui couvre tant de genres littéraires, un lieu d'expression profond et fluide à la fois où l'écriture et la vision du monde et des femmes circulent entre deux caps. L'eau présente un aspect cyclique, elle change selon les mois. La femme aussi se reproduit de manière cyclique chaque mois. Hébert traduit ces ressemblances dans les rythmes physiques de ces deux corps. Ce corps marin qu'est l'eau n'est jamais linéaire, il se transforme dans les remous, les plis et les replis à l'instar du corps de la femme qui vit dans le flux et le reflux de son cycle. Dans l'oeuvre d'Anne Hébert, le corps marin omniprésent dans le texte sous forme fantastique opère la représentation du féminin et sa compréhension artistique. Celles-ci se transforment en corps social dans l'émergence des deux corps.

L'écrivain(e) peut transposer son imaginaire dans l'acte d'écrire parce que c'est son art, sa profession, ou sa façon d'oeuvrer dans le social. Dans l'oeuvre d'Hébert, l'acte d'écriture transcende la réalité du Québec par le poétique, le fantastique et le surréel. La présente étude est de nature politique et philosophique tout en restant fondamentalement littéraire. Par l'intermédiaire de la conscience critique d'essayistes telles que Luce

Irigaray, Julia Kristeva, Patricia Smart et Adrienne Rich, nous verrons comment Anne Hébert, dans un acte d'écriture poétique et social, s'est appliquée à mêler réalité québécoise et condition féminine au niveau de l'essence féminine et du désir-femme, même s'ils se définissent parfois de manière cruelle, violente dans ce qu'ils ont de plus fou et de plus désespéré. Cette folie mêlée de souffrance mais aussi de douceur et de sensualité, Hébert la reconstruit dans l'image fabuleuse de l'eau.

Parmi l'oeuvre abondante d'Anne Hébert, nous analyserons la nouvelle *Le Torrent* publiée dans le recueil du même titre (1950), le poème "Alchimie du jour" issu du recueil de poèmes intitulé *Poèmes* (1960) où sont regroupés les deux ouvrages essentiels de la poésie d'Anne Hébert, le *Tombeau des rois* (1953) et *Mystère de la parole* (1960), et enfin le roman à structure narrative peu commune, *Les Fous de Bassan* (1982). Ce choix souligne la transgression de forme et de sens mais aussi de mythes effectuée dans la mouvance féministe de l'oeuvre de cette écrivaine. Trangression d'un corps marin à un corps social qui se fait par l'intermédiaire du poétique associé aux images mythiques de l'eau. Cependant il faut aussi noter que le corps marin et le corps social émergent d'un *corps-à-corps* dont les origines remontent à des représentations archaïques de la femme. Il s'agit là d'un *corps-à-corps* au sens où l'entend Luce Irigaray. L'auteure l'explique en exposant tout désir comme rapport à la folie et ce rapport-même a pour objet premier, la mère. Ce corps social reproducteur représenté par la femme, est à l'origine de l'ordre social et de tout ce qui le structure. Dans le corps maternel devenu social, la femme n'a qu'un statut second. Elle est mère puis elle est femme. Il y a une mythologie du corps-femme, du corps-mère où seul le meurtre peut satisfaire l'imaginaire et le symbolique du père et du fils. Cette mythologie se place sous le rapport archaïque au corps de la mère qu'Hébert projette sans détours dans son oeuvre littéraire. Dès Oedipe, le *corps-à-corps* avec la mère est fantasmé dans la désarticulation et le morcellement de son corps par le fils. Pour Irigaray il s'agit donc de réinventer le rapport au corps de la mère et l'échange-même qui consiste en ce *corps-à-corps*:

Nous avons aussi à trouver, retrouver, inventer les mots, les phrases, qui disent
le rapport le plus archaïque et le plus actuel au corps de la mère, à notre corps,
les phrases qui traduisent le lien entre son corps, le nôtre, celui de nos filles.
Nous avons à découvrir un langage qui ne se substitue pas au corps-à-corps,
ainsi que tente de le faire la langue paternelle mais qui l'accompagne, des
paroles qui ne barrent pas le corporel mais qui parlent corporel. ("Corps" 31)

C'est une manière de faire du corps de la femme, un corps sien plutôt qu'un corps à eux dont ils ont toujours eu la garantie. Dans le *corps-à-corps* avec la mère se découvre un échange et est célébrée une union dont le caractère unique réside dans l'amour pour les autres femmes et dans le respect de l'identité et la subjectivité féminines.

La femme d'Anne Hébert arbore bien des personnages dans les profondeurs de son imaginaire. Elle est la mère dominatrice du *Torrent* où l'eau joue un rôle révélateur pour le fils en proie aux démons du désir et de la souffrance. Elle est la femme qui se libère et s'écarte de ses soeurs soumises du poème "Alchimie du jour". Elle est la mer/mère polaire des *Fous de Bassan* dont le corps éclate et cherche à se libérer du carcan éthique et social qui l'entrave. Cependant, elle n'est jamais la Pietà, déjà trop sacrifiée par l'église dans son rôle de mater dolorosa; le personnage féminin d'Anne Hébert va à l'encontre des mythes traditionnels de la mère et de la fille soumises. Elles se rebellent dans le *corps-à-corps* mer/mère, lieu de résistance, de lutte mais aussi espace de la rencontre, de l'ouverture et de l'abandon au plaisir. Fluide comme l'eau, ne veut plus signifier, chez Hébert, soumise et docile mais plutôt curieuse, émergente, assoiffée de connaissance à venir, engagée dans le savoir-femme et son application. La démystification de la mère et de l'eau chez Anne Hébert a son H/histoire. Elle ne s'est pas faite dans un parcours linéaire où langage et sens ont formé une équation rapide qui expliquerait situation, condition et conséquence de la réalité et de la fiction. Les mots pour cette poète et auteure sont bien plus que tout cela, ils s'installent en profondeur dans le langage pour évoluer au cours de toute l'oeuvre. Dans sa prose et sa poésie, images et sens transgressent tout ce qui avait déjà été pensé au sujet des mythes de la femme et de l'eau naïvement associés. Anne Hébert n'hésite pas à les faire se confronter ou fusionner dans un *corps-à-corps* surréel. Dans la nouvelle *Le Torrent*, ces mythes sont mis en suspens. L'échange maternel est de nature violente et punitive, cruelle et insolente. Le fils s'y engourdit et s'y fige jusqu'à ce que le rapport de force se renverse et aboutisse à l'inévitable, le meurtre de la mère. Leur étreinte n'est pas un partage chaleureux, elle est synonyme de violence. La rencontre est brève et se conclut en punition, aliénation, blessures physiques et morales.

La mère, Claudine, femme seule et dominatrice, construit autour de son fils un monde autocratique qui rappelle étrangement les Lois du père absent ici. Le fils, François, ne connaît rien du passé de sa mère, de ses origines ou même de son nom. Il la perçoit par fragments: "Je voyais la grande main de ma mère quand elle se levait sur moi, mais je n'apercevais pas ma mère en entier, de pied en cap. J'avais seulement le sentiment de sa terrible grandeur qui me glaçait" (9). Combien symbolique cette fragmentation du corps-femme sans cesse démolie comme une fortification vaine, même lorsqu'elle représente le pouvoir, la femme ne peut être perçue que dans un langage désarticulé. Mais encore plus révélateur ici est l'emploi du mot "cap" qui vient s'insérer dans le texte dès le premier paragraphe. La présence de la mère est immense et imposante, comme pourrait l'être celle de la mer pour tout nageur novice ou même expérimenté. La métaphore de la peur inspirée par le corps de la mère s'inscrit dans l'emploi du mot "cap", référence aux limites de la masse menaçante. Le cap c'est la tête mais aussi la pointe, le promontoire où l'enfant voudrait trouver un repère, une réponse à sa peur. L'impossibilité de situer ce cap l'aura privé des plaisirs de l'enfance et le rend totalement dépendant d'une mère dont il ne peut se séparer puisque le seul horizon qu'elle lui offre est un corps sans pieds ni tête, méduse le pétrifiant et le remplissant de stupeur.

Soumis à un destin funeste l'enfant décide d'enfreindre la loi et de découvrir une autre figure humaine: "Je résolus d'aller à la rencontre d'un visage d'homme . . . Pour cela je voulais me poster au bord de la grand' route, il finirait bien par passer quelqu'un" (12). L'enfant, espérant se libérer, s'engage dans les bois et les champs que longent de calmes ruisseaux et un torrent agité. Là, il rencontre un homme à l'aspect sauvage qui le fait culbuter avec lui dans un fossé. Cette rencontre est importante pour l'enfant puisqu'il apprend au moment où sa mère arrive pour le libérer de l'emprise de cet homme, qu'elle n'est autre que la belle Claudine, la grande Claudine qui avait dû autrefois quitter son village à cause de son enfant. L'homme révèle le secret, fasciné à la vue de celle qu'il reconnaît comme "La grande Claudine, si avenante, autrefois" (15).

Ceci suffirait-il à justifier un tel ressentiment et une telle violence envers son fils? Pour cette mère, le péché doit être puni et son fils payera. Il deviendra prêtre pour effacer la boue qui traînait sur elle. Le prêtre saura la ramener au village la tête haute et c'est l'espoir qu'elle a investi en lui en l'envoyant au collège. Le projet ne se réalisera cependant pas car François n'a aucune intention de se soumettre au désir de sa mère. Sa rébellion est l'objet d'une violente dispute et la mère l'assomme avec un trousseau de clés. Les coups l'ayant rendu sourd, le fils sera coupé du monde extérieur, seul le bruit du torrent installé dans sa tête le lie à la nature qui l'entoure: "Aucune voix, aucun bruit extérieur n'arrivait plus jusqu'à moi . . . Pourtant, j'entendais en moi le torrent exister, notre maison aussi et tout le domaine . . . " (22).

François se trouve en partie libéré de l'emprise despotique de sa mère puisqu'il n'a plus accès à son langage, outil de la loi imposée sur lui jusque là. Le torrent mêlé au sang, circule dans les veines et alimente le coeur et la conscience. Le corps de François a pris métonymiquement le cours tumultueux et révolté du torrent; le rythme des sonorités terrestres et le flux de ses eaux lui donne la force de sa propre révolte et l'énergie nécessaire à la vie.

Dans *Le Torrent*, les mythes sont défigurés. Ils ne sont jamais figés, les images premières sont reprises et changent au cours du récit. L'eau surgit pour donner à l'enfant une matérialité que la séparation brutale avec la mère rendait nécessaire. Mais qu'y-a-t-il de matériel à l'eau, sinon qu'elle est pour François une substance corporelle, fruit de la jouissance que lui procure sa liberté nouvelle. Ce "cap" qu'il ne pouvait franchir lorsqu'il regardait sa mère, sans l'atteindre puisqu'elle se morcelait à ses yeux, est enfin atteint dans la présence de l'eau presque charnelle puisqu'elle fait partie de lui. Elle est la conscience rebelle mais elle est aussi le sang. Le mythe de l'eau est ainsi défiguré, rendu méconnaissable, altéré dans sa forme pour que les représentations s'affirment au-delà de la dimension maternelle telle qu'elle apparaît dans le système social traditionnel. La démystification de la mère dans *Le Torrent* anéantit l'image de la féminité attribuée d'office à la femme. Elle mène le récit au meurtre, le meurtre de la mère. Dans une lutte avec son cheval Perceval, Claudine a été renversée et tuée. François, ébloui par la force de l'animal, a perdu conscience et ne peut se souvenir des véritables faits. S'est-il fait complice de Perceval? Il a recours au torrent pour expliquer son impuissance et le non-dit du souvenir absent. Le torrent s'est mis à gronder en lui, il y a eu lutte, "corps-à corps avec l'Ange" (27) pour éliminer ce monstre qu'était la mère. Ce passage est issu d'une série de tableaux fantastiques où l'eau joue un rôle surréel dans l'espace et le temps. Les mots inventent des images nouvelles dans le rapport corporel avec la mère et avec l'eau: "Le torrent me subjugua, me secoua de la tête aux pieds, me brisa dans un remous qui faillit me désarticuler . . ." (26–27). L'aspect fantasque de cette aventure dans l'imaginaire de l'enfant se transforme en une défiguration du corps immense de la "mère renversée . . . immense, marquée de sang et d'empreintes incrustées" (27) qui a retrouvé sa complétude dans la mort. Achevée, elle devient un tout, François peut l'appréhender entièrement sans ne plus avoir à parfaire son image ou son corps. Au moment du "meurtre" l'eau, complice, a emporté François dans le tourbillon du torrent, dans la complexité du réel et du rêve pour le laisser accomplir un crime qu'il n'aurait su commettre ou commettre seul.

Le *corps-à-corps* avec la mère n'ayant jamais eu lieu au niveau de la rencontre, de la fusion, si ce n'est à la gestation et à la naissance, il n'a pu se faire que sous forme guerrière. Une fois la mère morte, François prend conscience du fait qu'il ne connaît rien à l'amour et que sa libération ne peut se faire qu'en termes de résistance: "J'ai voulu m'affranchir trop tard" (27). Son corps s'affirme dans une puissance cosmique. Le torrent encore silencieux en lui, attend la crue du printemps qui fera jaillir l'écume du désir. Désir qui ne tarde pas à naître dans le corps de François. Désir de conquête d'un autre corps, de le posséder, de lui imposer ses propres lois, de l'asservir sans repos. Cet objet de désir n'est autre que le corps de la femme: "Posséder et détruire le corps et l'âme d'une femme . . ." (29). Comme le corps morcelé de la mère, celui de la femme à conquérir est désarticulé même avant la rencontre. Il s'ensuit une course désespérée vers la conquête d'un être transformé en proie.

L'eau donne au corps de François un nouveau volume, il se sent naître pour la deuxième fois en émergeant de son ventre: "Je guette l'appât. Aujourd'hui, je sais que c'est un piège. Mais, moi aussi, je le briserai et j'aurai goûté à la chair fraîche en pâture" (29). La chair fraîche n'est autre que l'appât du sexe de la femme, nourriture qu'il achète comme on achète du bétail. Un couple de vagabonds, un colporteur et sa jeune compagne, s'est installé, sans la permission de François, sur sa propriété. Ce dernier les surprend et les chasse mais pour pouvoir partir libre, l'homme doit vendre la femme qui ne joue ici qu'un rôle de comparse. Après l'avoir emmenée chez lui, François, pour mieux se l'approprier, la renomme "Amica", nom bien symbolique puisqu'il signifie "amie". Cependant, l'amitié est loin de rapprocher ces deux êtres. Leur accouplement se résume en une scène de séduction dont la tendresse est exclue pour réduire l'acte à un simple sacrifice de la proie femelle. Les rites se font complices du morcellement du corps d'Amica. Bien que la sensualité sauvage des premiers moments de leur "nuit de noces" semble être de bonne augure, dès le matin, le torrent commence à rugir dans la tête de François et la haine pour Amica s'enracine. Elle deviendra "sorcière" (38) pour mieux justifier les manières rustres qu'emploie cet amant.

Le corps d'Amica a la mouvance de l'eau, l'oscillation de ses formes fait glisser ses vêtements lascivement sur elle: "Un réseau de plis glissant de ses mains et renaissant plus loin en ondes pressées" (38). La fluidité de ce corps contraste avec la sécheresse du désir de cet homme si peu accoutumé à cet état. La fièvre l'envahit corps et âme. Il va pêcher dans l'eau "des images fantastiques" (46) afin d'y détruire bien plus qu'Amica, les empreintes de la mère restées dans la demeure du fils malgré sa mort. Sa marque sur tout ne peut être effacée et seule l'eau diluera les signes du malheur de François: il s'y penchera si profondément, qu'il s'y perdra pour ne plus souffrir. Le meurtre de la mère doit passer par plusieurs étapes pour transgresser la haine qui était à l'origine de cet acte. Se reflétant dans l'eau, François y voit sa mère qui lui dit de la regarder dans les yeux (46). François se penche de plus en plus afin de lancer un dernier défi à celle qui ne lui en permit aucun lors de son vivant. Mais en goûtant l'eau fade de sa réalité, il s'est déjà trop rapproché de sa propre mort.

Dans les textes d'Anne Hébert, les changements se font par contrastes absolus; absolu ne signifiant pas pour autant parfaits ou même immédiats mais au contraire progressifs et définitifs. Ainsi nous glisserons-nous dans l'analyse de l'oeuvre suivante sachant que la transition de forme et de thème n'en garde pas moins son caractère transformateur et évolutif. La femme du *Torrent*, mère despote, s'est transformée, elle n'a plus lieu de s'imposer dans le récit par le refus du monde. Dans les oeuvres qui suivent ce recueil de nouvelles, la femme évolue dans une autre direction. Elle se détache de ceux et même de celles qui la retiennent dans une toile de plaisir tissée par et pour les autres. Le poème *Alchimie du jour*, percutant de sensualité, révèle un désir de fusion avec le monde qui ne peut se faire pourtant qu'en se détachant des compagnes soumises, des compagnes qui pleurent, qui souffrent. La poésie n'est ni pensée, ni écrite comme la prose. Elle est faite d'images qui éveillent les sens et bouleversent l'intelligible dans l'expérience personnelle et collective de ce que l'on nomme le politique. Dans le poème, le sens donné à l'eau, par exemple, n'est pas immédiat. Le sens rebondit comme la vague, comme les "flammes marines" (80), mélange de feu et d'eau. "La première fille alertée" (80) ne rejoindra pas ses soeurs, elle prendra le volume, la croissance et le mouvement de l'eau qui nourrira sa rébellion. Elle saura écouter les confidences de celles qui ont souffert mais elle saura aussi saisir l'essence de la "fille de sel" (81) qui tourne son visage vers la mer et se dresse près du mât pour "débonder le verbe" (80) faisant éclater les sens déjà trop lourds. C'est ainsi que le poème peut se lire. Il n'y a pas d'histoire, il y a sujet à histoire lorsque le langage se prête à l'onde, aux pleurs et à la mer.

Ce poème a été publié en 1960. Il laisse son empreinte sur une période poétique québécoise bien particulière. Nicole Brossard et Lisette Girouard précisent la nature politique de cette période dans l'introduction à leur *Anthologie de la poésie des femmes au Québec*:

> En somme, les années 60 seront porteuses de tous les espoirs et décupleront, pour ainsi dire, les énergies du coeur et de la double passion des mots et du politique...les femmes semblent découvrir une toute-puissance libératrice dans la matière poétique elle-même. En effet, s'il est un phénomène qui se dégage de la production des années 60, c'est la rencontre d'un je féminin-existentiel et d'un je poétique. Grâce au poétique, le je féminin pourra tout à la fois exprimer la fête, la dérive, la colère et se doter d'un pouvoir que seul le poétique peut donner. (19)

Le poème se prépare bien à célébrer et à dériver, il s'engage dans le désir au féminin. Le rythme du poème, ses sens et ses images ont un mouvement aérien et en même temps si profond que l'on croit voir des êtres amphibies mêlées aux femmes de Botticelli, déesses empreintes d'une grâce rebelle et Vénus libérées du culte de l'autorité des dieux.

Ce poème fait acte de pensée poétique et politique, présente dans le corps des femmes, les corps marins et les corps terrestres, les mots et l'imaginaire. On passe de la mythologie archaïque dont parle Luce Irigaray à la mythologie transformée[1] dont parle Patricia Smart, le titre du recueil de poèmes en témoigne: "Mystère de la parole". La parole a ses mystères et Anne Hébert la démystifie en déployant des temps impératifs et conditionnels donnant au texte sa force et son autorité, et des épithètes louangeuses et vives en couleurs explorant la dimension féminine dans son rapport avec la terre et l'eau. Dès ses premiers vers, le poème présente la femme souvent enchevêtrée aux feuillages et aux branches des arbres, métaphore d'une soumission dont elle doit prendre conscience sans délai:

> Qu'aucune servante ne te serve en ce jour où tu lias ta peine sauvage, bête de sang aux branches basses du noir sapin, Ne le dites pas aux filles de feux roux, ne prévenez pas les filles aux coeurs violets; (80)

Ces filles ne sont autres que les sept vierges qui se consacrent aux dieux dans la mythologie traditionnelle et le conseil donné à la femme de ne pas les suivre est immédiat. Ces "filles de feux roux" et celles "aux coeurs violets" brûlent et se consument pour alimenter le feu de celui qui se réchauffe à leurs dépens. Elles sont messagères de leurs maîtres, femmes pures et soumises, elles portent dans leurs amphores remplies de "pitiés bleues" (80), les paroles des dieux plus dangereuses que miséricordieuses. Allusions mythologiques ou bibliques, peu importe, la femme doit se méfier de ces vierges soumises vêtues de bleu qui n'hésiteraient pas, si on les laissait faire, à venir décorer et consacrer les quatre murs qui la retiennent prisonnière. Elles s'empresseraient de former une bande (à la fois ruban et lien et groupe assurant la garde) autour de son corps s'interposant entre elle et la loi du dieu:

> Elles glisseraient la longue file de leurs ombres mauves pareilles à l'envers des flammes marines en une calme frise processionnelle aux quatre vents de tes murs. (80)

Le contraste entre le feu des flammes et l'élément fluide de la mer marque, dans l'image poétique de ce mélange impossible, le bouleversement des traditions. S'engageant dans un chemin marqué d'obstacles, la femme le parcourt en solitaire; elle doit prendre garde de pas attirer l'attention de celles qui marchent avec douceur sur l'herbe en prétendant n'y laisser aucune trace.

> Ne prévenez pas les filles aux pieds de feutre vert découpés à même d'antiques tapis réservés au déroulement lent des douleurs sacrées, pré doux au soleil tondu, aux herbes silencieuses et drues sans l'espace vif du cri. (80)

Le rythme de ces vers, le choix des couleurs et des sons rendent l'appel encore plus pressant. L'alerte à la douleur et à la légèreté apparemment innocentes de ces filles est lancée.

Sur ce chemin, un autre obstacle attend la voyageuse, l'appel de la nature vibrant sous ses pas comme un chant. La terre dont la passion est aussi enivrante que celle de la mer excite son corps. Elle doit se méfier de "l'amour souterrain semblable à la passion excessive de la mer" (80). Les vierges, une fois alertées une par une et réunies, demanderont au corps qui veut se délivrer d'amarrer ses bras et ses jambes en offrande aux dieux:

> La première fille alertée joindrait ses soeurs, une à une, et leur parlerait bas de l'amour blessé amarré aux feuillages de tes veines ouvertes. (80)

Les images et métaphores d'un corps fixé et attaché au cordage d'on ne sait quelle autorité douloureuse ou blessure nécessaire, dérivent encore toutes de la terre et de la végétation qui y pousse. Lorsque la délivrance de la femme aura enfin lieu dans le poème, elle sera rendue plus évidente par la présence des éléments marins et par leur fluidité.

Cependant, on ne peut arriver à la délivrance sans passer par l'archéologie d'une histoire déjà trop connue. La "fille de sel" (81) est venue racler avec ses ongles le sel extrait de toutes les larmes de celle qui résiste. Même Véronique, cette soeur venue refléter le désir de son dieu, offre ses services pour happer dans ses fils une nouvelle recrue:

> Vois, celle qui a nom Véronique plie de grandes toiles pures et rêve d'un visage à saisir en sa grimace à même des voiles déroulées comme de clairs miroirs d'eau. (81)

Elle s'empresse de saisir un visage innocent pour le faire se refléter dans les "clairs miroirs d'eau" (81) de son dieu et maître. Les miroirs sont larges comme des toiles pour donner à l'eau toute son étendue. L'image du miroir revient comme dans *Le Torrent*, hantise de l'abandon à l'autorité de la mère dans la nouvelle et à celle du dieu dans le poème. Mais ici, l'écriture s'est déjà trop engagée dans son message libérateur pour reculer. Les images de l'eau se multiplient et avec elles des qualités nouvelles et positives pour la femme. Ces vers indiquent un tournant dans le poème:

> O toi qui trembles dans le vent, ayant hissé la beauté de ton visage au mât des quatre saisons, Toi qui grinces de sable, ointe par des huiles pures, nue, en des miracles certains de couleur agile et d'eau puissante, Pose le vert contre le bleu,

usant d'un vif pouvoir, ne crains pas l'ocre sur le pourpre, laisse débonder le
verbe se liant au monde telle la flèche à son arc. (81)

La femme a pris le large en mer, dressée sur le pont de son navire, elle
contrôle sa destinée. Pour se libérer, il lui faut ce corps fluide qu'est la
mer. L'ordre de faire fusionner les couleurs et de mélanger les savoirs
mystiques est lancé comme un cri d'espoir. Dans l'alchimie, les mots
éclatent et s'ouvrent au social. Il n'est plus question de résister ou d'hésiter,
le mystère de la parole est crevé pour qu'explosent les sens. Les murs
hérissés de débris de verre, symboles du lieu carcéral, se déferont de leur
aspect de remparts pour s'affranchir face à la mer, symbole de délivrance:

Les murs aux tessons bleus crèvent comme des
cercles d'eau sur la mer. (81)

Produit d'une telle alchimie, le jour peut renaître une seconde fois dans
l'opium du pavot, source d'allégement et de soulagement:

Le jour, pour la seconde fois convoqué, monte en parole comme un large pavot
éclatant sur sa tige. (81)

Le jet de paroles, surgissant de cette gerbe poétique, libère de la fleur,
déployant ses pétales, les graines qui féconderont les corps textuels à venir
dans l'oeuvre d'Anne Hébert.

Le romans qui ont suivi cet ensemble de poèmes ont prouvé que la
semence n'était pas vaine. Ils proposent une prose provocatrice, de plus en
plus subversive dans la pensée, les thèmes et le langage et ils incitent à un
infini désir. *Les Fous de Bassan* bouleverse les normes au niveau narratif
aussi bien que thématique; le viol, par exemple, est l'objet d'une écriture et
d'une pensée agressives. Il remet en question l'aspect social et éthique de
cet acte dans le contexte de la communauté de Griffin Creek. C'est dans ce
lieu, situé entre cap Sec et cap Sauvagine dans la province de Québec, que
se déroule l'action des *Fous de Bassan*. Les personnages du roman ont pris
métonymiquement l'aspect de ces deux caps. Leur corps est devenu "sec",

incapable d'engendrer dans l'amour et "sauvage", pris dans la force libre du vent et le rythme de la mer. Les personnages féminins en particulier se situent entre ces deux caps. Leur corps se réfugie dans la mer, espace de ressources positives pour la femme. Felicity Brown, grand-mère de Stevens Brown se prend pour un dauphin, désireuse de sauver ses petites filles Nora et Olivia Atkins en les entraînant dans la mer. La mère de Stevens, Béa Brown, génitrice malgré elle, reste une reproductice au "ventre aussi polaire" (86), elle est la mère de glace placée dans le système patriarcal du contexte maternel.   Quant à Nora et Olivia Atkins, cousines presques jumelles, elles ont, elles aussi, un seul repos, la mer. La mer, pourtant froide, deviendra source de chaleur et liberté, Nora s'y glisse pour jouir de ce corps bien à elle et Olivia naît à nouveau dans le ventre de la mer où elle vient exploser de plaisir avec elle sur la grève. La mère et la fille, dans un *corps-à-corps* passionné, ne font plus qu'une, comme avant la naissance, avant de se séparer à nouveau. Matrice d'origine, la mer des *Fous de Bassan* avec son flux et son reflux organise la compréhension temporelle et spatiale d'une trace qui, sans assurer une position constante, peut néanmoins par sa géographie signifier en ne s'effaçant jamais. Pour Nora et Olivia, la mer est le réceptacle bouillonnant de tout le savoir que détiennent les femmes. Leurs mères et leurs grands-mères se réfugient dans ce pôle marin afin d'y rompre avec la tradition patriarcale et d'y vivre une vie en harmonie avec leur biologie.

Les personnages féminins du roman se soumettent tous à la loi du sexe, de la religion ou de la violence et Stevens Brown fait en sorte que cette loi soit appliquée. Figure mythique ambivalente du Christ et de Satan, personnage équivoque, à la fois subversif et architecte du système de violence dans le récit, Stevens impose sa présence implacable et maléfique aux femmes du roman.

Felicity Brown a rempli, généreusement, mais sans plaisir son devoir de reproductrice avec un homme infidèle. Chaque jour, à l'aube, elle cherche refuge dans la mer froide, pôle du bout des terres situées là où le Saint-Laurent devient immense. Elle s'y libère des lois et contraintes des hommes au foyer. La froideur intense l'isole d'un monde qui lui est hostile. Dans cette mer polaire, elle donne un sens autre à son rôle de femme. Elle se métamorphose en "méduse géante" (35) et le corps textuel devient le corps-même de Felicity accueillant métonymiquement les "reflets roses" (35) de la couleur de l'eau. Il y prend soudain un volume différent, il est aussi léger que l'eau. Felicity n'existe déjà plus en tant que mère à titre exclusif, elle est devenue la femme qui "règne sur la mer" (35) dans un espace sémiotique qui lui est plus propice que le symbolique: "Elle écarte les bras et les jambes en étoiles" (35) pour mieux jouir, à tous les pôles, de son nouveau corps marin, celui de la "méduse géante" (35). Dans ces moments-là, son corps n'appartient enfin qu'à elle. Dans la mer froide, Felicity se répand dans un pôle lointain et diffus. Cet endroit représente une source de paix que lui envie son fils, Nicolas Brown, pasteur du village. En l'observant, il note: "Le reflet du rêve persiste sur son visage pacifié, s'attarde aux commissures des lèvres, lui donne l'air d'émerger d'un mystère joyeux" (35–36). Le secret que Nicolas cherche à percer, restera celui de Felicity. Elle répète à son fils qu'elle ne peut pas l'emmener là-bas, dans cet espace marin, où mère et fils n'ont aucun lieu commun. La mère devient polaire lorsqu'elle revient chez elle: là, son rôle est structuré dans la linéarité du désir et de l'objet masculins. Lorsque Felicity Brown refuse d'inviter son fils dans son refuge marin, transitoire et original, où elle fait *corps-à-corps* avec la mer, elle affirme son intention de ne pas encourager les fantasmes mâles sur le corps féminin. Si elle satisfaisait la curiosité de Nicolas, elle serait une fois de plus captive des désirs de l'homme.

Stevens Brown, lui, a bien compris la loi des hommes du village, agresseur et violeur, il la perpétue. Il la comprend mieux que tout autre puisque son frère Perceval (qui dans le roman ne symbolise en aucun cas le chevalier des légendes du roi Arthur, il n'en a aucune des caractéristiques machistes, vaillantes et guerrières) et lui-même ont souvent été les victimes des coups du père. Stevens Brown est jaloux de ses cousines Nora et Olivia Atkins, leur grand-mère les préfèrant à lui: "Ma grand-mère a toujours préféré les filles" (75). Il s'acharnera sur elles et ira à l'encontre de la grand-mère qui désire, au contraire, les protéger de cette communauté refoulée. Dès son arrivée à Griffin Creek, après une absence de cinq ans, Stevens observe ses cousines jouer librement dans cette étendue marine qui n'est autre qu'un carcan pour lui: "Je n'arrive pas à reconnaître ces créatures, mi-femme mi-enfant (cet âge intermédiaire pervers entre tous)" (71). Ce qui est pervers pour lui est une réalité tout autre pour elles. Leur innocence, la joie de leurs mouvements et leur désir naissant de la froideur de la mer, lient ces femmes entre elles et par conséquent l'excluent, lui et le déroutent. Leur complicité fait revivre un moment préoedipien, le savoir profond de celles qui se sont déjà rencontrées dans le ventre de la mère, cette autre avec qui elles ont vécu si intimement pendant neuf mois.[2]

Stevens a peur de s'engouffrer dans le ventre de la mer/mère comme il le fait entendre lorsqu'il décrit sa première nuit au pays dans le lit de sa cousine Maureen:

> Je n'ai pas traîné, je me suis tout de suite établi au pays, non sans peine d'ailleurs, ma cousine Maureen étant étroite comme un trou de souris, mais j'ai pris racine dans le ventre d'une femme et tout alentour la campagne de mon enfance bruissait comme la mer. (69)

La peur de Stevens procède précisément de son incompréhension du geste protecteur de Felicity entraînant ses petites filles dans la mer:

> Perceval prétend que ma grand-mère est un dauphin et qu'elle n'a qu'un seul désir, entraîner ses deux petites-filles vers la haute mer sur des coursiers d'écume. De là à leur inventer des queues de sardine, des nageoires agiles et des cervelles de la grosseur d'un grain de framboise, il n'y a qu'un pas. (71)

Son mépris se manifeste dans ses comparaisons. Sa grand-mère est identifiée à un "dauphin", ce qui serait une image forte et généreuse si elle ne venait pas de la bouche de Stevens. Ce dos de dauphin se transforme aussitôt en "coursiers d'écume", ce qui serait flatteur si l'exagération du pluriel et la juxtaposition des termes ne rendaient cette image ridicule et forcée; apparemmment, elle traduit bien son intention. Cependant, cet acte ne s'arrête pas à la moquerie. Il est le signe avant-coureur de la haine de cet homme. Stevens a décidé de s'approprier le corps de celles qu'il ne comprend pas et qui refusent de s'offrir à lui. A la fin de son séjour estival à Griffin Creek, sur la plage, il viole Olivia, tue les deux cousines puis les jette à la mer. Il prétendra que ce soir-là, la mer était furieuse et le vent soufflait sans répit, à le rendre fou, bien que tous les villageois aient soutenu que la mer était paisible et que le vent s'était calmé. Ce sinistre dénouement s'annonçait déjà au début du récit avec le parcours tracé à travers le village par le personnage mythique de Stevens. Comme le Christ, il conduisait les jeunes habitants puis, comme Satan, il les perdait: "Je rêve de vider Griffin Creek de tous ses enfants et de les entraîner avec moi au-delà de la ligne d'horizon" (74). Qu'entend-il par cette "ligne d'horizon"? Est-ce la mer? Et dans ce cas, entend-il y noyer les enfants comme il le fera avec Nora et Olivia Atkins à la fin? Stevens Brown, l'intrus, morcelle et déconstruit tout le système de cette communauté anglophone déjà meurtrie dans la violence de son silence, son incompréhension du monde des femmes et sa brutalité abusive.

Etre femme dans la communauté des *Fous de Bassan* signifie reproduire et donner à l'homme la possibilité d'engendrer. Bea Brown, mère de Stevens, continue d'enfanter dans la douleur. Dans "un ventre aussi polaire" (86), cette femme aurait préféré ne pas avoir d'enfants mais elle en a eu quatre qu'elle n'arrive pas à aimer. Malgré une mauvaise santé et une lassitude évidente, ses seins sont toujours pleins. Même son fils, Stevens, témoigne de son drame: "Ces deux là sont bien vivantes. Deux d'un coup c'est trop, dit-elle. Elle pleure et affirme qu'elle ne veut pas de ces deux enfants. . . Un frisson lui parcourt l'échine" (86). Cette mère n'arrive pas à aimer de manière inconditionnelle sa progéniture. Les qualités que l'on voudrait attribuer à Bea, la patience, l'amour désintéressé et la dévotion, naissent d'un long apprentissage entre la mère et l'enfant. Aucune de ces qualités n'est innée chez la femme pas plus que chez l'homme, Bea ne peut satisfaire cette construction sociale.

Pour la mère de Stevens Brown et bien d'autres femmes pour qui le rôle de génitrice n'a pas été un choix, la maternité est néanmoins considérée par la société comme une condition humaine. On le voit avec Irène, épouse du pasteur, femme stérile: elle s'efface comme un "dessin que l'on gomme"

(49). Lorsqu'elle se suicide, en se pendant, elle sait qu'elle élimine une femme inutile, absente au rang des mères. Quand son mari la découvre morte, il soulève la "longue statue disloquée" (49) qu'elle n'a cessé d'être de son vivant. Cette notion de condition humaine de la maternité, est fondamentalement erronée. Adrienne Rich souligne l'absurdité d'une telle assomption:

> L'institution patriarcale de la maternité n'est pas plus la condition humaine que ne le sont le viol, la prostitution et l'esclavage. Ceux qui parlent grandement de la condition humaine sont habituellement ceux qui sont le moins touchés par les systèmes oppresseurs (qu'ils soient de nature sexuelle, raciale ou servile). (*Of Woman* 33, ma traduction)

Même Nora et Olivia qui semblent s'affirmer dans leur corps de femmes à venir, se définissent encore et toujours en fonction du réceptacle vide au creux de leur ventre. Consciente de sa beauté et de sa puissance intérieure, Nora Atkins dépend malgré tout du mâle pour la satisfaire: elle prétend savoir comment sont faits les garçons et se proclame "en attente" (118). Mais peu à peu, Nora et sa cousine Olivia feront l'expérience de l'érotique naissante de leur corps de femmes. La mer, pourtant froide, devient source de chaleur et de liberté lorsque Nora s'y glisse pour jouir enfin de ce corps bien à elle. Olivia, elle aussi, naît à nouveau dans le ventre de la mer où elle vient exploser de plaisir avec elle sur la grève, avant de s'en séparer à nouveau:

> Toute une masse profonde et épaisse fermente et travaille par en dessous, tandis que la vague se forme à la surface, un pli à peine, puis une muraille d'eau monte, se lève, atteint son apogée, très haute, puis se cabre, mugit, éclate, se jette sur la grève, s'affaisse en une frange d'écume neigeuse sur le sable gris de Griffin Creek. (204–05)

Dans le tumulte de la jouissance de cette écriture-corps (où langage et pensée créent la sensation des désirs de ces femmes, mères, filles, soeurs, compagnes), la vague se mêle à la mer, le ventre de la mer devient métonymiquement celui de la mère. Le texte célèbre les différences biologiques des femmes, contradictoires et hétérogènes, bouleversant la linéarité masculine à travers une nouvelle dimension sémiotique. Ce corps maternel, comme la "chora" sémiotique, est là, présent et dynamique avec ses pulsions, fonctionnant comme l'inconscient en quelque sorte. Julia Kristeva illustre cette comparaison par sa définition de la "chora":

> Or, pour être privée d'unité, d'identité ou de Dieu, la *chora* n'en est pas moins soumise à une réglementation, différente de celle de la loi symbolique, mais qui n'effectue pas moins des discontinuités en les articulant provisoirement, et en recommençant continuellement. Insistons sur cette réglementation: nous sommes ici dans une modalité de la signifiance où le signe linguistique n'est pas encore articulé comme absence d'objet et comme distinction entre réel et symbolique; il n'empêche que l'organisation vocalique et gestuelle de la *chora* est soumise à un *ordonnancement* disons objectif, donné par les contraintes naturelles ou socio-historiques (ainsi, la différence biologique des sexes, ou la structure familiale).   On pourra poser que l'organisation sociale, toujours déjà symbolique, imprime sa contrainte sous une formation médiatisée, qui organise la *chora* non pas selon une loi (terme que nous réservons au symbolique), mais par un *ordonnancement*. (*Révolution* 25)

Toujours et déjà surimposé au symbolique, l'inconscient est la source d'une intelligence préoedipienne, lieu d'où jaillit l'énergie nécessaire pour agir dans le social. C'est à partir de ce corps comme à partir de la "chora" que commencent à s'articuler et à être entendues et comprises, la différence et la composante cyclique du féminin.

L'oeuvre d'Anne Hébert est féconde parce qu'elle poursuit la création sous toutes ses formes littéraires. Certaines images sont récurrentes mais elle évoluent dans l'écriture. L'image de l'eau comme miroir, par exemple, n'est plus suicidaire lorsqu'on arrive au *Fous de Bassan*. La fonction sociale ayant défini la femme dans une sexualité et une identité en dehors de sa signifiance et de son imaginaire à elle, le sujet-femme a recours au corporel poétique et politique qui parle son langage et la revêt sans l'assujettir au carcan social. Anne Hébert répond à cet acte et à ce geste par la présence du corps marin si lié au corps féminin. Entre deux caps, la femme sait que le corps traditionnel dans lequel le langage du masculin la définissait n'a plus lieu d'être. Son corps doit inventer un autre corps social aux dimensions, aux désirs et aux lois de son sexe bien avant de reconstruire son identité. Pour y accéder, l'écriture d'Anne Hébert s'engage dans la mouvance féministe du corps marin si sensuellement transposé dans ses formes et ses sens et rejoint sur l'autre rive un corps social inscrit dans le féminin.

Notes

1. Dans *Ecrire dans la maison du père*, Patricia Smart analyse la fille rebelle dans la poésie d'Anne Hébert. Elle consacre à cette poète de nombreuses pages où elle montre l'aspect transformateur de son immense oeuvre en vers et en prose. Smart définit ainsi les poèmes de "Mystère de la parole": "Dans les poèmes de "Mystère de la parole", rédigés entre 1953 et 1960, Hébert accède définitivement à une écriture et une mythologie transformées. Aux vers saccadés et pétris d'angoisse du *Tombeau des rois* succède un style triomphant: des vers d'une somptueuse densité témoignant d'une parole féminine qui a brisé le carcan qui l'enserrait et qui ose enfin prendre de la place sur la page . . . elle [l'auteure] s'intéresse déjà davantage à la forme romanesque qui permettra désormais sa transposition sur le plan social" (*Ecrire* 191).

2. Dans son court essai intitulé *Et l'une ne bouge pas sans l'autre*, Luce Irigaray rend compte de la difficulté du rapport mère-fille. Les filles rebelles qui avaient tourné leur dos à leur mère, une fois mères elles-mêmes, ont réalisé, par bonheur, qu'elles devaient se libérer avec leur mère et seul ce type de libération rendrait possible l'égalité entre les femmes et leur solidarité. La complicité de la grossesse ne peut s'arrêter au moment de l'accouchement. Il s'agit d'abord d'établir un rapport non pas de dépendance mais de connivence: "Que s'est-il passé dans la nuit de ton ventre pour que tu ne saches plus que j'étais? Qui était l'une, qui l'autre? Quelle ombre ou quelle clarté grandissait en toi quand tu me portais? Et ne t'irradiais-tu de lumière quand je demeurais chose retenue en l'horizon de ton corps? Et ne te ternissais-tu quand je prenais racine de ton sol? Fleur laissée à sa croissance. A contempler, sans forcément chercher à s'y voir. Eclosion non soumise à un modèle. Efflorescence n'obéissant à aucun contour déjà donné. Esquisse qui, indéfiniment, se modifie selon l'heure. Ouverte au mouvement de son devenir . . . . S'extasiant à son rythme et sa mesure, et non sous la contrainte d'un regard qui quête son mystère" (18–19).

LE HAMMAM:
SEXUALITÉ, PURIFICATION ET RÉGÉNÉRESCENCE DANS L'OEUVRE D'ASSIA DJEBAR

Ahmed Bouguarche

Hammam, bain turc ou bain maure, peu importe le nom qu'on lui donne. Le *hammam* est une institution dont le rôle et les fonctions sont multiples dans le monde musulman. Il ne s'agit pas ici de faire l'historique du *hammam* mais de souligner la place privilégiée qu'il occupe dans l'imaginaire arabe. *The Encyclopaedia of Islam* donne la définition suivante du hammam:

> hammâm or steam bath, often still referred to as "Turkish bath" (and in French as "bain maure"), is a building typical of the Islamic world where archaeological remains witness to its existence as early as the Umayyad period... and where it has continued until the present days to occupy a position of primary importance, recognized by the Arab writers themselves. (256)

Cette définition du *hammam* reste incomplète et nécessite quelques remarques. Contrairement à une croyance fort généralisée [la définition donnée plus haut en est la preuve], le *hammam* n'existe pas seulement depuis la révélation de l'Islam et n'a pas été introduit par les Turcs, malgré le nom de "bain turc". Ce sont les Maures qui ont introduit le *hammam* en Europe par le biais de la conquête de l'Espagne d'où le nom de bain maure. Malek Chebel (1993) écrit dans *L'imaginaire arabo-musulman*: "Le hammam est un héritage gréco-romain. Le monde arabo-musulman l'a adopté afin de vivre au quotidien les prescriptions religieuses concernant la propreté du corps, tenue comme étant d'essence divine" (53). Abdelwahab Bouhdiba (1975) écrit dans *La sexualité en Islam*: "l'islam va intégrer, dans la civilisation qu'il développa sur les ruines de l'empire romain, les thermes impériaux dont on reprendra les structures, l'organisation, mais dont on modifiera la fonctionnalité" (197). Il ressort de ces deux remarques, que

l'existence du *hammam* précède l'Islam et que ce dernier l'a repris à son
compte en changeant ses fonctions. C'est sur les ruines des thermes romains
que les *hammams* ont été construits au fur et à mesure que l'Islam se
développait vers le Maghreb et l'Andalousie en introduisant quelques petits
changements tels que la peinture verte des portes, les inscriptions tirées du
Coran au-dessus de ces mêmes portes ainsi que l'introduction de
l'architecture arabo-musulmane, par exemple les arabesques. Mais ce sont
surtout les fonctions qui ont été totalement changées. Abdelwahab Bouhdiba
écrit: "l'aspect ludique, athlétique, sportif [des *balneae*] en un mot
s'estompe mais l'accomplissement d'un rituel d'essence religieuse sera
prépondérant" (197) dans le bain maure. Ce dernier devient lieu de
purification (dans le sens religieux), lieu pour dormir, lieu où sont conclues
des transactions commerciales et lieu de rencontre.[1] Chez les Romains
comme chez les Musulmans le bain (*balneae* ou *hammam*) fait partie de la
culture collective. C'est un endroit où l'on passe un moment important de
la journée. Pour montrer l'importance et l'essor qu'a pris le *hammam* dans
les pays musulmans, il suffit de citer quelques chiffres rapportés par A.
Bouhdiba. Il écrit que "Baghdad se vantait d'avoir au Xème siècle vingt-sept
mille hammams ou même, selon des prétentions certainement exagérées,
soixante mille. Cordoue en avait cinq à six mille" (197). Cependant,
contrairement aux *balneae* romaines qui n'ont été implantées que dans les
grandes cités, les *hammams* se trouvent dans les plus petites bourgades et
certains quartiers en possèdent plus d'un.

Une grande partie des auteurs maghrébins mentionnent le *hammam* dans
leurs écrits. Pour les auteurs masculins, il s'agit de la réminiscence d'une
enfance paisible et sans conflit qui se transforme en cauchemar dès qu'ils ne
peuvent plus y aller avec leur mère.[2] Chez Assia Djebar, le souvenir du
hammam est vécu différemment à travers ses personnages féminins. Mais
avant de se lancer dans l'analyse du *hammam* dans l'oeuvre d'Assia Djebar,
il est nécessaire de faire quelques remarques et de préciser certains concepts.

Le *hammam* en tant qu'institution sociale connaît la ségrégation sexuelle
comme tout lieu public dans les pays arabo-musulmans. En général, les
hommes y vont tôt le matin ou tard le soir et les femmes entre dix et seize

heures. Certains propriétaires de *hammams* réservent une ou deux journées pour les femmes, généralement un jour où les enfants ne vont pas en classe. Dalila dit: "Le bain maure était plein d'enfants que, tous les jeudi, les femmes amènent et lavent en bloc" (*Les impatients* 64). Dans les pays arabo-musulmans, les femmes amènent leurs enfants mâles au *hammam* jusqu'à l'âge de six ou sept ans. Malik Chebel et Abdelwahab Bouhdiba sont d'accord sur le rôle que joue le *hammam* dans l'imaginaire du Musulman. Parlant du *hammam*, M. Chebel écrit: "culte discret mais exigeant que porte le musulman à son eau salvatrice"(55). Le culte de l'eau passe par le rituel du *bain*. Il ajoute plus loin que "La place gigantesque qu'occupe le hammam dans la vie du croyant pose explicitement le statut de l'eau dans la vision arabo-islamique": l'eau étanche la soif spirituelle (56). Mais comment cette eau par le biais du *hammam* participe-t-elle à la vision du monde dans l'imaginaire des Musulmans ? C'est "l'obligation religieuse de la *tahâra*"[3], la purification (dans le sens de propreté) qui est le point de départ et le point d'arrivée pour tout membre de la culture islamique. Il doit accomplir le rituel de la *tahâra*, c'est-à-dire se purifier de toute souillure avant de commencer la prière.

A. Bouhdiba écrit: "La pureté est un état auquel on parvient et la purification est une technique qui s'acquiert et dont la finalité est de permettre au bon Musulman de se mettre face à Dieu" (59). Tout ce qui sort du corps humain, gaz, liquide ou solide engendre l'impureté d'où il faut se purifier et cette purification passe par l'eau. Il y a deux formes de purification: le *udhû*, purification mineure ou locale, uriner par exemple et le *ghusl*, purification majeure c'est-à-dire générale ou de tout le corps après les rapports sexuels ou la période des menstrues. La propreté du corps est la manifestation extérieure de la propreté de l'esprit. Cette idée est si ancrée dans les mentalités que ceux qui sont interrogés sur la question:

. . . n'invoquent jamais le sentiment de dignité personnelle comme mobile de la propension moderne à la propreté. Pour eux, en effet, elle paraît se justifier suffisamment par des raisons religieuses qui leur ont été inculquées par leurs parents à l'orée de leur éducation première. (Zerdoumi 260)

Le *hammam* joue aussi un rôle préparatoire aux rapports sexuels, avoués ou non. A. Bouhdiba écrit:

> Puisque aller au hammam relève du souci d'ôter la souillure consécutive à l'acte sexuel et puisque le hammam par les soins qu'il comporte est aussi une préparation à l'acte sexuel, on peut dire que le hammam est à la fois conclusion et propédeutique de l'oeuvre de chair. (203)

Le *hammam* dépasse sa simple fonction hygiénique et devient un lieu érotique puisque "aller au hammam" dans beaucoup de pays arabes, est devenu une expression populaire qui veut tout simplement dire "faire l'amour". La nouvelle mariée est conduite au *hammam* pour être parée et "préparée" à l'acte sexuel avant d'aller chez son mari. Il est conseillé de ne pas s'enrouler à deux dans la même serviette à la sortie de la salle chaude.[4] Dans ce cas, il s'agit peut-être d'un acte de prévention contre l'homosexualité.

Enfin, le *hammam* joue un rôle très important dans les relations sociales, surtout parmi les femmes. A. Bouhdiba écrit:

> Bien entendu au hammam les dames surenchérissaient d'avantage encore. Il s'agit pour elles d'une 'sortie', d'un spectacle, d'un divertissement, d'un changement de décor, d'une détente au sens plein du terme. (199)

La sortie pour le bain est un événement très important qui se prépare plusieurs jours à l'avance. Pour certaines femmes, c'est la seule sortie permise par le mari ou le père, par exemple les cousines de la narratrice de *L'amour, la fantasia* (1985) qui ne sortent jamais "sinon pour aller au bain maure le plus chic de la ville voisine, dans une calèche que le père conduisait lui-même" (21). Elles y rencontrent leurs parentes ou leurs amies. A ce propos, M. Chebel écrit:

> Lorsque les femmes s'y rencontrent, elles recomposent à l'aune de leurs désirs (ou de leurs espérances) l'humanité proche en contractant toutes sortes d'unions matrimoniales et de parenté et en divulgant les on-dits ravageurs. (54)

Ces réflexions nous amènent donc à nous poser la question suivante, à savoir quelle est la place de l'eau et surtout du *hammam* dans l'oeuvre d'Assia Djebar?

De *La soif* (1957) à *Ombre sultane* (1987), l'eau occupe une place importante dans son oeuvre. Cette eau, régénératrice et purifiante joue parfois un rôle aphrodisiaque. Nadia, l'héroïne de *La soif*, est en vacances à la plage chez sa soeur. Elle essaie de séduire Ali, le mari de sa meilleure amie Jedla. Elle trouve une alliée complaisante en cette dernière qui reproche à son mari l'enfant qu'il a eu quelques années auparavant avec une autre femme. Mais Nadia finit par se marier avec Hassein, un ami de longue date. A la plage, quand le regard d'Ali se pose sur Nadia, elle court se jeter dans la mer pour cacher sa gêne et se dit:

> Je courus vers l'eau. Je sentis le regard de plusieurs hommes sur moi. Je fus alors heureuse d'être belle, d'être jeune, fière de ma peau dorée. . . Je jouissais de la souplesse de mes muscles, de mes jambes, de tout mon corps qui glissait dans l'immensité bleue. J'oubliais tout. (50–51)

Le regard d'Ali, le mari de son amie Jedla, se multiplie et devient le regard de plusieurs hommes. Le sentiment que Nadia éprouve ne peut être satisfait par Ali ou les autres hommes qui la regardent mais c'est dans l'eau qu'elle connaît la jouissance: "Je me tournais de temps en temps sur le dos pour sentir voluptueusement l'eau qui me portait, me caressait les hanches. Et mes yeux étaient noyés de ciel" (51). Nadia ne savait pas qu'Ali l'avait rattrapée dans l'eau. A son retour vers la plage il émerge de l'eau juste devant elle. Le jeu sexuel va reprendre cette fois non en projection mais physiquement. Ali dit qu'il allait lui faire boire la tasse et commença à lui mettre la tête sous l'eau. Nadia pense: "je sentis sa main solide me serrer le bras. J'eu l'impression qu'il me serra longtemps, toute, car mon être fut soudain tendu, tout entier, vers mon bras un peu meurtri" (51–52).

L'abondance de l'eau dans cette première oeuvre couvre toute l'histoire qui se passe dans une petite ville côtière. A partir de ce roman, l'eau change de lieu et se transpose dans le *hammam*. Le deuxième texte de Djebar, *Les impatients* (1957), raconte l'histoire d'une jeune étudiante Dalila qui vit dans un milieu traditionnel où les intrigues sont le lot quotidien des femmes. Elle découvre l'amour auprès de Salim qui la poussera à la révolte pour se libérer des contraintes familiales et sociales. Thamani, femme mariée et amie de Dalila, pose sa main sur le pied de cette dernière et lui emprisonne la cheville pour lui dire qu'elle est maigre car les matrones cherchent des femmes grasses à marier. Pour goûter aux plaisirs de la chair, il faut en effet être grasse.[5] La scène qui suit est d'une autre nature mais liée également à la sexualité. Dalila dit: "Etendue à plat ventre contre le carrelage chaud, j'essayais de dormir en laissant glisser les mains dures de la masseuse sur mon dos . . . Je sentais le poids de son effort descendre de ma nuque jusqu'au creux de ma taille. Je m'endormais de bien-être" (66). Comme Nadia dans la mer, Dalila éprouve un bien-être, une jouissance même dans la chaleur du bain et sous les mains de la masseuse. Immédiatement après cette scène, une autre, grotesque, mais combien sexuelle, se déroule devant les yeux de Dalila: "jambes écartées, sans bouger, elle [Thamani] se contentait de remuer son ventre énorme, de le faire sauter vers sa poitrine . . . A la fin, son pagne glissa; deux mamelles jaunâtres se mirent, elles aussi, à se balancer" (67). En arrêtant de danser, Thamani dit à Dalila: "tu vois, je sais danser la danse du ventre, moi!" (Ibid). La danse du ventre est connue pour son érotisme. Camille Lacoste-Dujardin (198) écrit dans *Des mères contre les femmes:*

> Que signifie cette danse devant la mariée ? Son caractère très suggestif constitue-t-il une invite à l'accomplissement de la sexualité ? Il est difficile d'en douter. Pour ces femmes mêmes qui dansent ainsi, n'est-ce pas leur aptitude à la sexualité qu'elles expriment ? Les allusions, les rires, les plaisanteries paraissent confirmer cette interprétation. (43)

La même Thamani, au courant de la relation entre Dalila et Salim, invite Dalila à se rendre chez les parents de celui-ci. Cette manière détournée de parler de la sexualité est courante au Maghreb. Est-ce une allusion aux rapports sexuels hors mariage ? Ou bien s'agit-il simplement d'un jeu sexuel que les femmes pratiquent dans les bains maures, lieu où elles se découvrent doublement ? Elles se dévoilent, se libèrent du voile, et découvrent à la fois leur corps et celui des autres. A l'extérieur, les femmes ne sont que des fantômes mobiles qui se déplacent en rasant les murs; au bain, loin des yeux de l'homme, elles ont un corps.

L'homosexualité féminine, interdite ou seulement tabou, n'est pas absente des bains maures comme dans *Femmes d'Alger dans leur appartement* (1980):

> . . . [ce] couple des deux femmes installées sur la dalle, dominant les autres baigneuses, [qui] se renouait dans le rythme ahané, prenait [une] forme étrange, [comme un] arbre lent et balancé dont les racines plongeraient dans le ruissellement persistant de l'eau sur les dalles grises. (44)[6]

L'autre exemple est celui des allusions que fait la masseuse à Sarah et Anne dans *Femmes d'Alger dans leur appartement*. Sarah, l'héroïne de la première nouvelle qui donne le nom au recueil, va au bain avec son amie Anne qui est revenue, après l'échec de quinze années de vie maritale, dans cette ville où elle est née pour y mourir. Mais Sarah va l'aider à dépasser ce cap difficile. La masseuse les enveloppent maternellement toutes deux, 'comme de jeunes mariées' et "heureuse de la complicité que ce cliché ne manquait pas de provoquer" (49). Cette même formule est reprise dans *Ombre sultane*. Isma est la première femme du mari d'Hajila. Mais c'est Isma qui a choisi Hajila comme seconde épouse de son mari. Isma se dit: "Elle [la masseuse] se proposa de me laver: m'étriller, me masser, m'asperger, me frotter le cuir chevelu, pour finir, me rincer et m'envelopper dans la laine 'comme une nouvelle mariée', me promet-elle, tentatrice, presque entremetteuse" (162). Ce genre de formule fait directement allusion aux rapports sexuels que la femme va avoir avec son mari le soir après le bain. Mais il y a aussi d'autres types d'allusions à la sexualité tels que les plaisirs dérivés du massage et/ou le plaisir ambigu de la masseuse. Dans le passage suivant, Isma surprise à demi-nue dans le bain par sa belle-mère, pense:

> Dans cet éclair, je lus soudain son trouble: elle contemplait certes la jeunesse, encore presque adolescente, de ce corps mien (et comme elle était pieuse et grave, sa conscience vive d'une beauté inentamée la ramena sans doute à Dieu . . .) ;

mais je compris aussi qu'elle regardait, à travers mon image, le désir de son propre fils, chaque nuit allumé. (160)

Si le bain maure est abondant en allusions aux rapports sexuels, il est aussi le lieu où se préparent les rapports sexuels. Dans *Femmes d'Alger dans leur appartement*, "Anne aperçut deux ou trois baigneuses qui, ayant auparavant éloigné d'elles leurs enfants, se rasaient méticuleusement le pubis" (45). Et dans *Ombre sultane*, Isma dit à Hajila lors de leur première rencontre dans le bain maure: "Je me suis levée quand tu allais te laver plus intimement: La vieille préposée aux onguents t'apportait l'argile bleuâtre et qui pue, pour les soins d'épilation" (161). L'épilation des parties intimes fait partie de la propreté et joue le rôle d'aphrodisiaque dans les pays arabes. Les hommes, surtout les jeunes, racontent de nombreuses histoires sur le sexe rasé des femmes et le plaisir qu'ils en tirent.[7]

Mais le bain maure n'est pas seulement un lieu où se préparent les rapports sexuels (quand ils n'y sont pas pratiqués entre femmes ou entre hommes), il est aussi le lieu de purification et de régénerescence.

Comme lieu de purification et de régénerescence, le *hammam* joue un rôle très important dans la pratique religieuse des arabo-musulmans. Hajila après son premier rapport sexuel avec son mari attendra le matin pour se laver suivant le rituel même si elle ne fait pas la prière. Isma lui dit:

A l'aube, juste avant que le jour ne te surprenne, tu t'es lavée avec une eau brûlante les jambes, le ventre et le pubis; puis ton cou, tes avant-bras, ton visage. Tu as respecté le rituel des ablutions, toi, l'exclue de toute prière. (*Ombre sultane* 67)

Hajila est exclue de "toute prière" dans deux sens, parce qu'elle est souillée par le sperme et le sang car elle était encore vierge le jour où son mari l'a prise de force sans la prier, c'est-à-dire six mois après son mariage. La narratrice, Isma dit: "Le viol, est-ce le viol?" (66). Le lendemain Hajila exige d'aller au bain maure avec sa soeur Kenza. Mais cette dernière refuse. Ce n'est qu'une semaine plus tard que Kenza se présente chez Hajila pour aller au bain maure. A la vue de sa soeur, Hajila répétait nerveusement: "je suis souillée! Comment aurais-je fait si tu avais tardé!" (73). Hajila sait que se laver à la maison, même suivant le rituel, n'est pas suffisant pour se purifier. Il faut aller au *hammam* pour laver la souillure et se régénérer:

> Vite dans l'étuve, au milieu des corps usés qui se confortent de l'atmosphère émolliente. S'il ne faut vraiment plus sortir, vite s'ouvrir par les yeux, les seins, les aisselles! Cheveux dénoués et trempés, le dos étalé sur la dalle de marbre brûlant, ventre, sexe et jambes libérés, creuser une grotte et au fond, tout au fond, parler enfin à soi-même, l'inconnue. (73)

"Parler enfin à soi-même, l'inconnue", c'est parler à la véritable Hajila qui sort sans la permission de son mari. Elle dit l'inconnue, non pour elle mais pour les autres qui ignorent qu'elle sort. Hajila a fait cette découverte un jour dans la salle de bain de son appartement en faisant la relation entre son corps et l'extérieur. Car c'est en parcourant les ruelles, les squares et les places qu'elle se découvre et qu'elle découvre que les autres ont un volume, une taille et des dimensions (*Ombre sultane* 49). Parlant des sorties de Hajila, Mildred Mortimer écrit dans *Journeys through the French African Novel* (1990): "Djebar emphasizes the importance of the outer journey, but redifines the term. She views the journey not as a voyage to the unknown . . . but as the experience of circulating freely in public space" (147–48). Ce commentaire pertinent mérite cependant quelques remarques. Hajila s'aventure dans un espace qu'elle ne connaît ni ne maîtrise.[8] Ce n'est qu'à la suite de plusieurs sorties qu'elle commence à s'approprier l'espace extérieur.[9] Isma lui dit: "chaque jour donc, tu t'échappes. Tu apprends à connaître les squares, les places de ce quartier. Pour te diriger, tu te rappelles la veille, l'avant-veille, ainsi de suite" (49). C'est par l'expérience que Hajila apprend à connaître les rues qu'elle doit prendre pour aller et revenir chez elle. En outre, Hajila n'est pas libre de circuler à l'extérieur: elle sort en cachette. D'autre part, quand elle est dehors sans voile, Hajila perd la voix: "sous le tissu de laine, tes mains se serrent pour mieux ajuster le triangle minuscule qui découvre l'oeil. Anonyme de nouveau, tu retrouves la voix" (43) lui dit Isma. La maîtrise de l'espace extérieur ne se fera pas sans conséquences. Une fois dévoilée Hajila perd sa voix (espace-voix).

Mais elle doit se connaître, connaître son corps (espace-corps) pour arriver à dépasser les obstacles qui se dressent devant elle: sortir dévoilée et sans honte malgré les récriminations de sa mère et de son mari.

Lors du retour d'une de ses expéditions à l'extérieur, Isma lui dit:

> Puis tu entres dans la salle de bain. Déshabillée, tu plonges dans la baignoire fumante. Tu contemples ton corps dans la glace, l'esprit inondé des images du dehors, de la lumière du dehors, du jardin-comme-à-la télévision. Les autres continuent à défiler là-bas; tu les ressuscites dans l'eau du miroir pour qu'ils fassent cortège à la femme vraiment nue, à Hajila nouvelle qui froidement te dévisage. (43)

Dans l'eau de la salle de bain à défaut de *hammam*, Hajila se découvre vraiment, c'est-à-dire qu'elle comprend son désir de sortir avec ou sans la permission de son mari. De plus, elle veut sortir "nue" ou "déshabillée".[10] C'est cette nouvelle Hajila qui s'expose et qui se révèle à elle-même dans tous les sens du terme. Et c'est dans le bain maure qu'elle prend conscience de son moi:

> Hammam, comme un répit ou un jardin immuable. Le bruit d'eau supprime les murs, les corps se libèrent sous les marbres mouillés [...] comme si, dans la dissolution des sueurs, des odeurs, des peaux mortes, cette prison liquide devenait lieu de renaissance nocturne. De transfusion. Là s'effectuent les passages de symbole, là jaillissent les éclairs de connivence; et leurs frôlements tremblés. (159)

La régénerescence se fait aussi par le souvenir. Le premier exemple est celui de Nefissa dans les *Alouettes naïves* (1967), qui se rappelle les jeudi au bain maure avec sa mère et sa soeur (125–32). Le deuxième exemple est celui d'Isma dans *Ombre sultane*, qui se rappelle son enfance: "et je me renversai dans l'enfance, lorsque le hammam entretenait ma complicité avec ma tante: sortir de la salle chaude la face cramoisie l'une l'autre, les mains comme offrande, amollies de tendresse" et elle ajoute "près de la mère de l'époux, je m'approchais de cet émoi-là" (160). Le *hammam* devient le lieu de rencontre avec soi mais aussi avec les autres. Il n'y a pas de libération sans les autres. La position d'Assia Djebar est très claire à cet égard. La renaissance ne peut se faire en dehors de la sororité et de l'entraide féminine. Sarah dans *Femmes d'Alger dans leur appartement*, se dit: "Que casser en moi, ou à défaut en dehors de moi, pour retrouver les autres ? Retrouver l'eau qui court, qui chante, qui se perd, elle qui libère mais peu à peu, chez nous toutes" (46). Cette eau libératrice est la mère nourrissière qui permet la rencontre avec les autres femmes comme le dit Isma: "Je ne m'abîme que dans l'eau mère: hier celle de la volupté, aujourd'hui ruisseaux d'enfance remémorée" car "Ne plus dire 'tu', ni 'moi', ne rien dire; apprendre à se dévisager dans la moiteur des lieux" (*Ombre sultane* 158). Pour se comprendre et pour se connaître, les femmes doivent se parler et s'écouter, non seulement au-dehors mais au bain. Ici, rien n'est caché, elle sont exposées, nues les unes devant les autres. Isma ajoute: "Deux femmes . . . si elles se rencontrent vraiment, ne le peuvent que dans la nudité. Au moins celle du corps, pour espérer atteindre la vérité de la voix et du coeur" (159). Généralement dans la société arabo-musulmane, les femmes se présentent comme ennemies plutôt que comme alliées.[11] Ainsi, elles ne font que renforcer la position dominante des hommes. Assia Djebar donne beaucoup d'importance à la solidarité féminine comme outil d'émancipation. Sans la connaissance des autres femmes, aucune d'elles ne peut prétendre à la libération. Assia Djebar en donne la démonstration dans *Ombre sultane*. Isma l'ex-épouse du mari de Hajila va tout faire pour aider cette dernière à se libérer. C'est dans le *hammam* lors de la troisième rencontre qu'Isma va donner la clé de l'appartement (clé qu'elle a gardé sans savoir pourquoi) à Hajila en lui disant:

"Touma [la mère] t'empêche de sortir, sauf pour le bain hebdomadaire. Que tu gardes cet enfant dans ton ventre ou que tu le rejettes, c'est à toi d'en décider! Sors, consulte un médecin, une amie, qui tu veux. Sors seulement pour sortir". (163)

La clé remise par Isma à Hajila est un symbole de liberté (Mortimer 161). Isma conseille à Hajila de sortir ne serait-ce que pour sortir. Elle l'encourage à l'autonomie et non à la soumission maritale et maternelle.

Sarah dans *Femmes d'Alger dans leur appartement* résume toute la pensée
d'Assia Djebar. Elle dit:

> Je ne vois pour nous aucune autre issue que par cette rencontre: une femme qui
> parle devant une autre qui regarde, celle qui parle raconte-t-elle l'autre aux yeux
> dévorants, à la mémoire noire ou décrit-elle sa propre nuit, avec des mots torches
> et des bougies dont la cire fond trop vite ? Celle qui regarde, est-ce à force
> d'écouter, d'écouter et de se rappeler qu'elle finit par se voir elle-même, avec son
> propre regard, sans voile enfin. . . (64)

Pourtant les femmes qui lient connaissance et qui se parlent au *hammam* ne
le font pas toutes pour se libérer mais pour nouer des relations surtout
matrimoniales. Car c'est au *hammam* que les filles à marier sont remarquées
par les mères qui cherchent des épouses pour leurs fils.

C'est au bain maure que les filles sont choisies pour les futurs jeunes
époux et sera rejetée celle qui se comporte mal ou dit un mot déplacé.
Parfois, au hasard d'une rencontre au bain maure, des mères décident d'unir
leurs enfants: "Les vierges se laissent admirer dans des instants de nudité
ou accidentelle, ou concertée" (*Ombre sultane* 159). Dans le bain maure,
s'effectue le premier choix. Les vieilles femmes disent que c'est le lieu par
excellence, celui où l'on détecte les défauts physiques d'une jeune fille.[12]
Souvent, des mères vont à tel ou tel bain maure dans le but unique de voir
"nue" une jeune fille dont elles ont entendu parler et de s'assurer de sa
beauté. Les mères comme les marieuses n'oublient jamais le comportement
de telle ou telle fille. Ces dernières sont conseillées par leurs mères ou
parentes sur la manière de se comporter et de parler en présence
d'éventuelles "entremetteuses". Et les réputations se font et se défont très
facilement. Fatima Mernissi écrit dans *Sexe idéologie islam* (1983), "dans
la société marocaine [comme dans la société arabe], seule une femme peut
voir une autre femme nue et s'informer éventuellement de sa santé, au
hammam", et elle ajoute "le *hammam* est un centre de communication très
actif, une puissante agence de renseignements où les secrets des familles qui
le fréquentent sont recherchés et exposés" (136). Dans *Les alouettes naïves*,
lors d'un mariage, les mères admirent les danseuses autour desquelles les

conciliabules vont bon train. Une des invitées dit à propos d'une de ces filles: "Celle-là, je n'en voudrais pas pour mon fils: sa mère et ses tantes ne sont-elles pas de la race des pleureuses . . . La langue bien pendue avec cela . . . l'autre jour aux bains maures . . ." (105): le reste est sous-entendu. Les mères qui cherchent à marier leurs fils n'oublient jamais ce genre de jugement. Elles cherchent plutôt des filles pudiques et timides qui feront des brus soumises.

Le hasard des rencontres au bain maure permet parfois des relations matrimoniales. C'est au bain maure que la voisine de la narratrice du roman *Ombre sultane,* qui avait encore trois filles à marier, a rencontré la mère du futur mari de la seconde des filles. "Les deux mères avaient sympathisé en échangeant des flatteries" et une voisine "ajoutait même qu'elles se ressemblaient, 'par leurs défauts'" (130) ; ainsi, elles avaient décidé d'unir leurs enfants sans que ni l'une ni l'autre ne connaisse vraiment leurs coutumes réciproques. Les commérages s'avivaient de jour en jour sur cette union avec une famille qui n'était pas de la ville. On disait que le futur mari était un vrai savant qui avait étudié en Allemagne, mais cela ne changeait rien aux bavardages des commères qui se demandaient comment on pouvait accepter de "donner" sa fille à un "étranger"[13] de surcroît d'un village:

> Mais la première déception fut la révélation d'une pratique qu'on croyait obsolète: dans le village d'où était originaire le promis, le mariage devait se pratiquer selon un rituel de pauvreté que le saint patron de la région avait codifié des siècles auparavant. On disait qu'on se mariait 'selon le rameau de Sidi Maamar'. (130)

La seconde des filles était la plus belle, la plus travailleuse, la plus timide et romantique par-dessus tout, elle espérait faire un mariage d'amour. Elle avait accumulé un trousseau impressionnant croyant qu'avec l'évolution des moeurs, elle allait se marier à l'occidentale. Le mariage "selon Sidi Maamar" signifiait: "Pas de tunique brodée, pas de bijoux, pas la moindre parure pour la mariée le jour de l'hymen, ni la veille ni même lors du rite du hammam l'avant-veille" (132). Tout le monde fut déçu par les pratiques de cette nouvelle famille venue imposer ses traditions à des gens de la ville. Mais, c'est surtout la mère qui était la plus touchée par le mariage de sa seconde enfant parce qu'elle se sentait coupable d'avoir accepté une telle union non seulement avec une famille qui n'habitait pas la même ville, mais qui en plus avait des pratiques, à ses yeux, barbares. De multiples relations se font ainsi, et se défont, au *hammam*. Il procure aussi le plaisir de l'"interdit", de l'accès au monde extérieur.

Dans un article récent, Malika une vieille habituée du *hammam* disait: "A l'époque où j'étais jeune, partir au bain représentait un événement extraordinaire. On s'organisait en groupe, et chaque femme choisissait ses plus beaux accessoires et son plus beau linge".[14] Assia Djebar raconte elle aussi les journées au bain maure. Dans *Les alouettes naïves*, c'est Nfissa qui se rappelle les jeudi avec sa mère Lalla Aïcha et sa jeune soeur Nadjia. Lalla Aïcha amenait ses filles au bain maure le jeudi parce qu'elles n'avaient pas de classe. La sortie hebdomadaire pour le bain permettait à Lalla Aïcha de sortir de chez elle et de rencontrer ses amies. Selon le même rituel Lalla Aïcha amenait avec elle "une multitude de robes comme celles que Nfissa vit plus tard portées par les Occidentales sur les plages" et qu'elle "gardait de son trousseau dont elle parlait et qu'elle détaillait plus de dix ans après son mariage" (126). Mais ce n'est pas tout car Lalla Aïcha est une dame de bonne famille à qui on doit réserver une cabine. Elle emporte aussi le coffret de toilette spécial pour le bain qui faisait l'admiration de Nfissa aussi bien que celle des villageoises:

> Le coffret figurait dans tous les trousseaux des mariées où le bain est la sortie la plus importante boîte d'osier rectangulaire, il offrait un extérieur quelconque mais quand on l'ouvrait, doublé qu'il était de satin rose, avec des miroirs qui le tapissaient, des poches pour les serviettes, le linge de corps, les peignes, les tasses de cuivre. . . un véritable bijou. (126)

De nos jours les femmes n'emportent plus ce genre de coffret, objet appartenant à une époque révolue. Mais le *hammam*, rapporte Nabila Amir dans son article "Un vendredi au hammam", reste:

> . . . un jour de rencontre entre les femmes qui travaillent à l'extérieur et celles qui restent à la maison. Elles passent l'après-midi à discuter et à échanger les

nouvelles, en abordant des sujets multiples tels que le mariage et les nouvelles modes sans oublier la situation du pays. (17)

La sortie hebdomadaire pour le bain représente ainsi un jour très important, en particulier pour les femmes recluses. Comme ce personnage dans *Femmes d'Alger dans leur appartement*, qui improvise une chanson qui est en fait "un gémissement qu'elle module" et dont Baya dira: "Elle se console plutôt. Nombre de femmes ne peuvent sortir que pour le bain!" (42). Comme le remarque la narratrice d'*Ombre sultane*, "Le bain turc sécrète pour les séquestrées (comme autrefois le chant d'orgue pour les nonnes cloîtrées) une consolation à cette réclusion" (163). C'est le cas de Hajila à qui la mère [et le mari, sans doute], interdit les sorties à l'exception du bain en compagnie de sa soeur, Kenza. Les prostituées sont, elles aussi, enfermées pour le plaisir sexuel des hommes et profitent du bain pour s'évader de leur prison. Isma dit: "Dès le vestibule du bain turc, je les reconnaissais en victimes enlaidies" grâce à "Leurs yeux allongés de khôl, leurs bijoux d'or voyants éclaboussant leur nudité ruisselante de vapeur, elles restent ainsi parées jusque dans la salle d'eau tiède" (115). Après la salle chaude, les femmes se retrouvent dans la salle froide où elles se reposent avant de sortir "toutes rosies, semblables, elles s'apprêtent à s'alléger: conversations ou monologues déroulés en mots doux, menus, usés, qui glissent avec l'eau, tandis qu'elles déposent ainsi leurs charges des jours, leurs lassitudes (*Femmes d'Alger dans leur appartement* 45).

Mais les sorties hebdomadaires pour le bain vont peu à peu disparaître avec l'introduction de la baignoire dans les maisons de la nouvelle et petite bourgeoisie. Assia Djebar écrit dans la note 2 du même recueil de nouvelles: "Selon la loi coranique, le mari ne peut empêcher sa femme d'aller au bain —hammam—, au moins une fois par semaine" et elle s'interroge sur ce qui se passera "s'il est assez riche pour construire dans sa demeure son propre hammam ?" (191). On peut aisément spéculer quant à la réponse. Elle ajoute: "Dans ma ville natale, dans les années 30, des femmes, pour aller au bain, y allaient voilées, mais y allaient de nuit" (Ibid). Donc l'introduction de la baignoire perçue comme accès à la modernisation, empêche les femmes de sortir pour le bain. De même, l'introduction de la voiture dans les familles riches dont Assia Djebar dit:

> Demie-mesure dans les bourgeoisies nouvelles: faire circuler le plus possible leurs femmes dans des voitures individuelles (que celles-ci conduisent elles-mêmes), pour abriter ainsi le corps (la tôle jouant le rôle du tissu ancestral), et pour circuler le moins possible 'exposées'. (191–92)

Si la modernisation allège les tâches ménagères des femmes d'une part, elle réduit leur espace d'autre part. Le *hammam* est cet endroit que les arabo-musulmans fréquentent assez régulièrement pour diverses raisons. Les uns pour se purifier, se régénérer après une longue semaine de travail ou un long voyage, les autres pour y passer la nuit. D'autres y vont après les rapports sexuels, les menstrues, quarante jours après la naissance d'un enfant avant de reprendre une vie sexuelle normale ou après une maladie. Les vieilles femmes avouent y aller "pour ressouder leurs vieux os".[15] Assia Djebar nous donne une vue assez réaliste du bain maure tout simplement en puisant dans ses souvenirs d'enfance. Tout se qui s'y passe est rapporté avec beaucoup de poésie par Assia Djebar sans pour autant tomber dans l'exotisme. Elle décrit les rapports qui se tissent, qui se défont et les bavardages entre femmes qui profitent de cet espace pour raconter leur vie et avoir des nouvelles de leurs amies ou parentes qu'elles ne fréquentent que dans de rares occasions. Malgré l'introduction de la baignoire dans les maisons riches, les villas et les appartements de la nouvelle et de la petite bourgeoisie, le *hammam* continue de jouer ce rôle ancestral qu'il a joué depuis son adoption par les musulmans au VIIème siècle, rôle qu'Assia Djebar célèbre encore aujourd'hui.

Notes

1. Voir Mustapha Chebli, *Culture et mémoire collective au Maghreb* (Paris: Académie européenne du livre, 1989) 97–98, ainsi que M. Chebel, *L'imaginaire arabo-musulman* (Paris: P.U.F, 1993): 54.

2. Voir Rabah Belamri, *Le soleil sous le tamis* (Paris: Publisud, 1982) 141–51 et Abdelhak Serhane, *Messaouda* (Paris: Seuil, 1983), 36. Généralement les garçons ne vont plus au bain maure avec leur mère après la circoncision qui se pratiquait entre six et sept ans.

3. Le mot *tahâra* signifie aussi circoncision dans le language populaire. En arabe littéraire la circoncision se dit *khtana*.

4. Al-Quayrawânî, *La risâla* (Alger: Ed. Carbonel, 1949): 307, cité par Malek Chebel, *L'imaginaire arabo-musulman* (Paris: P.U.F, 1993): 55.

5. Dans certaines régions montagnardes d'Algérie, les filles à marier ne sont plus autorisées à sortir pendant la journée même pour faire leurs besoins naturels afin d'avoir la peau blanche. En plus, elles sont gavées comme des oies pour prendre du poids. Les vieilles disent qu'une fille à marier doit être blanche de peau et grasse. Il y a une expression populaire qui dit que c'est une femme et demi pour une jeune fille qui est grasse.

6. Abdelhak Serhane, *Le soleil des obscurs* (Paris: Seuil, 1992) raconte l'histoire de Mina qui croyait que ses menstrues étaient l'oeuvre de Satan et comment elle a rencontré Aouïcha, ex-amante de son beau-père, au bain maure qui lui dit qu'elle veut l'aider, mais en fait va profiter de sa naïveté pour la séduire, lui faire goûter le paisir sexuel qu'elle n'a jamais eu avec son mari, Soltane qui se dit "peut-être qu'entre femmes ça se faisait" (204).

7. Pour plus de détails sur le rôle du corps, voir Malek Chebel, *Le corps dans la tradition au Maghreb* (Paris: P.U.F, 1984) et Rachid Boudjedra, *La répudiation* (Paris: Denoël, 1969). Rachid, le narrateur est en train de se masturber en pensant au retour des femmes du *hammam*. Il dit: "retour du bain maure. Rougeur du tréfonds. Sexe lavé, rasé et parfumé" (125).

8. Isma dit à Hajila: "tu reverses la tête, comme la femme du square, hier. . . Tu désirerais la retrouver. Comment se diriger? S'orienter, c'est se rappeler; tu te rappellerais quoi ?. . . Tu tournes à droite, à gauche; toujours des ruelles" (*Ombre sultane* 41).

9. La division espace public pour les hommes et espace privé pour les femmes que fait Mildred Mortimer, "Language and space in the fiction of Assia Djebar and Leila Sebbar", *Research in African Literature* 19.3 (1988) et à laquelle elle se réfère dans *Journeys through the African Novel* n'est pas pertinente dans la mesure où l'espace dit public est interdit à la moitié de la population (les femmes), il perd sa qualité de public.

Il est intéressant de se référer à espace "masculin", espace "féminin" auxquels je fais référence dans "Voiles et espace masculin dans l'oeuvre d'Assia Djebar" communication présentée à la MLA à New York en décembre 1992. Une autre division me paraît encore plus pertinente, celle d'espace du *nif* pour l'espace extérieur et espace de la *horma* pour l'espace intérieur. Mais les concepts anthropologiques de *nif* et de *horma* méritent d'être approfondis avant leur utilisation.

10. "nue" ou "déshabillée" sont des expressions en arabe populaire pour dire qu'une femme sort sans voile.

11. Voir Camille Lacoste-Dujardin, *Des mères contre les femmes* (Paris: La Découverte, 1983) et Assia. Djebar, *Ombre sultane* (Paris: J.C.Latès, 1987) 100.

12. Voir Fatima Mernissi, *Sexe idéologie islam* trad. de l'américain par Diane Brower et Anne-Marie Pelletier, (Paris: Tierce, 1983) 136–37, ainsi que Malek Chbel, *L'esprit de sérail* (Paris: Lieu commun, 1988) 60–61 et la note 10 p. 70.

13. En arabe dialectal, c'est le verbe donner qui est utilisé au Maghreb plutôt que marier. Le mot étranger en arabe populaire n'a pas la même connotation que le mot français. Il veut dire tout simplement quelqu'un qui n'est pas de la même famille ou de la même ville. On peut le traduire par quelqu'un qui est en dehors de la famille ou de la ville.

14. Nabila Amir, "Un vendredi au hammam", *Alger républicain* (Alger) du mardi 6 Juillet 1993: 17.

15. Proverbe algérien.

Joëlle Vitiello

L'eau est, comme le feu, insaisissable. Colette Nys-Mazure[1] le sait bien, ce qui n'empêche pas les images où le "je" poétique tente de la retenir, ou, au contraire, de se laisser porter par ses courants. L'eau, symbole de la vie qui passe et qui ne se retient pas, porte la femme au gré de sa mémoire et de ses transports. Elle apparaît dans *Pénétrance* (1981), *On les dirait complices* (1989), *Haute enfance* (1989) et *Arpents sauvages* (1993). Dans son dernier recueil de poèmes en prose, *Singulières et plurielles* (1992), seuls neuf poèmes sur cinquante-deux ne font pas allusion à l'eau. Elément vital, l'eau prend différents masques: la source, l'ondée, la mer, la rivière, les larmes, l'eau ménagère. L'eau fait partie de l'univers quotidien de Colette Nys-Mazure, elle est liée à chaque moment de la journée, à des gammes d'émotions variées, aux rites de passage. Le corps de la femme poétique entretient une relation privilégiée avec l'eau. Les êtres qui surgissent dans les poèmes sont assoiffés. Entre stabilité et errance, l'eau est l'élément le plus symbolique dans son oeuvre.[2]

Singulières et plurielles, le texte où l'eau est le plus présente, est une série de courts poèmes en prose qui nous donnent des instantanés de femmes saisies par la plume sensible de l'auteur. Le titre de chaque poème est annoncé par un adjectif: "précaire", "enluminée", par exemple, qui correspond au portrait esquissé. Le premier texte, qui sert de préface au recueil, s'intitule "La cuisine du poète". "Cuisine" est ici à entendre dans son sens double: il s'agit à la fois du lieu dans la maison, et de l'acte de cuisiner, c'est-à-dire de faire surgir magiquement des plats nourriciers dans une transformation alchimique des ingrédients. Cuisine: lieu magique où se joue le sort des mots. Dans *La Poétique de l'espace*, Gaston Bachelard écrit: "Examinée dans les horizons théoriques divers, il semble que l'image de la

maison devienne la topographie de notre être intime" (18). Si comme il le
pense, "[N]otre inconscient est 'logé'" et que "[N]otre âme est une
demeure" (19), Colette Nys-Mazure nous invite à la rejoindre dans sa poésie
à partir d'un lieu de partage et de chaleur, où la nourriture est en fait la
métaphore d'une spiritualité qu'elle nous offre avec générosité. Colette Nys-
Mazure nous dévoile dans ce texte-préface l'origine d'une écriture de
l'urgence: un coin de table de cuisine, lieu familier, lieu traditionnellement
réservé aux femmes, lieu secret donc, déplacé par le cahier sur lequel
s'alignent les mots, aliments de base du poète: "Elle a repoussé une assiette,
trois verres, les reliefs d'un repas et rafraîchi la place de son cahier". Elle
nous fait pénétrer dans son univers poétique de façon ritualisée: "Ce n'est
qu'une femme occupée à tailler une large tranche de poésie dans le pain tout
chaud des jours" (5). Nous sommes invités à partager ce pain dans une
communion autour du texte.

L'eau est déjà là, élément invisible et indispensable, dans les tranches
de pain. Dans son analyse du rôle de l'eau dans les symboles alchimiques
de la poésie nervalienne, Jean-Pierre Richard remarque: "dans l'opération
de cette alchimie l'eau joue un rôle de support, de transition. Elle confère
à la matière une continuité qui autorise la progression, puis le surgissement
de l'être" (48). Dans *Singulières et plurielles*, il s'agit plutôt de ce même
phénomène appliqué non de façon linéaire à la représentation d'un seul être,
mais à des représentations multiples de femmes, donnant l'image d'une
transformation continue du féminin. L'eau n'est donc pas que cet ingrédient
indispensable à la transformation miraculeuse des aliments. Dès ce pré-texte,
elle se laisse découvrir sous deux autres aspects. Tout d'abord, elle
représente l'hostilité et la violence du monde extérieur: "Au-dehors, il se
peut que le vent tournoie et terrifie, que des paquets de pluie se plaquent au
béton aveuglé" (5). A l'intérieur de la cuisine, "la sourcière" est à l'abri
d'un monde dur et froid. Les paysages qui surgissent de son imagination
sont moins terrifiants. Ils sont issus de sa sensibilité plurielle: "tu pourrais,
tapi derrière elle, surprendre l'écume des vagues, quelque visage caressé,
un arbre que l'été foudroie, le récit de ta propre peur," (5). Colette Nys-
Mazure nous invite à la rejoindre à l'intérieur de son texte et à nous y

reconnaître. Ce texte se fait l'écho généreux du début de "Nocturnes", où l'encre, jaillissant telle une source de la fissure de l'incertain, exprime un besoin plus sombre: "je trace dans la nuit/ ces mots d'encre/ aveugles se frayant un passage/ entre les ombres et les présages/ en ce lieu sans lueur/ j'écris pour survivre" (*Pénétrance* 19).

La source est une image qui revient fréquemment dans la poésie de Colette Nys-Mazure. Elle symbolise le féminin par excellence: image des origines fluides et maternelles, en mouvement perpétuel, elle renvoie à une certaine familiarité. Dans "Précaire" par exemple: "Fixer, figer, garder, conserver . . . que sait-elle de cet ancrage, la nomade, la festive? Elle ne collectionne rien. Boit l'eau des sources dans la paume" (9). La femme est ici rebelle à toute accumulation. Sa liberté se manifeste dans un rapport de familiarité du corps avec l'eau, comme elle en mouvement, et le contact de la main avec l'eau appelle l'image de la fraîcheur et d'une sensualité harmonieuse. La source est aussi souvent associée à l'archétype quelque peu fantastique de la "sorcière/sourcière". Tapie dans les tréfonds géologiques du corps-terre, elle doit être découverte, telle un secret. Colette Nys-Mazure ne décrit jamais aussi bien l'alliance de la source avec la terre, promesse de créations d'argile, que dans "De Pierre et d'eau"[3]:

> entre les cheveux des rives
> sous le fouillis de fleurs et de feuilles
> l'eau vit et vibre et scintille
> la paix des profondeurs (*Petite fugue* 19)

La source guérit et apaise: "Subsisterait-il un repaire d'ombre, une source sombre où calmer la fiévreuse latence?" ("Enluminée", *Singulières* 19). Elle se situe au pôle opposé du soleil, calme les brûlures et le desséchement. Elle appelle un retour aux origines où tout était abri, à l'enfance qui hante tous les textes du poète, et dont "Devenue" nous offre un exemple: "L'enfance en elle s'attarde et saigne. La pulpeuse, la violente. Au vide du quotidien, l'écho de ce soleil tanné. Si les mots ne bourdonnaient sans cesse, ne s'écrivaient en elle, son corps s'infléchirait vers cette source" (*Singulières* 27). Si la source est ici associée à la mémoire du bonheur, elle inclue aussi la perte de ce même bonheur. "Enfances" dans *Pénétrance*, met en relief ces vers poignants:

> mirage d'une source
>> qui sourdrait d'ailleurs
>>> qu'en ce vif de notre être (13)

La magie de l'écriture, en restituant le paradis perdu de l'enfance, se fait source à son tour, ouverture sur le royaume de l'imaginaire: "Elle lit les mots des autres; se gorge de leur soleil; fléchit la nuque sous leur ondée. Flâne longuement à la source des enchantements; y mènera d'autres assoiffées" ("Fascinée", *Singulières* 40). Lectrice, la poétesse se promet d'être elle-même source et de désaltérer ainsi poétiquement d'autres femmes. "Fascinée", en quelques lignes, nous brosse un tableau précis de l'écrivain en proie à la jouissance du texte (le sien, mais aussi celui des autres) et au doute face à la page blanche tout à la fois. Doute accru du fait du sexe de l'auteur, qui se fait foi d'écrire pour d'autres femmes, d'où l'on peut se demander si la "source des enchantements" présentés ne fait pas référence à une généalogie de textes féminins. Ce soupçon est accru par l'allusion "au concert des voix accomplies", voix multiples, parole anonyme ici, ayant pour destinataire la femme, une parmi "d'autres assoiffées". La source est liée à l'alchimie du verbe et du corps tout à la fois. Dans *La Vie à foison*, la source est la métaphore du sujet écrivant:

> Parviendrons-nous à tracer notre propre chemin, à chanter notre
> chanson de source?
> les sources délivrées, il faut encore arracher chaque mot à sa gangue
> d'émotions, de réflexions, et lui allouer sa densité, sa clarté irrécusable, très
> loin
> des jeux brillants et vains qui prostituent le langage? ("Poétique" 5)

Dans "Liseuse", parlant des mots, Colette Nys-Mazure décrit ainsi la jouissance de la création: "Souterraine alchimie" (39), tandis que dans "Ourdisseuse", c'est la fusion des corps qu'elle met en poésie: "Elle sait ce qu'elle trame à laisser s'enfoncer en elle le nomade, à l'arrimer solidement. La sorcière des sources; la preneuse, la donneuse" (45). La source ici est l'origine de la vie et de la naissance des enfants. Création et procréation se rejoignent ainsi dans cette métaphore. Le désir trouve aussi à se loger dans cette image: par deux fois, exprimant l'urgence de la chair et le manque, l'image du visage, métonymie de la chair, témoigne du désir d'être bu, de rafraîchir, d'être consommé en quelque sorte, et pris ou au contraire de prendre. Dans "Immédiate" ("Voudrait qu'à l'instant des paumes recueillent son visage, y boivent aveuglément" 18) et dans "Esseulée" ("Boire à même cette bouche comme on embrasserait la vie sur les lèvres 59), l'inversion entre le désir d'être source de vie et celui de boire à la source de vie comme métaphores de l'amour charnel ajoute la dimension de la jouissance du corps féminin à l'image comme une autre origine et une autre naissance de la femme sans cesse renouvelée dans l'alchimie du plaisir. Dans "De Pierre et d'eau" (*Petite fugue*), la source est logée au centre du féminin, lieu de vie secret et autonome, libre de tout poids, de toute entrave et de la terre-berge. Associé au désir charnel est le "désir d'eau", qui se fait tour à tour pluie, "lent roulis des marées", ou larmes de joie. L'eau, qui commence souterraine, se métamorphose: "tout lieu où surgit/suinte/et fuit/la vie femelle" (19).

L'ondée est un symbole poétique ambivalent. C'est d'abord l'élément régénérateur, la source céleste qui apaise la terre et fait surgir la vie comme dans "Attentive": "Elle face au jardin d'après-pluie. Chaque pétale luit. Les parfums relèvent le nez. . . . On perçoit la jouissance de la terre pénétrée d'eau" (*Singulières* 14). L'eau est ici une figure hermaphrodite. L'harmonie qui unit les éléments ciel/terre, et la vie qui résulte de cette fusion, est bénéfique. L'eau, particulièrement avec la symbolique de la source qui renvoie au "maternel", est traditionnellement associée à la femme; mais elle l'est aussi par des critiques telles que Luce Irigaray et Hélène Cixous, qui présentent sa fluidité comme une des représentations stratégiques possibles du corps de la femme (et surtout de la jouissance de la femme) dans le langage symbolique et phallique patriarcal. Ici, Colette Nys-Mazure inverse la dimension sexuelle de l'image représentée: la pluie

féconde la terre, autre topos traditionnel de la femme. La terre, assoiffée,
dure, sèche, attend tout de la pluie. Cette union poétique déstabilise en fait
les pôles binaires essentialistes féminin/masculin pour une conception plus
"androgyne" des relations, particulièrement lorsque le poète nous offre
l'image d'une pénétration salutaire multiple, répétée, qui s'accomplit dans
le bonheur: "Les parfums relèvent le nez. Les insectes reprennent leurs
rondes effrénées," (14). La pluie ramène la vie. *Haute enfance* comporte
un poème sur la pluie et l'enfance, liant les deux sources d'inspiration du
poète. Il s'agit de "D'eau et de nuit". L'eau est ici associée à la lumière:
"une flaque luit sur l'appui de fenêtre" (3). L'image de l'enfant qui se lève
en pleine nuit pour danser avec la nature évoque un moment de jouissance
pure. Jouissance du corps, harmonie des êtres: "Il va, visage levé sous les
cascades du ciel; il tend les paumes vers la manne; il rit, cheveux noyés;
il boit". La communion de l'enfance avec la pluie tient du sacré. Dans
"Immédiate", la même idée de désordre nécessaire après la pluie est
présente: "Les bougies des marronniers s'ébouriffent après l'averse . . .
Entre papiers et casseroles, respirer dans l'urgence de cette verdeur,"
(*Singulières* 18). Dans ce poème, la pluie est à nouveau associée à la
sensualité des corps. Le désir d'être ainsi comblée est traduit dans le poème
par un retour à la pluie, dont il est difficile de déterminer si elle signifie le
manque ou sa disparition dans le futur proche: "Les nuages se verrouillent
sur l'éclaircie,". Orage intérieur ou météorologique?

La pluie semble avoir une valeur de choc pour le poète, qu'il s'agisse
de la mémoire qui ressurgit comme dans "Devenue" ("Pourquoi la pluie
n'est-elle plus que de l'eau?" [*Singulières* 27]) ou dans "Odyssée": "La
pluie des images rafraîchit la mémoire à l'heure des amnésies du coeur"
(*Petite fugue pour funambules* 17), ou d'un événement cathartique
symbolique comme dans "Sourcière" ("Une pluie sur la mer réveillerait le
jardin roui de soleil", *Singulières* 42). Ces trois poèmes portent sur
l'enfance et la sécurité affective perdue. Le rapprochement entre "mer" et
"mère" nous fait entrevoir un grand désarroi devant l'impossibilité de
"réveiller" autre chose que le souvenir. Le jardin reste perdu, trace
intériorisée, comme dans "L'île":

Jamais
Plus jamais, nous n'aborderons
Aux rives de notre enfance;
Parfum tenace au centre de notre être
De cette île abolie (*La Vie à foison* 11)

Dans le dernier recueil poétique, *Arpents sauvages*, la pluie appelle les souvenirs, comme si l'eau ne pouvait pas être qu'elle même, mais devoir porter un excès, l'enfance: dans le poème "Gibouleuse", "la pluie d'été" devient "l'averse des souvenirs" puis "la torrentielle", avant le "déluge d'images crues" (21). L'appel de la mémoire et son retour réduisent cette manne à une simple "ondée", exprimant à nouveau l'ambivalence du retour vers l'enfance et la mémoire, plaisir et douleur tout à la fois.

La mer est l'élément le plus présent dans le texte. Elle représente des désirs et émotions diverses. Tout d'abord, l'idée d'espace ouvert contient la possibilité de l'aventure et de la découverte, véritable invitation au voyage. Quelquefois, la mort vient de la mer dans "De haute mer," écho de "haute enfance", l'enfant se laisse surprendre par l'appel de la liberté. Faisant corps avec la mer et sa rive, le sable et les algues: "Il lèche sur ses lèvres le goût opiniâtre du sel et secoue sa crinière d'oyats délavés. Il aspire âprement l'air amer chargé d'embruns," (*Haute enfance* 13). Cette sensualité enfantine qui se moule sur l'imprenable élément: air, eau, sol, signifie la mort lorsque la rencontre se fait totalement: "Avant la perquisition nocturne du Phare, la marée l'emportera. Dans un cri cinglant de mouette". La mer peut donc être brutale. Dans "Radieuse", au contraire, la mer est métaphore de la vie: "C'est une fille de haute liesse, à prendre la vie en proue, hisser les heures à vive allure, une femme libre de son essor" (11). La femme vogue sur l'eau, et le navire devient sa représentation métonymique. Cette image se situe dans un continuum des représentations féminines dans la poésie de Colette Nys-Mazure. Celle-ci subvertit en douceur les images traditionnelles du féminin et du masculin. Par exemple, l'image du marin est très imprimée dans notre imaginaire collectif avec des connotations d'aventures, de ports, d'escales houleuses.

Colette Nys-Mazure reprend cette image et en quelques traits, la transforme radicalement. La femme à la barre du navire/vie erre, étrangère en tous lieux; le navire est sa coquille, sa maison, protection fragile contre les aléas des jours. Sur son bateau intime, elle est en fait "exilée" pour reprendre le titre d'un des poèmes. Cette image du bateau-abri apparaît dans plusieurs poèmes: "Exilée", "Mobile", "Hauturière", "Réminiscente", "Chavirée", "Dépossédée" et "Altérée".

Cette poétique du grand large et du navire pose la question de la liberté. Le navire offre la possibilité de l'ancrage, donc d'une certaine stabilité. Il peut aussi prendre le départ et aller se perdre au milieu des océans. Vue du dedans, c'est-à-dire de la berge, l'appel de la mer est séduisant, comme dans "Hauturière", pour ne citer que les premier et dernier vers: "Elle sent la mer sans la voir. . . . L'océan a fait main basse sur sa vie pétrie de terre" (20). Parfois, cette terre donne l'impression de la prison. Dans "Exilée", par exemple: "Une radio signale le monde battant contre les flancs de la nacelle. On l'aborde en secouant la nappe vers la fenêtre" (13). Le monde domestique, même lorsque le travail est accompli avec amour, isole et mange la femme en dépit de tout, comme un exil intérieur. La mer représente donc l'échappatoire. Colette Nys-Mazure superpose les mondes et les déplace. Les termes maritimes sont utilisés dans un contexte riverain autour du corps féminin, pour indiquer que l'errance est un état d'esprit. Les mots "sillonner", "tanguer", "dériver", par exemple, expriment le désarroi. La surface de la mer, houleuse, est le monde en colère. L'oscillation se fait dans "Altérée" entre "Aimer, ne plus aimer" (54). Le balancement euphonique, la phonétique qui se plie et se déplie selon les exigences poétiques, indique la violence de la douleur et le poids des mots. La ressemblance entre les vocables mer et amer ainsi que la ressemblace graphique entre mer/amer/aimer (qui contiennent également la privation de la mère) s'inscrit silencieusement dans le tangage de l'âme. La violence des tempêtes maritimes exprime la passion intérieure. Elle permet de faire passer la douleur du plus intime dans l'écriture. Les images qui surgissent par exemple, dans "Chavirée", ("Bascule sous le flux sans pitié des souvenirs plus précis qu'une lame de tueur" 26) dévoilent les idées de submersion et de noyade, dont les mouvements de hauteur des vagues et de profondeur de l'eau, l'épaisseur insaisissable de l'écume bouillonnante, les couleurs insondables de la mer, touchent à l'angoisse de la mémoire affective. Il y a coïncidence ici entre la violence des mécanismes mémoriels et l'imprévisibilité de la mer, dont on voit du reste seulement la surface. Isolée au monde sur la mer imaginaire, seule métaphore possible pour rendre compte à la fois des larmes, de la terreur, de l'enfouissement intérieur de la perte maternelle, et du flux, reflux et afflux des souvenirs, la femme "chavirée", résiste du mieux qu'elle peut contre la violence de ce déferlement. Les derniers mots du poème, "Iles et rocher", émouvants par leur sobriété, évoquent le naufrage et la survivance qui s'ensuit, précaire. Le temps est très présent non seulement par le renvoi à la rupture passée, mais aussi par la répétition des défaillances intérieures: "Mécanisme jamais rouillé" (26). La texture des émotions est captée avec une grande sensibilité par le poète, dissimulée dans les plis marins, avec une grande pudeur.

L'eau est associée chez Colette Nys-Mazure à son élément contraire, le feu. L'alchimie des oppositions, qui n'est pas sans rappeler Nerval, rend compte de l'ambivalence des images: la pluie, symbole de vie, est aussi menace de tourmente, tandis que le soleil, chaleureux, brûle, donne la fièvre, et détruit par le feu tout à la fois. Dans "Mobile" par exemple, la dernière phrase du poème est "Grand soleil des eaux" (17). La polysémie de cette image renvoie à l'image de la femme-navire: petit à petit, les mots "sillage" et "arrimer" la transforment en être lumineux, qui fend la foule comme le navire fendrait les flots. Elle est l'image même de l'indépendance. Le "grand soleil des eaux" renvoie à sa luminescence et à sa féminitude, ancrée dans l'eau. L'alliage du soleil et de l'eau métamorphose les êtres et brouille les frontières sexuelles. Le soleil est souvent associé à l'homme et la lune à la femme. Ici, la femme endosse les qualités solaires. La qualité nocturne de la lune est remplacée par le fluide. C'est l'eau qui rayonne, source (intérieure) de la lumière. Nouvelle subversion poétique de Colette Nys-Mazure. La passerelle entre les deux entités est l'arc-en-ciel, fusion chimique de l'humidité et de la lumière. Le poème "Enluminée" reprend cette image double tout en l'inversant: "Elle sous le feuillage incendié, l'averse solaire" (19). C'est ici le soleil qui pleut. Pluie de chaleur qui pousse l'"enluminée" à chercher une "source sombre". Dans "Fascinée", le poème consacré à l'écriture, l'auteur établit un parallèle entre le soleil et l'eau: "Elle lit les mots des autres; se gorge de leur soleil; fléchit la nuque sous leur ondée" (40). "Liseuse" nous donne la clé de cette association. Les mots sont "Comme l'étreinte du soleil, la palpitation aiguë de la mer. Vie dans la vie. Osmose" (39). Amour et jouissance se conjuguent pour les retrouvailles avec un univers sémiotique, où la musique, les images, et tous les sens, à travers la parole poétique, se rejoignent dans une manifestation carnavalesque. Colette Nys-Mazure l'exprime très clairement dans "Noces": "nous marions l'eau et le feu/ toutes les couleurs les saisons/ les premiers fruits et les dernières fleurs/ contre le temps sa mouvance/ les corps unis font un rempart" (*Pénétrance* 16).

L'eau, associée à la fois au froid et à la nuit, se fait menace de mort, prête à se solidifier et à emprisonner: "Et que dire du soir qui monte, comme une eau glacée, implacable, qui recouvre tout? Que crier de la nuit épaisse, opaque, oppressante, qui engloutit?" ("Flux et reflux", *Petite fugue* 24). Tout comme la source peut être nauséabonde, l'eau peut signifier la décomposition et la contamination, métaphore de l'âme trop solitaire, exprimée dans "Parti pris" (*Petite fugue* 6). La chaleur associée à ces eaux tourmentées, glaciales, qui évoquent l'au-delà, est bien différente de celle contenue dans les "averses solaires": "La neige en éclats/calcine le regard interdit" ("Instantané", *La Vie à foison* 20). Ici, il s'agit d'une brulûre, voire de peau-mémoire trouée, de douleur, et non de bien-être. C'est la lumière qui manque: "Equilibrer la nuit, la pluie opaques: se recroqueviller sur un noyau de soleil évident" ("Effrois", *La Vie à foison* 23). L'opacité, l'état glauque, perturbent le poète. Contre les cauchemars aquatiques, l'écriture permet au moins de lutter:

dans l'éboulement des rêves,
  le déferlement des sévices
surgit la parole nue, drue;
les mots pressés, serrés, impatients,
  s'imposent, se reproduisent,

mots-crues ("Variation I", *D'Amour et de cendre* 34)

Le débordement des mots, long cri de lutte contre la perte et l'angoisse de la perte, s'oppose à l'oppression des images et permet d'éviter la noyade spirituelle.

L'eau est avant tout mouvement. A la rivière qui passe, s'oppose la prison immobile dans laquelle se logent la solitude et l'impression d'abandon. Ce besoin de mouvement est déjà exprimé dans un poème de l'enfance, "Hors là", au titre évocateur. L'enfant cherche l'ouverture sur le monde: "Un fragment de la vie vraie mêlée aux plantes, aux bêtes; dans le remuement des trembles, au grouillant de la rivière, avec l'essor d'une hirondelle" (*Haute enfance* 10). L'image de la "berge" évoque le lieu où l'on reste (sous-entendu "derrière") et exprime une tension entre stagnation et désir de fuite. Par exemple, dans "Alertée", le poète, toujours à l'écoute des enfants, en rend compte ainsi: "Quelqu'un pleure de l'autre côté du mur. Plus inaccessible que sur une berge adverse du monde" (25). Les larmes, marines et intérieures, se nichent dans le lieu contraire à la liberté, lieu compartimenté, la rive. Face à ce poème, "Juchée", instantané de femme secouant ses tapis par la fenêtre, prisonnière elle aussi, d'un autre monde. Figure familière et déchirante. En contraste à la vie dans la rue, d'où elle est exclue, agitée derrière les barrières de son sérail, qui se manifestent par des "roulements continus", "bris et clameurs", le poète, dans un déplacement métonymique bouleversant, associe le tapis secoué à un mouchoir: "Sur le dernier quai" (*Singulières* 25). La hantise de rester derrière, en surnuméraire, est présente partout, de même que la peur de l'abandon. Ce serait être "au bord d'un jardin" ("Masquée" 52). La vie prévaut, marine: "L'enfant pourra poursuivre les mouettes dans un jaillissement d'écume. Jouer" (52). "Mortifère" dépeint, dans le même ordre d'idées, la gêne claustrophobe d'être privée du monde. Insomniaque, la femme s'interroge: "Livrée, qui me délivrera? Sur la place de la nuit quelqu'un appelle: elle cherche la force d'ouvrir la fenêtre sur le cri reconnu" (57). Le désir de libérer la mémoire et de retrouver la sérénité du monde de l'enfance interrompu par la perte s'articule sur une dichotomie du

monde du dedans et du monde du dehors, avec un grand désir de faire
fusionner les deux, de franchir les miroirs et de réduire les distances entre
les contraires, entre navire et mer, entre morts et vivants, entre chaleur et
humidité, entre masculin et féminin: "Elle n'en finit pas de dénoncer
frontières et cloisons" (22).   Ceci n'empêche pas un certain désir de
s'ancrer. Ce lieu, qui doit être sans entraves, est parfois l'amour: "Elle
abolit son désir, sa hâte. S'accorde au vivant," (22).

Les paysages familiers incarnent l'humide, la demi-teinte de l'eau
jaillissante, déferlante ou diluvienne: "Averse de marrons, de châtaignes.
Que septembre brûle. Hivers avortés, effilochés en pluies, en grésils.
Parfois, le désarroi de la neige, plus fragile qu'un fleurissement de
magnolia" ("Corps-paysage", *Lettres d'Europe* 31). Bruines, brouillards,
tissus d'eaux humbles et propices à la provocation des rêves d'une eau autre:
cette terre. on la dirait complice de bonheurs toujours en amont. La vie
invétérée, gonflée d'eau, d'ébrouement de seringas. Déchirure du brouillard
quotidien lorsque l'air sent l'herbe nue. . . " ("Corps-paysage" 31).

Le poète est nomade. Lumière au milieu de la nuit, la femme (ou les
femmes) présente(s) dans le recueil, tantôt en dérive dans la douleur, tantôt
ancrée(s) dans le quotidien, puise(nt) sa (leur) force à la source des mots.
La femme trouve sa liberté dans les fissures qui se présentent à elle: "Elle
s'obstine à brûler sous la neige, à s'enraciner au désert" (10). Femme
rebelle, aucun être n'a de prise réelle sur elle, la fuite est sa protection.
Colette Nys-Mazure est tout-à-fait consciente de la difficulté d'être femme
dans le monde de l'écriture, consciente surtout de sa différence poétique:
"avec au fond des poches, ses ariettes allègres, ses graves récitatifs, elle
avance dans la forêt des hommes. . . . Elle n'a ni armure, ni besace. . . .
Orphée va, la flûte à la main," (*Singulières* 43). Sourcière, sorcière,
nourricière aussi, comme en témoigne le poème "Fruitée" tout entier
consacré à la fabrication des confitures, ou "Aimée-amante" où la femme
est elle-même la nourriture: "Très proche à pétrir, goûter, savourer,"
(*Singulières* 48).

C'est toujours dans la cuisine qu'elle apparaît le plus sereine. Les
poèmes sont toujours tendus par une fracture implicite douloureuse et

intarissable (la source même de l'écriture de Colette Nys-Mazure) fracture entre le monde de l'avant- et de l'après-catastrophe, "source nauséabonde", (*Singulières* 29). Mais dans la cuisine, elle retrouve la paix, par les gestes familiers: "Se croirait sur une autre planète, n'était le cérémonial du petit déjeuner: gestes ronds, sans aplomb, très caressants; une façon tendre d'ensoleiller bols et confitures, de faire mousser le lait, d'assouplir l'angle d'un jour austère en beurrant une tartine" (13).

Le seul havre possible: l'écriture. Qui coule comme l'encre, le sang, le lait, et l'eau, refuge maternel de l'écriture-suture, quotidienne, le matin, dans la cuisine: "Tous dorment. . . . Sur fond de portes claquées, amours de chats, roulements de camions, pétarades de mobylettes, elle trace ses mots ou déchiffre le sillage d'autrui. la peur et l'ennui ignorent ces havres" (*Singulières* 37). L'écriture est bien sûr habitée des voix absentes, dans leur appel silencieux. L'alchimie poétique transforme toutes les souffrances, et les mots eux-mêmes, dans un processus qui tient du sacré, irruption du Sémiotique dans le quotidien, se font eau rafraîchissante: "D'un simple attelage de syllabes, d'une cascade de voyelles, jouent les harmoniques. Ecart, grand écart entre l'objet et le poème. Moins reflet que création. Une sorcellerie" (42). Le retour à la source se fait dans et par l'écriture. Même lieu, même itinéraire inversé: au cours du temps s'oppose l'itinéraire de la mémoire qui tisse les mots:

tu écris quand la nuit suinte
tous les ponts coupés
   De rupture en rupture
      tu t'enfonces en terre d'exil

C'est pour mieux les rejoindre
   En leurs eaux secrètes   étroites
Intime espace
   Haute gravité ("Parole tenue", *Arpents sauvages* 50–51)

Ce poème, moins serein, plus violent et plus elliptique que les précédents évoque un temps mémoriel insoutenable, douloureux et circulaire, qui par la même occasion, permet une écriture sans point final possible.

Est-ce par l'eau que l'oeuvre, comme les "Villes d'eau" que tout prend son sens, creusant son lit, ses détours, sa profondeur et son infini écoulement?

dès qu'un fleuve   une rivière   un canal
                  creuse une ville
les rues prennent un sens
                  leurs noms se mouillent
et les maisons rievent au miroir (*Pénétrance* 58)

Parmi ces villes d'eau, la ville de l'auteur, Tournai, où coule, rassurant, l'Escaut, berceau de son imaginaire poétique. La continuité du thème de l'eau dans les textes de Colette Nys-Mazure donne à son oeuvre une grande cohérence qui tisse des échos entre les poèmes. Plaisir ou douleur, cette poésie ne peut laisser indifférent. Elle inscrit le corps tout entier de la femme dans l'écriture, déchirée, elliptique, à la fois pleine et ancrée dans le manque, sensuelle. Le poème "Altière" paru dans *Arpents sauvages* résume la femme poétique; la graphie s'accorde au texte, évoquant la liberté solitaire et sereine toute à la fois liée à l'eau:

La voici sans sillage
Il n'est   gué
        Ni marée basse
              Pour l'atteindre
                    L'amarrer
Les lagunes taisent leur voix de sirène
Les bras des anses ne la retiennent plus
Elle va
        En cette hauturière (23)

Notes

1. Née en Belgique, Colette Nys-Mazure vit à Tournai, la ville de son enfance, sur les bords de l'Escaut. Professeur de français et animatrice en ateliers d'écriture et de lecture vivante, Colette Nys-Mazure est également critique littéraire à la revue *Indications* et

participe à des tribunes et revues littéraires depuis 1977. Son premier recueil de poésie, *La Vie à foison* paru en 1975, obtient le prix des éditions Froissart. Elle participe à de nombreuses anthologies poétiques, écrit des nouvelles et des pièces de théâtre en collaboration. Colette Nys-Mazure est également l'auteur d'un long essai paru en 1992 sur Suzanne Lilar, sa compatriote.

2. Poète prolifique, Colette Nys-Mazure développe aussi dans tous ses textes en vers ou en prose les thèmes de l'enfance, de la faille de l'enfance dans la perte parentale, de la féminitude et de l'écriture. De *La Vie à foison* à *Arpents sauvages* paru en 1993, elle nous livre un itinéraire de femme, des rives de l'enfance à la sérénité de la maternité en passant par toutes les phases de la passion et de l'angoisse de la perte. La femme solitaire, entre ombre et lumière, entre source et rivière, vagabonde dans la vie, domine de nombreux poèmes. *Singulières et plurielles*, en particulier, nous donne à voir des instantanés de femmes en proie à des émotions variées, qui naviguent tantôt sur une mer calme et apaisante, tantôt en pleine dérive au gré des tempêtes. La source, la rivière, la mer et l'île se font tour à tour métaphores d'émotions charnelles et de peurs métaphysiques. La sensibilité de Colette Nys-Mazure parvient à tracer des esquisses de l'âme humaine dans toute sa profondeur et à nous faire partager ces portraits de femmes fortes et vulnérables tout à la fois, avec une grande générosité qui transparaît à chaque ligne et avec une grande finesse d'expression.

3. Le début du poème est repris dans "Jardin au bord de l'Escaut", dans le même recueil, p. 22. Ce mouvement est plus spécifiquement associé à l'union des corps dans "Jardin", à ce "vertige du courant", par la multiplicité des thèmes entrevus.

L'ÉCLUSIÈRE, L'ENLISÉE? LES TERRAQUÉES.
UNE ÉTUDE COMPARATIVE DE
FRANÇOISE LISON-LEROY ET D'EUGÉNIE DE KEYSER

Colette Nys-Mazure

Au commencement, deux femmes, nées en terre de Belgique et toutes deux amoureuses de l'eau, imprégnées des formes que prend dans ce pays l'élément aquatique: la source et les eaux douces, les eaux dormantes, la pluie, de grandes pluies et au Nord, la mer couleur d'acier, salée, sous d'immenses ciels plombés. Elles gagnent leur vie comme enseignantes, animatrices ou journalistes, mais l'écriture est leur patrie essentielle. Là s'arrête la ressemblance et s'affirment les différences. Eugénie De Keyser a vu le jour dans le premier quart de ce siècle, en 1918 exactement, à Bruxelles, la capitale, et Françoise Lison-Leroy dans la seconde moitié, au milieu des collines du Hainaut; la première écrit surtout des essais et des romans, la seconde des poèmes, des nouvelles et des pièces de théâtre. Pourquoi les rapprocher ici?

Ce sont femmes d'eau, disions-nous, sourcières et sorcières; marinières d'eaux douces, nymphes de fontaines et de rivières, éclusières, hâleuses. Vous les apercevez penchées sur un reflet évanescent dans le miroir plissé de l'étang; enlisées, fluantes; entre deux neiges vite rendues à la boue, entre deux pluies. Et toujours à l'horizon proche, la mer première et dernière, dont l'appel n'en finit pas de résonner dans le grand coquillage plaqué contre l'oreille; la mer, ventre vaste et accueillant, métaphore plutôt que réalité quotidienne.

Thalès de Milet, Gaston Bachelard, Jean Onimus, Philippe Jaccottet et tant d'autres ont mis en lumière le fondement organique de l'imagination, sa "faculté de former des images qui dépassent la réalité, qui *chantent* la réalité" (Bachelard, *L'Eau et les rêves*, 25). Chez ces deux poètes (car l'écriture romanesque d'Eugénie De Keyser procède d'une vision intensément poétique) l'eau s'allie à la terre et constitue avec elle l'élément primordial dans lequel germent rêveries fécondes et oeuvres accomplies.

Sans doute Françoise Lison-Leroy, née en 1951, est-elle loin d'avoir dit son dernier mot; l'oeuvre publiée dans laquelle nous privilégierons *elle, d'urgence* (Prix René Lyr 1987) et *Pays Géomètre* (Prix Max-Pol Fouchet 1991), en est aux premiers coudes d'un long fleuve à venir, mais nous nous attacherons arbitrairement aux textes qui ouvrent et ferment ces deux recueils significatifs. De quelle façon l'écriture s'ancre-t-elle dans cet élément fuyant?

elle, d'urgence: un texte, inscrit sur la couverture et repris à la page de garde, captive l'attention du lecteur potentiel, même s'il est le troisième paragraphe d'un poème qui ne surgira qu'à la page 22. Lorsqu'on connaît la rigueur et le soin apportés tant par l'écrivain que par l'éditeur de poésie à chaque détail de la présentation, on doit y prêter la plus extrême attention et conférer à ces lignes une valeur de manifeste:

> Elle se saoulait de failles,d'arcs-à-flèches, de moussue.
> Courait à cheveux nus sur les masques des berges. Buvait
> la
> pluie aux reins des saules. Dévisageait les sources et
> fûtaies.

La voici donc cette jeune *elle*, dont l'*urgence* de vivre communique à la phrase une ferveur contagieuse. Les différents éléments du lexique ("se saoulait", "berges", "buvait", "pluie", "sources") renvoient directement à l'eau et l'on peut tout aussi nettement y rattacher "moussue" (qu'il s'agisse de la mousse humide des arbres et des sols, ou de l'écume), ainsi que "saules" (arbres des bords de rivières, d'étangs). C'est déjà tout un paysage qui s'ébauche dans lequel l'ondine impose sa communion avec l'univers liquide, connivence évidente, ivresse panique. L'enfant des campagnes a l'innocence d'avant la faute; "les masques des berges" ne la trompent pas, que cette métaphore suggère les visages changeants que prennent au gré des saisons les bords non régularisés, ou les fondrières dissimulées sous l'herbe. Vaurienne à "cheveux nus" plutôt qu'au sein découvert; faunesse sans peur qui ose dévisager "sources et fûtaies", après s'être désaltérée aux creux, aux reins des saules, là où la pluie s'attarde. Qui entraverait son élan? Dans la foulée courons au dernier texte:

> Jusqu'à la vague il y avait l'encre. Elle alignait des plages
> de bleu bis. Rayait de ses plans les impasses. Ciblait les
> dunes, les salines. Les navires hâbleurs.
> Surgit le fragment des silences. Instant des barques
> damées d'ombre. Secret de l'éclat et du prisme. Rainures.
> De la
> grave à la drue. Champs saupoudrés d'îles en leurs vasques.
> Chalands. Sur la carte d'équerre et de lin, elle nomma la page.
> Une. (*elle, d'urgence* 32)

Observons la conversion de la divinité des eaux en écrivaine. "Jusqu'à la vague" il y l'ancre et "l'encre", la vague de fond, l'irrésistible élan créateur. Ainsi donc cette sève des sources conduisait à la vague des mots. Sur les "plages" s'alignent les pages couvertes d'écriture bleue: les jambages forment "dunes et salines", antagonisme vertical et horizontal sans acrimonie mais soutenant toujours le défi du langage et ses hâbleries, cible des arcs-à-flèches de la châsseresse. Peut surgir le temps "des silences" en fragments: non plus "les navires" mais les "barques" et l'"ombre" l'emporte sur la couleur. Cependant l'eau réverbère la lumière qui scintille. Au défi succède la contemplation; cette gravité, cet approfondissement auquel conviait Bachelard: "Il reconnaîtra dans l'eau, dans la substance de l'eau, *un type d'intimité*, intimité bien différente de celles que suggèrent les 'profondeurs' du feu ou de la pierre" (*L'Eau et les rêves* 12).

L'intériorisation ne contredit pas la vie drue; l'allure des "chalands" plutôt que des navires hâbleurs. La mer a prêté ses métaphores à la poésie mais la référence demeure terrienne: la vaste étendue évoque les champs même s'ils sont "saupoudrés d'îles". Françoise Lison-Leroy est davantage fille de terre que de mer. Gaston Bachelard n'a-t-il pas démontré que l'imaginaire se nourrit souvent d'une double matière, l'eau et la terre (*L'Eau et les rêves* 21). . . Présente, la mer évoque le mouvement vers le bout de l'infini, le point de fuite de l'horizon, plutôt qu'une partenaire, une protagoniste. Fond de tableau, borne du paysage. Le dernier mot reste à la page plutôt qu'à la plage, la première du livre à naître: *Une*. Ce chiffre nous renvoie ausi à l'homogénéité que confère l'eau:

. . . pour Thalès, le milésien, la nature est toute faite d'eau: c'est l'état primordial. De ces rêveries, nous avons conservé l'idée que l'eau, quoique changeante, multiple, est l'élément par excellence de l'homogénéité: elle tend, en effet, de tout son pouvoir, à fondre le multiple dans l'unité.

. . . L'eau qui retrouve l'eau (un confluent, une embouchure) fait plaisir à voir. Une de nos plus tenaces pulsions se défoule alors: c'est le désir de se fondre dans le tout, de revenir à l'Unité des Origines. (Onimus 96–97)

Ecrire ne serait pas autre chose que de fusionner avec l'univers, de moduler son propre mode d'expression. Gaston Bachelard ose le paradoxe du "language des eaux" et évoque "les ruisseaux et les fleuves [sonorisant] avec une étrange fidélité les paysages muets . . ." (*L'Eau et les rêves* 24). Le dernier mot du poème relevant du lexique aquatique est "chalands", péniches familières en paysage d'Escaut. Comment comprendre alors "la carte d'équerre et de lin"? Entre les champs de chez nous, aux angles droits, fruits de l'équerre, et le lin de la région que traverse le fleuve, la carte est moins marine que fluviale. C'est dans ce contexte, ce terroir précis, que l'écrivaine inscrit son texte, cette page. *Une*.

De "la carte d'équerre", évoquée au dernier vers du dernier poème d'*Elle d'urgence*, au recueil *Pays Géomètre*, composé de deux parties (dont la première s'intitule *Un pays géomètre* et la deuxième *Usage d'une présence*), l'espace à franchir est étroit:

Je traverse ton pays d'âme sans me
retourner. Les champs que mes pieds hersent ont
porté la mer avant moi.
    D'elle les traces mauves des galets,
qui tamisent le blé aux heures d'assolement.
    De nous demeurera le vent.
Et la tenace fièvre de cet élan givré. (*Pays géomètre* 17)

Si la vive ondine ne court plus les failles et les berges, elle n'en avance pas moins d'un pas résolu et sans nostalgie : "Je traverse ton pays d'âme sans me retourner" (17) . . . Elle a mûri, elle s'est ancrée; le sentiment d'appartenance la marque: "les champs que mes pieds hersent ont porté la mer avant moi" (17). Son sillage s'inscrit dans plus vaste que lui. Sa vie se noue à d'autres vies très anciennes, comme l'attestent "les traces mauves des galets". Elle se sait mortelle mais partie prenante d'une lignée. D'elle demeurera aussi un héritage à transmettre. "Fièvre" et "givré", deux mots de la dernière ligne de ce texte inaugural, renvoient-ils à la transpiration du fiévreux et à cette condensation du brouillard en minces lamelles de glace qui s'attachent aux surfaces? L'écriture trace et son sillon et son graffiti; vestiges que d'autres déchiffreront, hiéroglyphes dont les lecteurs futurs traqueront le secret.

> Ta parole devance l'arbre
> qui brûle de mots défaits. les griffes
> du ruisseau habillent ton visage. A la course des branches,
> j'offre ma lente adhésion.
> Je te suis dans le charroi des herbes:
> elles inclinent leurs fièvres très haut
> dans le vent séduit.
> Toi seul, mon amour,
> invites à notre source les cicatrices dérisoires. (*Pays géomètre* 62)

D'un bout à l'autre du recueil des mots se hèlent et s'interpellent: à la tenace fièvre répond la brûlure avant même que surgissent "fièvres", "vent" et les "cicatrices" en guise de traces. Ils rappellent ceux imprimés sur la page de couverture de *elle, d'urgence*. Cette "elle" qui "dévisageait les sources et fûtaies" (22), est sortie du narcissime infantile pour un aveu d'amour: "Toi seul, mon amour, /invites à notre source les cicatrices dérisoires" (62). L'adjectif final peut s'entendre de bien des façons: renvoie-t-il à ces "griffes du ruisseau [qui] habillent ton visage" (62) . . . cela pourrait signifier que les rides du temps n'affectent pas l'attachement à un être aimé. Evoque-t-il la naïve prétention des êtres humains, et notamment des écrivains, à laisser une oeuvre que le temps se chargera d'expédier au silence et à l'oubli? Fait-il allusion à des blessures que l'amour oblitère? Le ton fervent du vocatif et l'usage du verbe "invites" infirment cette version rancunière. Il s'agit plutôt d'une adhésion à la condition humaine: l'ondine s'est faite femme et acquiesce à la vérité "des herbes", comme à celle de l'arbre (qui pourrait être un de ces saules aux reins desquels elle buvait), du "vent", de la "source". Elle s'inscrit dans le cours de l'existence consentie: "j'offre ma lente adhésion" (62). Dans "dérisoires" retentit le mot "rit", qui s'en rit, et feu l'ondine garde le pouvoir de l'éclat de rire; "elle" le rameute, "d'urgence"! "La grave" et "la drue" ne sont jamais loin l'une de l'autre. Le pacte est scellé. "Le charroi des herbes" est un lieu privilégié pour les amours champêtres, une chambre d'amour complice des étreintes, des fusions cosmiques; l'herbe partage la fièvre des amants séduits, conduits l'un à l'autre, détournés de tout ce qui n'est pas leur passion. Et toujours circule le vent comme un élément qui allège et disperse, évente et propage; un instant dans le vent, mots jetés au vent, dérisoires mais dont les cicatrices sont indélébiles. Le ruisseau remonte vers sa source comme il court à la mer. Tout bouge, change et se rassemble. On ne peut que rappeler ici l'admirable méditation du héros de *L'oeuvre au noir*, Zénon, lorsqu'il sonde "l'abîme":

> . . . maintenant, renonçant pour un temps à l'observation qui, du dehors, distingue et singularise, en faveur de la vision interne du philosophe hermétique, il laissait l'eau qui est dans tout envahir la chambre comme la marée du déluge. Le coffre et l'escabeau flottaient; les murs crevaient sous la pression de l'eau. Il cédait à ce flux qui épouse toutes les formes et refuse de se laisser comprimer par elles; il expérimentait le changement d'état de la nappe d'eau qui se fait buée et de la pluie qui se fait neige; il faisait siens l'immobilité temporaire du gel ou le glissement de la goutte claire obliquant inexplicablement sur la vitre, fluide défi au pari des calculateurs. Il renonçait aux sensations de tiédeur ou de froid qui sont liées au corps; l'eau l'emportait cadavre aussi indifféremment qu'une jonchée d'algues. Rentré dans sa chair, il y retrouvait l'élément aqueux, l'urine dans la vessie, la salive au bord des lèvres, l'eau présente dans le liquide du sang . . . (Yourcenar 216–17)

De 1987 à 1991, un chemin d'écriture s'est approfondi. La nymphe des collines et des ruisseaux a ancré son élan. "L'urgence" s'est ralentie sans perdre de sa force. L'étrave du bateau, péniche plutôt que navire, fend l'eau comme le fer de la herse mord la terre. *Elle* ose s'avouer *je* et s'adresser à un *tu*. "Sur la carte, d'équerre et de lin" (*elle, d'urgence* 32), le relevé géographique traduit, trahit des terres imprégnées d'eaux plutôt que la mer plantée d'îles. Ni vague ni vague à l'âme ne sont de mise en ces lieux de labours, de labeur, de fièvres sous le vent.

Comme nous l'avons mentionné précédemment, Eugénie De Keyser a écrit des romans que l'on peut qualifier de "poétiques". Milan Kundera définit: "ROMAN. La grande forme de la prose où l'auteur, à travers des ego expérimentaux (personnages), examine jusqu'au bout quelques grands thèmes de l'existence" (178). S'appuyant sur *Les Fleurs du mal* et *Madame Bovary*, il n'hésite pas à proposer aussitôt après:

> ROMAN (et poésie). . . . A partir de 1857, l'histoire du roman sera celle du "roman devenu poésie". Mais assumer *les exigences de la poésie* est tout autre chose que *lyriser* le roman (renoncer à son essentielle ironie, se détourner du monde extérieur, transformer le roman en confession personnelle, le surcharger d'ornements). Les plus grands parmi les "romanciers devenus poètes" sont violemment *antilyriques* . . . (178–79)

Des lectures successives des deux romans publiés par Eugénie De Keyser chez Gallimard en 1964 et 1966 nous ont convaincue de la dimension poétique de ces oeuvres gouvernées par l'imaginaire de l'eau, tel que l'a développé Gaston Bachelard. Sous les espèces particulières de la pluie, de la rivière envasée et de la surface-miroir de l'étang. Comme nous l'avons fait pour les poèmes de Françoise Lison-Leroy, nous choisirons arbitrairement les chapitres qui ouvrent et ferment ces oeuvres.

Il pleut à verse sur la voiture qui emporte Léonard et son amie Elvire vers la forêt et bientôt la frontière. Pluie opiniâtre, tenace, rideau, tenture épaisse, protection. Les vacances au bord du lac et la liberté sont, espèrent-ils, au bout de ce périple nocturne; mais voiture, motard et soldats leur ferment la route: autour de Léonard, impliqué dans une sombre affaire, la souricière se referme, matériellement d'abord puis psychologiquement. Le récit de ce premier chapitre commencé sous la pluie drue se termine par: "Il pleut toujours. Le pavé scintille sous les gouttes pressées" (*Le Chien* 14).

Femme du Nord, Eugénie De Keyser connaît la pluie par coeur et par corps. Si en tombant sur les vitres, elle "donne aux arbres des silhouettes tremblantes" (7), elle se conjugue à l'obscurité et aux troncs serrés des arbres pour dissimuler le fuyard. Tandis que Léonard, les mains en l'air, attend qu'on examine son passeport il sent que: "La pluie glisse doucement le long de [ses] doigts et pénètre dans [ses] manches" (11). Il n'aspire plus qu'à se mettre à l'abri mais il continuera de subir le contact désagréable d'un col mouillé, l'odeur d'un "gros drap humide".

Nous ne sommes encore qu'à l'extérieur du personnage et de son drame, dans un décor qui pourrait être celui de Simenon et de bien d'autres écrivains voisins, sévèrement arrosé par l'eau du ciel; mais la suite du roman démontrera à quel point la pluie dilue, efface toute trace et participe activement à la dissolution de l'être. En antithèse de cette voiture lancée dans la pluie obscure, du fugitif cerné et imprégné d'eau, surgit l'image du lac perçu comme une terre promise, un lieu où se reposer, se baigner à deux, amoureusement. Bondissons, comme au-dessus d'une grande flaque, au dernier épisode de cette perte en forme de dissolution: incarcéré, Léonard, sans être torturé, s'est senti humilié et terrifé au point de se sentir un *chien*. La peur le pousse à donner le nom de Vincent, son complice. Rendu à la liberté, il se révèle incapable de réintégrer son milieu familial ou professionnel. Elvire, la femme aimée, s'éloigne tandis que la femme de Vincent lui apparaît comme un reproche vivant. Sa raison chavire: partout surgissent les silhouettes de bourreaux. Charrié par la foule anonyme pressée de rentrer au chaud et que Léonard assimile à la foule des condamnés (parmi lesquels Vincent) convoyés tel un troupeau pour les carrières, il a marché au hasard jusqu'à la forêt, à la rivière dont il entend le bruit et il y est entré, irrésistiblement attiré.

Le vingt-cinquième et dernier ensemble de pages, annoncé par un blanc et des points de suspension, (puisque ce livre ne comporte pas de chapitres titrés) montre Léonard glissant dans la vase contre la berge, presqu'heureux de "sombrer dans la caresse froide de la rivière" (203) de trouver une issue à son mal d'être:

> J'échapperai dans la nuit à toutes les mains. Je
> coulerai dans l'ombre verte. Je glisse, je roule. Je suis
> couché sur le fond dur de l'eau.
>   Je heurte de la joue la tige coupante des roseaux. (203)

Mais des soldats (toujours eux) l'arrachent à cette quiétude pour le rendre à la vie courante, prolongeant son calvaire. Ils voudraient le faire parler (comme en prison) pour qu'il s'explique sur la raison de son suicide mais Léonard se dérobe: "Je n'ai rien à dire. L'eau a rempli ma bouche. Je ne parlerai plus jamais" (204). Comme au début, l'eau imprègne ses vêtements au point de former une flaque d'eau sale sous la chaise qui les supporte. A l'incrédulité des soldats se demandant comment on peut vouloir se noyer dans si peu d'eau, il oppose sa passivité:

> Il suffisait d'ouvrir les mains, de se laisser glisser. L'eau et les herbes passent
> entre les doigts dans la fraîcheur qui monte jusqu'à la gorge, jusqu'à la bouche,
> les jambes désormais immobiles dans la boue et les algues pourries. (206–07)

Léonard n'aspire plus qu'au repos, à la tranquillité, même derrière les barreaux du poste (comme un chien); mais impitoyablement on le force à se lever (comme en prison), à se rhabiller. De hier à aujourd'hui, le temps s'abolit, se dilue; "comme" manifeste l'identité des situations initiales et finales: "Je marche jusqu'à la chaise où sont mes vêtements. Les étoffes sont humides, froides, collantes. On croirait qu'on remue autour de moi de l'eau bourbeuse" (208). En replaçant dans sa poche ses papiers, il rencontre la vase et s'y englue les paumes. Implacables, les soldats le poussent dehors où personne ne l'attend. Osera-t-il faire taire en lui la vie, pareille à un insecte bourdonnant enfermé?

Il y aurait beaucoup à dire sur les formes multiples que prend l'eau dans cet austère roman: fontaine, chevelure ruisselante d'Elvire, marais et neige . . . Nous nous en tiendrons aux limites que nous nous sommes assignée: le début et la fin du roman, l'un et l'autre, sous le signe de l'eau, celle du ciel et celle de la terre, verticale et horizontale. Et surtout l'aspiration finale à la mort dans l'eau-tombeau, la mère première.

La Surface de l'eau: ce titre est à lui seul un programme, celui d'une quête au-delà des apparences. Un être en voie de disparition lutte pour garder forme humaine. Onimus, comme Bachelard, souligne à quel point l'être se dissout dans l'élément liquide:

> . . . à mi-chemin de l'inexistence, à mille lieues des idées claires et de l'action, quand la conscience s'atténue jusqu'à n'être qu'un sentiment à la limite de l'effacement . . .

> Délicieuse et fatale perdition! Si, en un premier temps, l'illimité libère de la prison des formes, il vous plonge bientôt dans les vertiges de l'indéfini. L'homme est un créateur de formes qui apprivoisent pour lui la sauvagerie de la nature. L'informe est radicalement inhumain. (Onimus 117–18)

Léonard, "Le chien", tentait de rendre forme et consistance aux êtres et aux choses mais aussi au discours; lors de la visite en prison de son frère Pierre, il éprouvait de grandes difficultés à comprendre ce que ce dernier lui disait: "Il parle: j'entends des mots sonores qui se suivent à un rythme rapide, trop rapide pour moi, je recueille seulement les noms au passage, j'essaie, sans y parvenir, de reconstruire les silhouettes, les gestes . . ." (le Chien 89). Plus tard Léonard entendait les paroles de ce même Pierre "noyées dans une sorte de brouillard" (114). Le second roman pousse au paroxysme cette confusion mentale et accentue le recours au lexique de l'eau: le premier des onze chapitres s'intitule Le congé et commence par "La porte se referme sur l'ombre comme sur un trou noir" (La Surface de l'eau 12). Ce trou noir initial est une véritable mise en abyme du roman: qu'il s'agisse de la cave humide dans laquelle on enfermait Marie, l'héroïne, lorsqu'elle était enfant, des surfaces miroitantes où elle guettait son image, de l'étang sur lequel l'homme et elle se penchèrent une seule fois et qu'elle revient interroger, de la mort . . . Les motifs qu'ébauche ce premier chapitre semblent infimes et cependant, dans leur modestie même, ils

dessinent l'univers confiné de Mlle Marie: c'est la très vieille tache d'encre
en forme de poisson que sa main caresse sur le sapin poli du banc de classe
comme si elle y cherchait secours; c'est le réconfort qu'elle espère des
gestes quotidiens: mettre l'eau à chauffer dans la petite bouilloire sur le
réchaud afin de se préparer un thé. Si l'on observe de près cette cérémonie
on s'aperçoit qu'elle coincide avec un pathétique effort de mémoire:

> Le frémissement de l'eau qui bout n'atteint pas Mlle Marie. Elle ne regarde plus
> la théière, ni la boîte qu'elle a laissée ouverte et d'où s'exhale la senteur du thé.
> Elle ne voit qu'un point du mur, une tache imperceptible, un petit trou
> triangulaire laissé par une punaise. Elle se demande ce qui était accroché à cette
> place; un calendrier, une recette de cuisine . . . certainement pas une image.
> Elle s'efforce de reconstituer la chose qui était là, elle voudrait ne penser à rien
> d'autre . . . (17)

Tandis que la bouilloire siffle, que la vitre s'embue et qu'une odeur de brûlé
envahit la pièce, Mlle Marie reste absorbée: est-elle dans cette chambre ou
dans la classe livrée au chahut? Regrette-t-elle tout ce qu'elle n'a pas
répondu à la Directrice qui la licenciait ou à l'homme qu'elle a entrevu jadis
au bord de l'étang: "Les mots d'un dialogue incessant, tous les mots qui
n'ont pas été dits, qui auraient dû être dits, tournent dans sa tête" (19).
Analogue à celle éprouvée par *Le Chien*, cette confusion entraîne la dilution
des formes définies, des lieux et du langage. Mise en *congé*, Mlle Marie
voit s'estomper les contours déjà fragiles qui formaient une berge autour de
sa vie. Elle va devoir se défendre contre la marée inhumaine de l'informe.
Rempart dérisoire des gestes de la toilette, de la vaisselle pour échapper au
cauchemar de la nuit; l'eau apaisante sur le corps, les mains. Autres lieux
de paix, l'église de Notre-Dame-du-Rempart ou le bassin rond du square
(variante du trou, du bénitier) mais qui n'opèrent plus. Sans doute
l'incohérence, qui envahit son comportement comme sa pensée, se
manifeste-t-elle extérieurement puisque quelqu'un veut l'aider à traverser la
rue. Elle se réfugie chez elle et se cherche dans la glace mais elle n'en
reconquiert pas pour autant son identité, au contraire:

Elle se détourne enfin, mais il lui semble que, derrière elle, des lumières mouvantes s'agitent toujours dans la glace. Le reflet de sa propre face se métamorphose, d'autres traits se dessinent, d'autres visages. (30)

Le terme *métamorphose* sera la clef de l'ultime paragraphe du roman. Parmi la suite de visages qui prennent la place du sien apparaît celui de cet homme qui jadis a formé avec elle, l'espace de quelques mots échangés, l'esquisse d'un couple, "le reflet brouillé de deux visages" (31) dans l'étang. Elle va demander à la lampe de reformer autour d'elle "le paysage familier où ne se rencontrent que ses propres traces" (32) et mettre l'eau à chauffer. Voici l'orage, les crépitements de la pluie anéantissant le feu: Mlle Marie va ouvrir la fenêtre pour connaître le toucher de cette eau dure. Dans les deux derniers paragraphes cruels, la pluie d'orage est perçue comme un déluge ravageur, comme une apocalypse vengeresse qui ramène inexorablement à l'image du trou:

Dans l'obscurité, la pluie fauche les herbes et les feuilles, anéantissant tout ce qui fut le jour éclatant et brûlant de la veille.
Et l'aube la surprend à la fenêtre regardant les jardins étroits, rongés d'eau; (33)

Tous les éléments sont en place pour que s'accomplisse la dissolution annoncée. "La nuit", l'ultime chapitre, montre Mlle Marie à l'hôpital, face à un "mur blanc, vide et nu" qui ne permet en aucune façon de s'évader pour rejoindre le mouvement des arbres et des hommes sous la pluie ruisselante. Dans son esprit la confusion est totale: "Parole, figure, tout a disparu" (175); elle n'en continue pas moins de tendre vers la lumière, cherchant bruits et odeurs qui la raccrocheraient à la vie. Dans l'antichambre:

. . . elle voit la grande fenêtre d'où l'on plonge dans le jardin envahi par la nuit. Rien ne peut se trouver dans ce trou noir. C'est un puits si profond que l'eau y est privée de tout reflet. (177)

La démence sénile a eu raison d'elle; Mlle Marie "étouffe" et se perd dans ce puits hanté de fantômes (les autres malades) qui s'agitent. Ramenée de force dans son lit, elle essaie vainement de retrouver l'image de l'étang de jadis, ses arbres, ses mouettes. Dans sa dérive, elle n'arrive même plus à reconstituer un visage:

> . . . Elle voit une grande tache noire qui semble trouer le mur lisse. La figure à contre-jour n'est pas reconnaissable, les traits pourraient être ceux de l'aumônier ou d'un autre, aussi peu distincts qu'un reflet dans l'eau. La fenêtre est toute grise, ciel de neige ou de pluie, si bas qu'on se croirait dans du brouillard . . . (191)

Avec son motif du trou noir, le premier chapitre était prémonitoire. Paradoxalement, le roman s'achève non pas sur un lamento pour une antihéroïne pitoyable mais sous forme de chant de résurrection grâce à la métaphore fondatrice, ce qui se trame sous *La surface de l'eau*:

> Personne n'essaiera de refaire un visage avec ce masque de cire tendu sur les os d'un squelette , immobile, opaque comme la glace de l'étang qui cache les profondeurs de l'eau où vivent, sous la carapace grise que piétinent gauchement les mouettes, les algues qui se balancent, les poissons, les grenouilles et les insectes en métamorphose, et tous ces vivants qui remontent au jour comme les fleurs des nénuphars appelées par le surgissement de l'aube. (192)

A défaut des hommes indifférents, il appartiendra à l'étang de garder la mémoire. L'invocation de Lamartine au "Lac" n'est pas loin bien que *La surface de l'eau* n'ait rien du lyrisme romantique. N'est-ce pas Milan Kundera qui assigne au roman, outre la tâche de préserver la complexité de l'existence humaine, celle de lutter contre "les termites de la réduction" qui rongent la vie humaine, depuis toujours sans doute, mais plus particulièrement dans la société moderne "où l'être tombe dans l'oubli" (33)?

Dans un autre article consacré à Eugénie De Keyser (cf *Textyles*) nous nous sommes attachée à *l'effacement du visage*; ici nous nous en tiendrons à la thématique de l'eau et nous observerons que le roman se termine comme il a commencé, au bord de l'eau dormante, fascinante, enlisante.

Qu'il s'agisse de l'eau douce de l'étang, chargée des souvenirs de Mlle Marie, et plus particulièrement de celui de l'amour entrevu, ou qu'il s'agisse de celle de la rivière sombre et vaseuse, pâteuse dirions-nous, envahie d'ombre dans laquelle Léonard aspire à s'enfoncer pour toujours, l'eau a chez Eugénie De Keyser, une fonction maternelle au sens si bien développé par Gaston Bachelard. Physique ou mental, le suicide par l'eau relève d'une forme mélancolique liée aux eaux dormantes. Eau puissamment désirée, comme l'eau de pluie à laquelle se livre Mlle Marie lors d'un orage.

Aura-t-on a suffisamment senti à quel point l'image de l'eau, chez les deux auteurs abordés, offre des points de ressemblance? Comme deux gouttes d'eau! Ne sont-elles pas femmes de Belgique, désaltérées de pluies, élevées au bord de fleuves et de ruisseaux, d'étangs, étrangères aux eaux violentes de l'océan. Nymphe des eaux mortes, *l'enlisée* à laquelle on opposerait la nymphe des eaux vives, *l'éclusière*? Ce serait trop facile, trop superficiel. Les antihéros d'Eugénie De Keyser se débattent pour garder la tête hors du flot et l'ondine de Françoise Lison-Leroy s'enracine. Une profondeur parfois vertigineuse habite la prose intensément poétique d'Eugénie De Keyser: la confusion mentale qui envahit ses deux antihéros (n'y reconnaît-on pas une influence du Nouveau Roman dont Eugénie De Keyser reprend très librement certains éléments?) trouve tout naturellement ses métaphores dans un lexique et un imaginaire aquatiques dirait-on. La vitalité de l'eau jaillissante communique à la poésie de Françoise Lison-Leroy un élan solidement ancré; une adhésion de toutes les fibres à un paysage terraqué.

Femmes de Belgique, pays où la neige n'est le plus souvent qu'une magnifique promesse, rarement tenue, où s'échafaudent d'admirables nuages, où la pluie tisse entre terre et ciel son réseau opiniâtre à travers lequel brille, superbe, un bref soleil et se décroche un arc-en-ciel. Rien à voir vraiment avec ces ciels désespérément bleus et ces terres desséchées, brûlantes, contés par un Tahar Ben Jelloun et tant d'écrivains du Sud aride. Charnelles, femmes de glaise, de boue, eau mêlée à la terre, indissolublement. Sans doute ont-elles maille à partir avec l'air vif, le vent noir et la fièvre du feu, n'empêche que la terre et l'eau demeurent les éléments premiers, dont rendent compte tous leurs sens et leurs plumes à l'affût. Entraînée par le courant, dans le sillage de Françoise Lison-Leroy et Eugénie De Keyser, j'écris:

> Elle, emmêlée dans le réseau soucieux de la pluie, son écheveau sournois, sa poisseuse promiscuité. Elle, troublée jusqu'à l'âme par l'humide pianotage, le piétinement aveugle des gouttes, l'obsession des chutes verticales et leur étalement opiniâtre.
>
> Elle, emmurée, embuée. Prise dans l'incantation liquide, réticulée. Elle, assourdie, immergée au fil de l'eau suintante, irrémédiable; au fort de la dérive intime. Perméable, pénétrée jusqu'au tréfonds par l'universelle détrempe.
>
> A l'abri des ardeurs indiscrètes, des soleils intempestifs, des sécheresses, de toute aridité, elle infuse. Hors digues, levées, barrages et filtres, elle s'offre une célébration phréatique. La jubilation d'un baptême. (*Pluviôse*)

SCIENTIFICITÉ, SYMBOLISME ET SENSIBILITÉ DE L'ÉCRITURE D'UNE FEMME-AUTEUR SUR L'ÉLÉMENT "EAU"

Véronique Fava

Anne Decrosse[1], professeur associé à l'université de Stanford, après ses études sur l'histoire et la symbolique de la langue française, s'est intéressée à la manière dont l'eau habite l'imaginaire, les pratiques quotidiennes et l'organisation des sociétés humaines. Outre des travaux de linguistique et de sémiotique et des recherches sur la diffusion des sciences, elle a collaboré à l'exposition "Vive l'eau" organisée à la cité des sciences et de l'industrie, en 1990. L'ouvrage dont il est question ici est issu de la littérature scientifique.[2] De ce fait, il présente un certain type d'écriture, distinct par sa forme et par ses implications de la littérature romanesque dont rend principalement compte le présent recueil d'essais. S'il nous a pourtant semblé intéressant de présenter une femme-auteur dont la particularité est de s'exprimer dans le champ des sciences et des techniques, c'est parce qu'elle aborde également cet élément dans le domaine de la diffusion des connaissances. Pour l'auteur, l'eau est "devenue récemment, et seulement récemment, un objet de savoir scientifique, échappant aux ruses des dieux mais perpétuant le mythe hédoniste de Jouvence, [elle] s'infiltre dans les mille et un discours de notre modernité" (154). Que le texte soit écrit à la troisième personne, n'empêche pas de laisser transparaître l'intériorité et les orientations personnelles de l'auteur dans son rapport avec son sujet. D'autant plus qu'au fil des pages, viennent émerger des formes poétiques, et que certaines évocations expriment une dimension proprement psychanalytique. Questionnée sur la nécessité d'écrire un livre sur un tel sujet, l'auteur nous a fait part de son intérêt pour tout ce qui touche aux fluides. Elle nous a également signifié son désir d'aborder des thèmes tels que l'air et le vent dans leurs perspectives scientifiques, en nous précisant son refus de travailler sur l'élément terre. Peut-être faut-il voir dans ce choix, une prise de position en rapport avec sa féminité, et l'expression d'une sensibilité toute personnelle. L'auteur, comme nous, ne sommes pas sans ignorer l'importance de la relation des fluides au vécu du corps féminin.

L'approche à partir du signe "eau" laisse transparaître, par le traitement textuel et par la symbolique évoquée, l'affectivité de la femme au travers du travail scientifique de l'auteur. Mais, même dans ces dimensions-là, l'ouvrage ne se donne pas comme une vision subjective mettant en scène le vécu d'un personnage féminin. Ce livre n'est ni un roman ni une oeuvre poétique, même s'il participe un peu des deux et s'il constitue au fil de la lecture, le grand récit de l'eau. C'est encore de manière personnelle que l'auteur aborde le rapport inépuisable et privilégié qui relie les femmes à l'élément aquatique. L'eau maternelle et féminine est reliée aux corps intérieurs et aux pratiques gestuelles et quotidiennes des femmes. C'est par la recherche de l'expression d'une émotion émergeant de l'écriture de l'auteur, que nous pouvons, ici, mieux comprendre ce qui ressortit au caractère féminin de l'ouvrage dans son rapport symbiotique avec l'entité hydrique. Pour autant, dans ce cas, peut-on réellement parler d'une écriture rendant compte de la féminité de l'auteur même si l'ouvrage laisse paraître des orientations que seule une femme pouvait prendre? Enfin, ces orientations et ces questionnements nous permettront de conclure, en montrant comment autour de cet élément, un style d'écriture scientifique laisse paraître des caractéristiques propres à une femme-auteur afin que ce récit d'eau particulier aux multiples reflets puisse rejoindre le flux du présent recueil.

Ce "projet d'envergure", comme le qualifie l'auteur "Toute l'Eau du Monde" convie à la connaissance scientifique ainsi qu'à la connaissance des techniques liées à ce fluide (aux aménagements et à l'architecture tant urbaine que rurale) pour ensuite présenter les représentations tant emblématiques que mythologiques qu'elle a su faire naître dans l'invention poétique des humains. L'ouvrage développe une mise en perspective historique reliant ainsi les croyances d'hier aux connaissances d'aujourd'hui, les faisant entrer en résonance avec les intérêts intellectuels de l'auteur. "[Son] regard sémiologique, attentif au contexte géographique, historique et linguistique" (7) tente tout à la fois de pénétrer les mystères et les vertus de cet élément. C'est à l'ambivalence des sens attachés à cet élément primordial que conduit ce voyage hydrant où se rencontre "l'eau vivace, l'eau qui renaît de soi, l'eau qui ne change pas, l'eau qui est un organe du monde, un aliment des phénomènes coulants, l'élément végétant, l'élément lustrant, le corps des larmes" (Bachelard, *L'Eau et les rêves* 19).

La conception de l'ouvrage repose à la fois sur une vision encyclopédique du savoir et sur le récit humaniste du monde. En effet, l'auteur est tour à tour, astronome, géologue, anthropologue, historienne des mentalités, ainsi que des sciences et des techniques. Sa volonté consiste à repérer, à observer, à suivre, à accompagner, à méditer et à comprendre les mille aspects de cet élément naturel, considéré dans ses relations avec les êtres humains: soit au travers de la réalité vécue au quotidien (les métiers, le folklore, les techniques de puisage), soit au travers de sa symbolique (les cosmogonies, l'eau rouge, les eaux lustrales, l'eau des philosophes).

Cette démarche d'écriture relève d'une philosophie des Lumières, rattachée à l'histoire de la pensée du XVIIIème siècle. Cette période où s'inventent les sciences de l'homme et où l'humanité devient alors un objet privilégié de connaissance, en même temps qu'elle constitue une vertu, une éthique. A cette même époque, Diderot et d'Alembert élaborent leur Encyclopédie comme vaste volonté de recenser les savoirs scientifiques, techniques et humains. A ce propos, Roland Barthes écrit : "C'est la gageure de l'encyclopédie (dans ses planches) d'être à la fois didactique, fondée en conséquence sur une exigence sévère d'objectivité (de "réalité") et une oeuvre poétique, dans laquelle le réel est sans cesse débordé par autre chose (l'autre est le signe de tous les mystères)" (*Image raison déraison* 46). Ce même esprit se retrouve dans la démarche de l'auteur où le grand récit de l'eau est envisagé comme un paysage à parcourir dans une dimension réelle et dans une dimension propice au déploiement de l'imagination où "le paysage onirique n'est pas un cadre qui se remplit d'impressions, c'est une matière qui foisonne" (Bachelard, *L'Eau et les rêves* 11).

Ce grand récit de l'eau se construit à partir de multiples micro-récits abordés chacun comme une synthèse scientifique. Malgré l'écriture à la troisième personne du singulier qui apporte, donne au texte une caution, quasi méticuleuse, de sérieux, cette mise en récit d'une vision permet également de rendre compte d'une vision générale du monde d'où émerge l'expression de la sensibilité de l'auteur. Ainsi, s'élabore, au cours du texte, une trame de compréhension dans laquelle la narration nous situe au coeur même de l'activité humaine : "là où le groupe se constitue une mémoire, une histoire mais aussi, où il se donne une science et des représentations idéologiques" (*Narratif* 1328). L'eau est liée au destin de l'être; elle permet à l'homme de se penser, de se situer dans l'univers "non seulement le vain destin d'un rêve qui ne s'achève pas, mais un destin essentiel qui métamorphose sans cesse la substance de l'être" (Bachelard 13). Et c'est cette substance transitoire et coulante qui s'écoule hors de nous et en nous, comme principe de vie mais aussi comme principe de mort car "l'eau finit toujours en sa mort horizontale".[3]

Il est à remarquer que certains thèmes reviennent comme des leitmotive tout au long de l'ouvrage. C'est le cas, par exemple, de la dégradation de l'élément par la pollution, thème relié aux représentations fictives qui touche au couple eau pure/eau polluée. Développé dans une partie traitant de l'hygiène et du corps, ce thème est abordé de nouveau à propos des métiers de l'artisanat au Moyen Age. Il est ensuite repris dans une perspective moderne autour des activités industrielles contemporaines, désignées comme l'une des plus importantes nuisances qui menace les temps futurs, au regard de l'écologie. Ce thème et ces nombreuses reprises témoignent en soi de l'enjeu du concept de la pureté du fluide qui donne des sens précis à une psychologie prolixe liée à l'idée de la purification. Bachelard, dans son chapitre intitulé "Pureté et purification, la morale de l'eau" écrit qu'"on pourrait peut-être même symboliser toutes les valeurs par la pureté" (*L'Eau et les rêves* 153). Dans ce cas, l'eau est soit pure, soit purificatrice. Elle est donc liée aux valorisations de toutes sortes: médicinales, rituelles, sacrales, lustrales, existentielles, et représente une force féconde et rénovatrice. Elle appartient aux forces du Bien, elle est une substance bénéfique. Tandis que l'eau souillée, trouble renvoie au Mal, au monde chtonien. Des origines de la création, au bestiaire cosmogonique et aux eaux lustrales, Anne Decrosse développe longuement cet aspect positif de l'élément liquide. Fluide purificateur des déluges ou encore liquide purifiant des baptêmes, l'eau divine sacrale est partout dans la maison de Dieu. Le fluide mystique du cosmos est le liant entre le ciel et la terre où "l'alchimie de l'eau a donc là un fort ancrage architectural, entre ciel et terre, et est liée à des phénomènes hydriques et cosmiques dont saint Médard assure l'opérativité nourricière et mystique" (153). Dans les représentations liées à la matérialité, la pureté de l'élément est connotée à sa fraîcheur qui rénove et fait renaître. C'est elle encore qui réveille et rajeunit tout être. Ce rêve de la rénovation trouve alors à s'exprimer dans le mythe de la fontaine de Jouvence, dont l'origine remonte à "Juventa, la nymphe transformée par Jupiter en fontaine, [qui] avait la vertu de rajeunir ceux qui se baignaient dans ses eaux" (153). Mythe qui, au Moyen Age, devint pour la quête des chevaliers errants, le symbole des tentations "qui précèdent la découverte spirituelle de l'eau, et la délivrance et la joie mystique que celle-ci procure".[4] La fontaine des philosophes aussi appelée bain philosophique (décrite en 1606, par Libavius dans le *Commentariorum alchymiæ*), est un autre exemple de la relation vitale de l'homme à son origine et de la signification profondément féminine de cet élément. En effet, "cette fontaine alchimique s'appelle aussi vaisseau de la nature, le ventre, la matrice, le réceptacle de la teinture" (153). Elle se pense comme métaphore de la sagesse et de la connaissance à laquelle elle est souvent associée.

Les récurrences des thèmes tout au long de l'ouvrage créent ainsi des "scansions" qui laissent apparaître dans le grand récit, un certain nombre de cycles qui le structurent. En effet, la reprise des contenus "dits autrement" et ceux des thèmes qui se répondent au cours de la lecture créent un rythme générique enserrant le savoir dans sa trame narrative, tout en apportant un sentiment de reconnaissance pour le lecteur. De cette construction émerge un rythme dans lesquels textes et images se correspondent, tout comme se renvoient et s'étoffent un même thème à l'intérieur de l'ouvrage. Le lecteur est ainsi graduellement conduit, doucement mais efficacement, à construire son propre savoir en passant d'un récit à un autre, en s'intéressant d'une anecdote à une autre, d'une image à une autre. Ainsi, de chapitres en chapitres, de paragraphes en paragraphes, de titres en sous-titres, de phrases en phrases, cette écriture coule et concourt à une fluidité du texte par l'enchaînement aisé des diverses parties. La sensualité qui découle de cette construction invite ainsi à goûter une certaine délectation en partie aménagée par la fluidité de l'écriture.

Ce plaisir du texte est peut-être à rapprocher de celui-là même dont parle Roland Barthes, "le texte de plaisir n'est pas forcément celui qui relate des plaisirs, le texte de jouissance n'est jamais celui qui raconte une jouissance" (*Le plaisir du texte* 88). Cela résulte de la fluidité de l'écriture et de la reprise des occurrences de l'eau permettant ainsi au lecteur de suivre et de retracer les grands cycles se donnant comme des événements aussi bien réels qu'imaginaires. Aussi le lecteur est amené au fur et à mesure qu'il acquiert des connaissances, à les réintégrer dans sa propre histoire et dans ses propres sentiments. A travers l'évocation de cette histoire collective des sentiments et des actions des Hommes, il comprend peu à peu que les mythes ainsi générés ont été, avant tout, régulateurs de l'ordre économique et social. Cette dimension, l'auteur l'exprime ainsi clairement, "réunissant les forces de vie dans les moments collectifs du travail ou des fêtes, l'eau puisée, conservée, endiguée, distribuée a constitué la clé de voûte de la civilisation" (154).

Cette réalisation englobe dans une démarche rigoureuse de diffusion des savoirs, une dimension particulière dans laquelle c'est la personnalité d'une femme-auteur qui permet d'en humaniser les propos. En effet, ce très fort sentiment de l'humain se fait jour même au coeur de la symbolique qui nous renvoie, en écho, aux archétypes présents et passés qui existent et se constituent continûment dans les mémoires collectives. Cette symbiose entre la féminité de l'auteur et de l'élément témoigne d'un amour du monde des femmes et des hommes.

Du texte à l'image et de l'image au texte, un enthousiasme pour la nature humaine transparaît et s'exprime tout particulièrement par l'iconographie dans laquelle les femmes et les hommes sont saisis dans leurs tâches quotidiennes et dans les menues choses de la vie. Abondamment présente dans le livre, elle lui confère une place importante comme médiation sensible du savoir sur l'eau. L'image est toujours le reflet de quelque chose: elle nous parle d'une certaine représentation du monde, elle nous la raconte. Son apparente immédiateté, ainsi que la délectation contemplative qui lui est associée, contribue à aménager des pauses tout en proposant une lecture différente et complémentaire des dits du texte. Comme mentionnée précédemment, l'évidence de l'impact des images révèle aussi une grande sensibilité au beau. Et le sentiment du beau privilégie l'émotion immédiate, sans intermédiaire, sans distance, des choses et de nous-mêmes. L'art sublime la vie, la rend plus belle. L'auteur nous "touche", dans notre émotion par le biais de nos sensations. Tout comme l'eau qui, matière et substance primordiale, agit profondément et inconsciemment sur nous, nous disposant ainsi à être émus, nous ne pouvons qu'éprouver de la sympathie pour le genre humain tout comme pour son inépuisable beauté. La démarche de l'auteur intègre les touches sensitives et les opérations intellectuelles qui se partagent et se répondent pour engager notre conscience au monde. L'eau est alors le vecteur de cette volonté humaniste et encyclopédique réalisée à travers le verbe et l'image. Ce regard bienveillant, maternel même, posé sur les femmes et sur les hommes suggère un immense respect face à la création, à la vie. Cette bonté se répand à l'égal de la matière liquide. L'auteur exprime sa féminité dans l'hommage fait à la création, en référence au corps maternel de la femme qui engendre la vie au sein de la nature à l'image de l'eau qui fertilise et nourrit: elle est donc primitivement associée à l'enfantement. Elle engendre, vivifie, régénère. L'eau est fécondante et tient à ce titre une place d'exception puisque toute existence végétale et animale dépend d'elle. L'auteur la sublime comme principe de vie. Les rythmes présents dans l'ouvrage font écho au cycle menstruel de la femme, aux rythmes naturels du corps.

Ces caractères associés au féminin, transparaissent jusque dans une certaine intuition de l'écriture puisque l'auteur confie que cette écriture fluide, non linéaire, s'est manifestée sous cette forme au fur et à mesure du travail rédactionnel. Cette fluidité de l'écriture exprime métaphoriquement celle de l'élément. Le rythme de l'ouvrage rend compte de même manière des flux et des reflux qui caractérisent l'eau. En effet, la partition et l'enchaînement entre les divers chapitres évoquent la rythmicité des marées liées aux phases de la lune. Le corps féminin est lui-même lié par la menstruation à ces phases lunaires. Ainsi tout au long de l'ouvrage sont signifiées les relations fondamentales et naturelles qui unissent le corps de la femme dans ce qui marque sa féminité, au grand cycle cosmique de la lune par l'entremise des mouvements de l'élément liquide.

Des techniques propres à l'utilisation de l'eau, découlent des pratiques sociales et des gestes quotidiens, des habitudes de vie, des traditions populaires, des émotions et des symboliques liées à l'existence, mêlant aux épisodes réels des épisodes mythologiques archaïques. Aussi avant que l'eau courante ne desserve définitivement tous les foyers en 1958, dans la France rurale et dans la France ouvrière, ce sont les femmes qui puisent, portent, montent l'eau à partir de bornes-fontaines publiques et collectives. Les activités domestiques qui ont été de tout temps liées au rôle social des femmes structurent en retour leur rapport au monde. Aussi, dans la France rurale, ce sont elles qui géraient les multiples besoins qui lui sont liés: la boisson des bêtes, celle pour la consommation alimentaire familiale, celle pour la toilette (peu), celle pour le linge, celle pour la vaisselle et enfin "les eaux grasses nourrissaient le potager et les cochons" (118). Une autre activité leur incombaient, les lessives de la maison. La lessive est faite deux fois l'an. Elle s'inscrivait alors dans un rituel de purification du linge : on assainissait ainsi la maison. L'auteur nous rappelle que "la relation des femmes à l'eau constituant ainsi un facteur traditionnel de cohésion sociale, celle de la petite histoire au jour le jour, celle de la vie, de la maladie, de la fête et de la mort" (117). De fait, certains métiers, en contact permanent avec l'eau nouent avec celle-ci des liens privilégiés. Telles les blanchisseuses et les lavandières qui "gaussait en termes crus des traces de la vie intime que présentaient le linge" (124). Le lavoir, lieu social privilégié de la parole des femmes où s'étalait au grand jour la vie privée quotidienne est aussi un lieu de pratiques divinatoires, de magie et de sortilèges participant ainsi des étapes initiatiques de la vie : mariage, mort ou maladie.

Les femmes "qui font l'enfant et le mort" (124), s'occupent elles des deux toilettes fondamentales, celle du nouveau-né et celle du défunt. Ces rituels de purification s'inscrivent dans des étapes initiatiques de passage associant l'eau et le sang : "Eau symbolique, elle produisait une catharsis sur les liquides du corps, "les eaux" qui annoncent la naissance imminente` ou les liquides du cadavre, et régulait ainsi la transformation sociale qui advenait à l'arrivée ou au départ de l'un du village" (126). Anne Decrosse débute son grand récit de l'eau en évoquant, l'eau primitive, celle qui a permis la vie, "la naissance de la vie, c'est à dire la création d'un milieu intérieur, évolua de la biomolécule à des organismes plus complexes, dont certaines algues et les invertébrés mous" (14). A une explication scientifique du développement de la vie se conjuguent les cosmogonies dont cet élément est fondateur. Ainsi, "dans le livre de la genèse, Dieu créa le monde à partir de l'eau. Maîtrisée et enfouie au coeur du monde, l'eau jaillissait en ondes pures au centre du jardin d'Eden" (130). En fait, les visions scientifiques et les visions symboliques liées aux cosmogonies mythologiques coexistent et s'appellent les unes les autres car de tout temps les Hommes ont tenté de donner sens à ce qui les environne, afin de percer les mystères de la vie et de saisir leur destinée.

Quand l'auteur retrace la genèse de l'univers primitif, elle explique ainsi l'origine cosmique de toute source de vie terrestre. Le début du livre explicite en quoi l'eau est essentielle à la formation de la vie. Depuis là, nul ne peut plus s'étonner de sa place vitale, de l'incitation à la rêverie que génère cet élément dans notre lien premier avec l'univers. La cosmogonie mythique, la fontaine de Jouvence, comme valorisation de l'eau, source de toute vie rejoint le cycle de l'eau comme condition à la vie sur terre, explicitée au début du livre : la boucle se boucle et recommence, un cycle remplace un autre cycle.

De même, les thèmes repris, augmentés et abordés sous divers angles tout au long du livre sont à chaque récurrence imprégnés d'une vie nouvelle qui donne un rythme fluide et rond à la lecture. Ainsi une vision englobante et ronde, des choses et des faits, transparaît tout au long de l'ouvrage, enchâssée dans le rythme général. Comme pour une tapisserie, sur la trame de l'ouvrage, l'auteur a tissé les fils de ses réflexions pour construire le motif général de l'eau. Ces boucles, ces rondeurs renvoient à des caractères proprement féminins qui se retrouvent exprimés dans la symbolique de l'eau.

La symbolique de l'eau est plurielle: en témoignent les nombreuses appellations, souvent féminines, des divinités aquatiques: nymphes, naïades, néréides, sirènes, océanides, nagi, néréides, sirènes, et, plus tard, fées, vouivres et serpents des fontaines et des sources. L'auteur montre comment les représentations s'appuient sur la vision des forces violentes et indomptables (raz de marée, crues) afin que soit possible à l'homme d'interpréter et de comprendre le monde dans lequel il vit. Ce qui est encore largement évoqué dans l'iconographie ayant trait aux activités proprement humaines.

Des contradictions apparaissent parfois dans l'ambivalence des symboles. L'eau donne aussi bien la vie que la mort. Trois grands thèmes se découpent tout au long de l'ouvrage: l'eau comme source de vie (germinale et fécondante), comme moyen de purification (eau médicinale, prendre les eaux) et comme centre de régénération (baptismale ou lustrale, diluviale). A l'état naturel,ce fluide est donc source de vie mais également source de mort. Elle porte en elle de forces contradictoires que la nature humaine ne peut contenir. Les Hommes en craignent l'aspect sauvage et incontrôlable malgré sa domestication et malgré les connaissances acquises. Les eaux issues de la maternité possèdent une valeur positive, proprement féminine en tant que source d'une naissance continue.

Anne Decrosse aborde bien l'eau abyssale, ces eaux des profondeurs où règnent les forces de destruction mais c'est comme pour mieux revenir à la clarté limpide des sources et des fontaines qui elles, renvoient au monde des origines, au monde limpide. Les représentations positives de l'eau tiennent une grande place dans l'ouvrage, en harmonie avec l'attitude profondément humaniste de l'auteur qui affirme également par là, son propre intérêt pour la dimension créatrice comme force de vie et de construction. La fontaine de jouvence, dernière image du livre, est une image hautement symbolique comme principe de vie et de régénérescence. Cela rejoint ce que Claude Mettra exprime par ces mots : "Cette figure de la fontaine au centre du jardin d'Eden est le miroir de notre espérance : trouver de l'eau qui nous rendra à notre condition première, à notre innocence égarée". Et encore "il est en nous l'esquisse de notre possible joie . . . Il est jardin d'amour, régi par le désir et la pure jouissance d'exister" (21).

A la lecture de l'ouvrage, nous sentons à l'instar de ce que Bachelard écrit que "le lecteur sentira s'ouvrir, sous l'imagination des formes, l'imagination des substances. Il reconnaître dans l'eau, dans la substance de l'eau, un type d'intimité" (*L'Eau et les rêves* 167). Cette intimité dont parle Bachelard, notre auteur la partage d'une part avec son sujet et d'autre part, elle nous la transmet non pas en exprimant une subjectivité directe mais en la reliant au destin de l'être, comme autant d'étapes transitoires où vient s'imprimer la pensée du liquide et de son pouvoir sur le psychisme humain.

Bien plus qu'une écriture spécifiquement féminine[5] laquelle se réclamerait d'une opposition entre les écrits des femmes et les écrits des hommes (approche dont l'intérêt se situe plus dans une perspective historique et sociale) l'auteur propose ici de mettre en oeuvre une dimension d'écriture qui se veut civilisatrice. En effet, pour l'auteur, cette mission civilisatrice échoit à la femme-auteur.

Et ce livre est là pour nous rappeler, si toutefois nous l'avions oublié, que bien qu'élément de la vie quotidienne, l'eau nous est si familière que l'on perd trop souvent l'importance qu'elle revêt pour notre vie, sinon pour notre survie sur la terre. Ce parti-pris conceptuel trouve sa légitimité et se développe avec conviction tout au long du livre. L'écriture ici mise en oeuvre, participe d'une congruence au "progrès" de l'humanité, tout en affirmant et en exploitant les propres caractéristiques féminines de l'auteur. Cette démarche, qui constitue un nouvel humanisme en ces temps d'ère du vide, s'élargit par le regard spécifiquement féminin qui est porté sur le monde. C'est donc une femme qui nous rappelle ici que l'eau renvoie inexorablement à notre propre origine.

Notes

1. Elle enseigne également à l'Ecole des Hautes Etudes en Sciences Sociales, à Paris.

2. Voir le livre *(Auto) critique de la science*. Paris: Le Seuil, 1975. Le texte consacre un chapitre sur les femmes scientifiques et patrons de recherches. Ce questionnement est représentatif de la lutte des femmes dans ce champ pour l'égalité.

3. Bachelard a tenté une approche psychologique des diverses rêveries induites par les natures de l'eau (*L'Eau et les rêves*. Paris: José Corti, 1942). Toutefois Anne Decrosse tient à préciser que, même si elle approuve le rapprochement fait ici avec cet auteur, le texte de son ouvrage, à l'origine, n'y fait pas référence.

4. Voir l'iconographie de l'ouvrage d'Anne Decrosse - Fresque de la fin XIVème-début XVème siècle, château de Manta, Italie (Paris: Du May, 1990).

5. L'auteur travaille sur les femmes et la langue depuis 1978. Elle a piloté le colloque national: *Femmes, Féminisme, Recherche* en 1983. Présidente des sections *Francophones, Ecriture, Langage, Société*. A publié un essai sur le féminisme et le sujet linguistique, Ed. des Sciences de l'Homme/Ed. de Vérone.

BIBLIOGRAPHIE DES AUTEURS
TRAITÉS DANS CETTE ÉTUDE
(PAR ORDRE CHRONOLOGIQUE DE PUBLICATION)

La bibliographie pour chaque auteur est présentée dans l'ordre suivant: les textes publiés et les études critiques. Ne seront listées que les oeuvres faisant l'objet de cette étude.

CALIXTHE BEYALA

Beyala, Calixthe. *C'est le soleil qui m'a brûlée*. Paris: Editions Stock, 1987.

_____. *Tu t'appeleras Tanga*. Paris: Stock, 1988.

_____. *Le petit Prince de Belleville*. Paris: Albin Michel, 1992.

_____. *Maman a un amant*. Paris: Albin Michel, 1993.

CORINNA BILLE

Bille, Corinna. *Bal double, Le-*. Paris: Gallimard et Vevey: Bertil Galland, 1980.

_____. *Demoiselle sauvage, La-*. Paris: Gallimard, 1974.

_____. *Deux passions*. Paris: Gallimard, 1979.

_____. *Douleurs paysannes*. Lausanne: Guilde du Livre, 1955.

_____. *Enfant aveugle, L'-*. Lausanne: Miroirs Partagés, 1954.

_____. *Finges, Forêt du Rhône*. Lausanne: Grand Pont, 1975. Photographies de Suzi Pilet.

_____. *Fraise noire, La-*. Lausanne: Guilde du Livre, 1968.

_____. *Inconnue du Haut-Rhône, L'-*. Six pièces en un acte. Lausanne: Rencontre, 1963.

_____. *Invités de Moscou, Les-*. Vevey: Bertil Galland, 1977.

_____. *Oeil-de-mer*. Lausanne: 24 Heures, 1989.

_____. *Sabot de Vénus, Le-*. [1952]. Albeuve: Castella, 1982.

_____. *Salon ovale, Le-*. Vevey: Bertil Galland, 1977.

_____. *Vrai Conte de ma vie, Le-*. Etabli par Christiane Makward. Lausanne: Empreintes, 1992.

Courten, Maryke de. *L'Imaginaire dans l'oeuvre de Corinna Bille*. Neuchâtel: La Baconnière.

Ecriture 27: Maurice Chappaz. Lausanne, 1986.

Ecriture 33: S. Corinna Bille. Lausanne, 1989.

NINA BOURAOUI

Bouraoui, Nina. *La Voyeuse interdite*. Paris: © Gallimard, 1991.

_____. *Poing mort*. Paris: © Gallimard, 1992.

Abu-Haidar, Farida. "Le chant morne d'une jeune fille cloîtrée: *La Voyeuse interdite* de Nina Bouraoui". *Bulletin of Francophone Africa*, Maghreb Research Group, (Fall 1993): 56–60.

Chikhi, Beïda. "Revue de livre sur *Poing mort*". *Journal of Maghrebi Studies*, 1-2, n. 1 (Spring 93): 97–99.

Crouzières-Ingenthron, Armelle. "Naissance du moi, naissance d'une écriture: parole baudelairienne dans *La Voyeuse interdite* de Nina Bouraoui". *Journal of Maghrebi Studies*, 1-2, n. 1 (Spring 93): 63–71.

Petillon, Monique. "La vie au pays des morts". *Le Monde*, 13 novembre 1992: 35.

Thévenin, Dominique. "Revue de livre sur *La Voyeuse interdite*". *The French Review*, 66, n. 5 (Avril 93): 842–43.

HÉLÈNE CIXOUS

Cixous, Hélène. *L'Exil de James Joyce ou l'art de remplacement*. Recherches. Paris: Grasset, 1968.

_____. "Le Rire de la Méduse". *L'ARC* 61 (1975): 39–54.

_____. *La*. Paris: Gallimard, 1976.

_____. *With ou l'art de l'innocence*. Paris: Ed. des femmes, 1981.

____. *Jours de l'an*. Paris: Ed. des femmes, 1990.

____. *L'Ange au secret*. Paris: Ed. des femmes, 1991.

____. *Déluge*. Paris: Ed. des femmes, 1992.

____. *Beethoven à jamais*. Paris: Ed. des femmes, 1993.

Fisher, Claudine G.. "Cixous ou des sourires et des hommes". *Women in French Studies*. (1992 MLA Meeting), 1992: 37–43.

Motard-Noar, Martine. *Les Fictions d'Hélène Cixous*. Lexington, Kentucky: French Forum, Publishers, 1991.

Van Rossum-Guyon, Françoise, Díaz-Diocaretz, Myriam. *Hélène Cixous, chemins d'une écriture*. Amsterdam/Paris: RODOPI/PUV, 1990.

ANDRÉE CHEDID

Chedid, Andrée. *Le Sixième Jour*. Paris: Julliard, 1960.

____. *La Cité fertile*. Paris: Flammarion, 1972.

____. *Nefertiti et le rêve d'Akhnaton*. Paris: Flammarion, 1974.

Le Sixième Jour (film basé sur le roman). Cinéaste Youssef Chahine, 1986.

Accad, Evelyne. "Fraternité de la parole". *World Literature Today* 51 (1977): 57.

Cochran, Judy. "Double-pays: l'univers poétique d'Andrée Chedid". Session "Paysages Imaginaires". *Conseil International des Etudes Francophones*. Strasbourg, 20–27 juin 1992.

____. "Le Désert: lieu d'espoir et d'amour dans l'oeuvre d'Andrée Chedid". Session "Paysages de femmes dans la littérature francophone". *Conseil International des Etudes Francophones*. Casablanca, 10–17 juillet 1993.

Knapp, Bettina L. *Andrée Chedid*. Amsterdam: Rodopi, 1984.

____. "Interview avec Andrée Chedid". *The French Review* 57.4 (1984): 517–23.

Linkhorn, Renée. "Andrée Chedid: *Les Marches de sable*". *The French Review* 55.6 (1982): 922–29.

____. "Andrée Chedid: quête poétique d'une fraternité". *The French*

Review 58.4 (1985): 559–65.

Mann, Joan Debbie. "Fraternité de la parole: les voix (voies) de la narration dans l'oeuvre romanesque d'Andrée Chedid". DAI 48 (1988): 2073A. U of Florida.

ANNIE COHEN

Cohen, Annie. *Les Sabliers du bord de mer*. Paris: des femmes, 1981.

_____. *Les Etangs de la Reine Blanche*. Paris: des femmes, 1984.

_____. *Le Peignoir à plumes*. Paris: des femmes, 1984.

_____. *L'Edifice invisible*. Paris: des femmes, 1988.

_____. "Signes particuliers: Néant". *Roman* 23 (juin 88):46–48.

Chawaf, Chantal. *Le Corps et le verbe: La Langue en sens inverse*. Paris: Presses de la Renaissance, 1992: 24–55.

MARYSE CONDÉ

Condé, Maryse. *Traversée de la mangrove*. Paris: Mercure de France, 1989.

Smith, Arlette. "The Semiotics of Exile in Maryse Condé's Fictional Works". *Callaloo* 14.2 (1991).

ANNE DECROSSE

Decrosse, Anne. *Toute l'eau du monde. Géographie et histoire de l'eau*. Paris: Du May, 1990.

EUGÉNIE DE KEYSER

De Keyser, Eugénie. *Le Chien*. Paris: Gallimard, 1964.

_____. *La Surface de l'eau*. Paris: Gallimard, 1966.

Textyles. *Romancières*. Bruxelles, n. 9, automne 1993.

ASSIA DJEBAR

Djebar, Assia. *La Soif*. Paris: Julliard, 1957.

_____. *Les Impatients*. Paris: Julliard, 1958.

_____. *Les Alouettes naïves*. Paris: Julliard, 1967.

_____. *Femmes d'Alger dans leur appartement*. Paris: Ed. des Femmes, 1980.

_____. *L'Amour, la fantasia*. Paris: J.C. Latès, 1985.

_____. *Ombre sultane*. Paris: J.C. Latès, 1987.

Mortimer, Mildred. *Journeys through the French African Novel*. Portsmouth: Heinemann, 1990.

_____. "Language and Space in the Fiction of Assia Djebar and Leila Sebbar". *Research in African Literature* 19.3 (1988).

MARGUERITE DURAS

Duras, Marguerite. *La Vie tranquille*. Paris: Gallimard, 1944.

_____. *Un Barrage contre le Pacifique*. Paris: Gallimard, 1950.

_____. *Le Vice-consul*. Paris: Gallimard, 1966.

_____. *India Song*. Paris: Gallimard, 1973.

_____. *Les Parleuses*. Entretiens avec Xavière Gauthier. Paris: Ed. de Minuit, 1974.

_____. *Les Lieux*. Paris: Ed. de Minuit, 1977.

_____. *L'Amant*. Paris: Ed. de Minuit, 1984.

_____. *L'Amant de la Chine du Nord*. Paris: Gallimard, 1991.

_____. *Ecrire*. Paris: Gallimard, 1993.

Armel, Aliette. *Marguerite Duras et l'autobiographie*. Paris: Le Castor Astral, 1990.

Blot-Labarrère, Christiane. *Marguerite Duras*. Paris: Seuil, 1992.

Borgomano, Madeleine. "La Fascination du vide". *L'ARC* 98. Le Jas, 1985.

_____. *Duras, Une Lecture des fantasmes*. Petit Roeulx, Belgique: Cistre-Essais, 1985.

Carruggi, Noëlle. "Marguerite Duras, une expérience intérieure 'le gommage de l'être en faveur de tout'", New York: Peter Lang (A paraître en 1995).

_____. "Le défi durassien". *French Feminist Writers Symposium*, Hoffstra University, April 21, 1994.

Ligot, Marie-Thérèse. *Marie-Thérèse Ligot présente "Un Barrage contre le Pacifique"*. Paris: Gallimard, 1992.

Marini, Marcelle. *Territoires du féminin*. Paris: Minuit, 1977.

Vircondelet, Alain. *Marguerite Duras*. Paris: Ed. François Bourin, 1991.

MARIE GEVERS

Gevers, Marie. *La Comtesse des digues* [1931]. Bruxelles: Ed. Labor, 1983.

_____. *Madame Orpha ou la sérénade de mai* [1933]. Bruxelles: Ed. Jacques Antoine, 1979.

_____. *Plaisir des météores ou le livre des douze mois* [1938]. Bruxelles, Ed. Jacques Antoine, 1986.

_____. *Vie et Mort d'un étang* [1961]. Bruxelles: Ed. Jacques Antoine, 1979.

Editions Labor. *Marie Gevers*. Bruxelles, 1987.

Helm, Yolande. "Colette et Marie Gevers: une écriture en parallèle". *Revue francophone de Louisiane* Vol. VIII, n. 1 (1994).

Skenazi, Cynthia. *Marie Gevers. Correspondance*. Bruxelles: Ed. Labor, 1986.

_____. *Marie Gevers et la nature*. Bruxelles: Palais des Académies, 1983.

ANNE HÉBERT

Hébert, Anne. *Le Torrent*. Montréal: HMH, 1976.

_____. *Les Fous de Bassan*. Paris: © Seuil, Coll. Points, 1984.

_____. *Poèmes*. Paris: © Seuil, 1960.

Smart, Patricia. *Ecrire dans la maison du père*. Montréal: Québec/Amérique, 1990.

LUCE IRIGARAY

Irigaray, Luce. "La Mécanique des fluides". *Ce Sexe qui n'en est pas un.* Paris: Seuil, 1977.

____. *Et l'une ne bouge pas sans l'autre.* Paris: Minuit, 1979.

____. "Le corps-à-corps avec la mère". *Sexes et parentés.* Paris: Minuit, 1987.

____. *Amante Marine.* Paris: Minuit, 1980.

____. *Je, tu, nous.* Paris: Grasset, 1990.

____. *J'aime à toi.* Paris: Grasset, 1991.

WEREWERE LIKING

Liking, Werewere. *L'amour-cent-vies.* Paris: Publisud, 1988.

____. *Elle sera de jaspe et de corail.* Paris: L'Harmattan, 1983.

____. *Orphée-Dafric* (Roman). Suivi de: Manuna Ma Njock. *Orphée d'Afrique* (Théâtre rituel). Paris: L'Harmattan, 1983.

____. *La puissance de Um.* Abidjan: CEDA, 1979.

Hawkins, Peter. "Un 'néo-primitivisme' africain? L'exemple de Werewere Liking". *Revue des sciences humaines* 227 (juillet-septembre 1992): 233–41.

Makhele, Caya. "Notes de lecture sur *JC*". *Notre Librairie* 79 (1985): 42–43.

Ndachi Tagne, David. "Werewere Liking. Créatrice, prolifique et novatrice". *Notre Librairie* 99 (1989): 194–96.

Pillot, Christine. "Le 'vivre vrai' de Werewere Liking". *Notre Librairie* 102 (1990): 54–58.

Water, Harold A. "Black French Theater Update". *World Literature Today.* 57.1 (Winter 1983): 43–48.

FRANÇOISE LISON-LEROY

Lison-Leroy, Françoise. *Elle, d'urgence.* Amay: L'Arbre à paroles, 1987.

____. *Pays géomètre*. Paris: L'âge d'homme, 1991.

COLETTE NYS-MAZURE

Nys-Mazure, Colette. *La Vie à foison*. Valenciennes: Cahiers Froissart 55, Deuxième édition 1981 (1975). Prix Froissart.

____. *D'Amour et de cendre*. Cahiers Froissart 55, Deuxième édition, 1981.

____. *Pénétrance*. Tournai: Unimuse, 1985. Prix Charles Plisnier

____. *Petite fugue pour funambules*. Tournai: Unimuse, 1985.

____. *Haute enfance*. Amay: Le Buisson ardent, L'Arbre à paroles, 1989. (Grand Prix de Poésie pour la Jeunesse - Ministère de l'Education nationale, de la Jeunesse et des Sports. Maison de poésie. Paris.)

____. *Singulières et Plurielles*. Charlieu: La Bartavelle, 1992.

____. *Suzanne Lilar* (essai). Bruxelles: Editions Labor, Collection Un Livre une oeuvre, 1992.

____. "Corps-paysage" in *Lettres d'Europe*. Court Saint-Etienne: Centre Culturel du Brabant Wallon, 1992.

____. *Arpents sauvages*. Charlieu: La Bartavelle, 1993.

____. "Voix d'eau" in *Lieux d'être* (revue), Marcq en Bareuil, n.16, Hiver 1993–1994.

HÉLÈNE OUVRARD

Ouvrard, Hélène. *La Noyante*. Montréal: Québec/Amérique, coll. "Littérature d'Amérique", 1980.

Mauguière, Bénédicte. "Mythe, symbole et idéologie du pays dans *La Noyante* d'Hélène Ouvrard". *The French Review* 65.5 (Avril 1992):754–64.

MARIE REDONNET

Redonnet, Marie. *Forever Valley*. Paris: Minuit, 1986.

____. *Splendid Hôtel*. Paris: Minuit, 1986.

____. *Rose Mélie Rose*. Paris: Minuit, 1987.

____. "Redonne après maldonne". *L'Infini* 19 (1987): 160–63.

Fallaize, Elizabeth. "Filling in the Blank Canvas: Memory, Inheritance and Identity in Marie Redonnet's *Rose Mélie Rose*". *Forum for Modern Languages Studies* 28.4 (1992): 320–34.

Prévost, Claude, et Jean-Claude Lebrun. "Profil: Marie Redonnet". *Nouveaux Territoires romanesques*. Paris: Messidor/Editions Sociales, 1990: 193–98.

Went-Yaoust, Yvette. "Ecrire le conte de fées: l'oeuvre de Marie Redonnet". *Neophilologus* 77.3 (1993): 387–94.

BIBLIOGRAPHIE GÉNÉRALE

Accad, Evelyne. "Fraternité de la parole". *World Literature Today* 51 (1977): 57.

Adler, Gerhardt. *Etudes de psychologie jungienne*. Genève, 1957.

Amir, Nabila. "Un vendredi au hammam". *Alger républicain*, 6 juillet 93.

Antoine, Gérald. *Les cinq grandes Odes de Claudel ou la poésie de la répétition*. Paris: M.J. Minard, 1959.

Bachelard, Gaston. *L'Eau et les Rêves. Essai sur l'imagination de la matière*. Paris: Librairie José Corti, 1942.

____. *L'Air et les songes: Essai sur l'imagination du mouvement*. Paris: José Corti, 1943.

____. *La Terre et les rêveries de la volonté*. Paris: José Corti, 1948.

____. *La Terre et les rêveries du repos*. Paris: José Corti,   1948.

____. *La Poétique de l'espace*. Paris: Presses Universitaires de France, 1957.

Bakhtin, Mikhail M. *The Dialogic Imagination*. Austin: University of Texas Press, 1981.

Balakian, Anna. *Surrealism: The Road to the Absolute*. Chicago: University of Chicago Press, 1986.

Barthes. Roland. *Mythologies*. Paris: Seuil, 1957.

____. *Image, raison, déraison, dans l'Univers de l'Encyclopédie*. Paris:

Librairies associées, t.1, 1964.

____. *Le Plaisir du texte*. Paris: Seuil, 1973.

Belamri, Rabah. *Le Soleil sous les tamis*. Paris: Publisud, 1982.

Bernal, Martin. *Black Athena: The Afroasiatic Roots of Classical Civilization*. London: Free Association Books, 1987.

Bible, la. Plusieurs versions.

Boudjedra, Rachid. *La Répudiation*. Paris: Denoël, 1969.

Bouhdiba, Abdelwahab. *La Sexualité en Islam*. Paris: P.U.F., 1975.

Brossard, Nicole et Lisette Girouard, éd. *Anthologie de la poésie des femmes au Québec*. Montréal: les Editions du remue-ménage, 1991.

Caillois, Roger. *L'Homme et le Sacré*. Paris: Gallimard, 1950.

Campbell, Joseph. *The Power of Myth*. New York: Doubleday, 1988.

Cavendish, Richard. *Mythology*. New York: Barnes and Noble Books, 1993.

Chebel, Malek. *L'Imaginaire arabo-musulman*. Paris: P.U.F., 1993.

____. *L'Esprit de sérail*. Paris: P.U.F., 1988.

____. *Le Corps dans la tradition au Maghreb*. Paris: P.U.F., 1984.

Chelbi, Mustafa. *Culture et mémoire collective au Maghreb*. Paris: Académie européenne du livre, 1989.

Chesler, Phyllis. *Les Femmes et la Folie*. Paris: Payot, 1975.

Chevalier, Jean, et al.. *Dictionnaire des symboles* [1962]. Paris: Ed. Robert Laffont, 1982.

Cirlot, J.E.. *A Dictionary of Symbols*. New York: Vail-Ballou Press Inc., 1972.

Colette. *Sido* [1930]. Paris: Hachette, 1985.

David, Christian. *L'Etat amoureux*. Paris: Payot, 1971.

de Montaigne, Michel. *Essais* 3 vols. Paris: Garnier-Flammarion, 1969.

Dictionnaire de spiritualité ascétique et mystique. Paris: Beauchesne, 1957.

Durand, Gilbert. *Les Structures anthropologiques de l'imaginaire* [1969]. 11ème édition. Paris: Dunod, 1992.

____. *Les Structures anthropologiques de l'imaginaire*. 10ème édition. Paris: Bordas, 1983.

____. *Figures mythiques et visages de l'oeuvre*. Paris: Berg International, 1979.

Eliade Mircea. *Traité d'histoire des religions* [1949]. Paris: Payot, 1964 (rééd).

____. *Le Sacré et le Profane*. Paris: Gallimard, 1965.

Eluard, Paul. "La vie immédiate". *Poésie*. Paris: Gallimard, 1932.

Encyclopaedia Judaica Jerusalem. Vol. 5, 9. New York: MacMillan Company, CO Keter Publishing House, 1971.

Encyclopaedia of Islam. New Ed. Vol. III. Netherlands: Leiden E.J. Brill, 1971.

Felman, Shoshana. *La Folie et la chose littéraire*. Paris: Seuil, 1978.

Fénelon. *Les Aventures de Télémaque*. Paris: Librairie Hachette et Cie, 1880.

Freud, Sigmund. *A General Introduction to Psychoanalysis*. New York: Pocket Book, 1975.

Garcia, Irma. *Promenade femmilière*. Paris: des femmes, 1981.

Girard, René. *La Violence et le Sacré*. Paris: Ed. Bernard Grasset, Coll. Pluriel, 1972.

Gouhier, Marie-Louise. *Bachelard, Colloque de Cerisy*. Paris: Union Générale d'Editions, 1974.

Jaccard, Roland. *L'Exil intérieur*. Paris: PUF, 1975.

Jaccottet, Philippe. *Une Transaction secrète*. Paris: Gallimard, 1987.

Kristeva, Julia. *La Révolution du langage poétique*. Paris: Minuit, 1977.

____. *Pouvoirs de l'horreur*. Paris: Ed. du Seuil, Coll. Points, 1980.

Kundera, Milan. *L'Art du roman*. Paris: Gallimard, 1986.

Lacan, Jacques. *Séminaire XX:* "Encore". Paris: Seuil, 1975.

Lacoste-Dujardin, Camille. *Des Mères contre les femmes*. Paris: La Découverte, 1983.

Lamar, Celita. *Our Voices, Ourselves. Women Writing for the French Theatre*. New York: Peter Lang, 1991.

Legris, Michel. "Treize témoins pour mémoire". *L'Express* 2200 (9 septembre 1993): 49.

Lipovetsky, Gilles. *L'ère du vide. Essai sur l'individualisme contemporain*. Paris: Gallimard, 1983.

Mazrui, Ali. *The Africans - A Triple Heritage*. Boston: Little, Brown and

Company, 1986; also PBS series "New Gods", Program # 2, 1986.

Mernissi, Fatima. *Sexe Idéologie Islam*. Trad. Diane Brower et Anne-Marie Pelletier. Paris: Tierce, 1983.

Mettra, Claude. "Les eaux et les songes". *Le grand Livre de l'eau*. Paris: Manufacture/cité des sciences et de l'industrie, 1990.

Narratif, art, in *Encyclopedia Universalis*, vol. 19, Paris, 1968.

Neumann, Erich. *The Great Mother*. Princeton University Press: Bollingen Series XLVII, 1974.

Nussbaum, Martha C. *The Fragility of Goodness*. Cambridge University Press, 1986.

Onimus, Jean. *Essai sur l'émerveillement*. Paris: P.U.F., 1990.

Paglia, Camille. *Sex, Art and American Culture*. Vintage Books, 1992.

Plaza, Monique. *Ecriture et Folie*. Paris: PUF, 1986.

Quillet, Pierre. *Bachelard*. Paris: Seghers, 1964.

Rich, Adrienne. *Of Woman Born: Motherhood as Experience and Institution*. New York: W.W. Norton, 1986.

Serhane, Abdelhak. *Le Soleil des obscurs*. Paris: Seuil, 1992.

____. *Les Enfants des rues étroites*. Paris: Seuil, 1986.

____. *Messaouda*. Paris: Seuil, 1983.

Walker, Barbara. *The Women's Encyclopedia of Myths and Secrets*. New York: Harper Collins, 1983.

Woledge, Brian, Geoffrey Brereton and Anthony Hartley. *The Penguin Book of French verse*. Middlesex, England: The Penguin Books, 1961.

Yourcenar, Marguerite. *L'Oeuvre au noir*. Paris: Gallimard, 1968, Folio, n. 798.

Zerdoumi, Nefissa. *Enfants d'hier*. Paris: Maspéro, 1970.

NOTES BIOGRAPHIQUES

Marianne Bosshard détient un doctorat en français et une maîtrise en allemand de l'Université de Maryland (1988). Elle est professeur adjoint à "The United States Naval Academy"(MD). Ses recherches et publications ont porté sur Chantal Chawaf, Nathalie Sarraute, Madame de Sévigné, Annie Cohen et Françoise Chandernagor. Elle termine actuellement un livre sur Chantal Chawaf: "Evolution d'une éthique littéraire".

Ahmed Bouguarche est détenteur d'un doctorat en littérature française et maghrébine d'expression française de l'Université de Wisconsin (1993). Il enseigne le français et la littérature francophone dans le département des langues étrangères à l'Université de Frostburg (MD). Ses recherches portent sur Assia Djebar, Albert Camus et la critique sociologique du roman algérien post-moderne.

Noëlle Carruggi détient un doctorat en littérature française contemporaine de l'Université de New York (1993). Sa thèse intitulée "Marguerite Duras, une expérience intérieure 'le gommage de l'être en faveur du tout'" paraîtra prochainement chez Peter Lang Publishing. Noëlle Carruggi enseigne la langue et la littérature françaises à "New York University", C.U.N.Y. et "the New School for Social Research".

Armelle Crouzières-Ingenthron termine sa thèse de doctorat en littérature française à Boston College sur "le moi et l'autre dans les romans de Rachid Boudjedra". Ses recherches ont porté sur Rachid Boudjedra, Albert Camus, Anne Hébert et Emile Zola. Armelle Crouzières-Ingenthron a également publié des articles sur Nina Bouraoui et Emile Zola.

Véronique Fava, après une maîtrise en animation culturelle et sociale, ("L'Exposition temporaire au musée"), a fait une licence en histoire d'art moderne et contemporain et un DEA en sociologie de l'information et de la communication portant sur "Publicité et Art". Elle poursuit actuellement un doctorat en sociologie de l'information et de la communication. Véronique Fava a publié des articles dans le périodique *Communication et Langages* et dans *Actes du Séminaire. "Ecrit, Image, Oral et Nouvelles Technologies"*, UFR Sciences Sociales, Paris VII.

Anne-Marie Gronhovd est professeur associé à "Gustavus Adolphus College" (St Peter, Minnesota). Depuis 1988, elle est détenteur d'un doctorat en littérature française de l'Université du Minnesota. En 1989, Marianne Bosshard a été titulaire d'une bourse "National Endowment for the Humanities" pour un séminaire d'été sur "La question du post-modernisme: texte, contexte, théorie". Elle a également publié de nombreux articles sur Proust, André Breton, Marguerite Duras et Madeleine Monette ainsi qu'un essai intitulé "Writing the Woman-Subject: Marguerite Duras, from Theory to Fiction" dans *International Women's Writing: New Landscapes of Self* (Greenwood Press, 1994).

Yolande Helm détient un doctorat en littérature française contemporaine de l'Université de PennState (1989). Sa thèse intitulée "La Fonction dialogique dans quatre textes 'autobiographiques' de Colette: *Les Vrilles de la vigne* (1908); *La Maison de Claudine* (1922); *La Naissance du jour* (1928) et *Sido* (1930)" a été dirigée par Christiane Makward. Yolande Helm est professeur adjoint à Hope College (MI) où elle enseigne le français et la littérature francophone. Ses recherches et publications portent sur la littérature féminine francophone et en particulier sur les Lettres Belges d'expression française. Elle a réuni et présenté les essais du présent recueil et prépare actuellement une biographie littéraire sur Marie Gevers.

Christiane Makward, professeur associé à PennState University, a enseigné en Afrique occidentale et aux Etats-Unis. Elle est spécialiste de littérature contemporaine et d'études féminines francophones. Rédactrice de BREFF (1976-1983) et de BFF-*Présence Francophone*, auteur de nombreux articles, co-auteur de *Women's Drama from the French, Corinna Bille: Le Vrai Conte de ma vie* et d'un *Dictionnaire des femmes de langue française* avec Madeleine Hage (à paraître). Elle prépare une monographie sur Mayotte Capécia.

Bénédicte Mauguière est professeure adjointe en Etudes francophones et canadiennes à l'Université de "Southwestern Louisiana" (Lafayette) depuis 1990. Elle a fait ses études doctorales à l'Université de Montréal et à la Sorbonne avec une thèse sur l'écriture contemporaine des femmes au Québec. Ses recherches ont été subventionnées par le Ministère de la recherche en France sur la littérature québécoise dans des revues spécialisées en France, au Canada et aux Etats-Unis.

Ellen Munley est chef du département de langues étrangères et de littérature à Regis College et professeur associé de français et de littérature comparée (Weston, MA). Elle est également co-directrice du programme de "Women Studies". Elle est spécialiste en littérature contemporaine (française, américaine) et ses centres d'intérêt en recherche sont concentrés dans le domaine du cinéma et des auteures francophones des Antilles, du Québec et du Maghreb. Elle a publié des articles sur Maryse Condé, Anne Hébert et Nathalie Sarraute. Ellen Munley prépare actuellement un livre sur Maryse Condé.

Joseph Ndinda est détenteur d'un doctorat en littératures et civilisations négro-africaines de l'Université de Yaoundé. Il est enseignant permanent à l'Université de Daoula (Cameroun) où il poursuit parallèlement des recherches centrées sur le phénomène idéologique en rapport avec l'écriture romanesque.

Colette Nys-Mazure, écrivaine et critique belge, Colette Nys-Mazure est l'auteur de nombreux recueils de poèmes. A partir du prix Froissart pour *La Vie à foison* (1975), les recueils de poèmes se sont succédés. Elle a obtenu le prix Charles Plisnier pour *Pénétrance* (1981) et le Grand Prix de Poésie pour la Jeunesse de Paris pour *Haute Enfance* (1990). Le dernier recueil est *Arpents sauvages* (Rougerie 1993). Colette Nys-Mazure a participé à de nombreuses anthologies poétiques et publié un essai commandé par les Editions Labor *Suzanne Lilar* (Collection Un Livre, Une Oeuvre, 1992). Elle collabore également à différents journaux et revues tant en France qu'en Belgique.

Irène Pagès est professeur associé à l'Université de Guelph où elle enseigne des cours sur la théorie féministe française et la littérature contemporaine. Elle a publié des articles sur Simone de Beauvoir, Marguerite Duras et Luce Irigaray. Irène Pagès est co-auteure du recueil d'essais *Féminité, Subversion, Ecriture* (Remue-Ménage 1983) et de *Marguerite Duras: dans les trous du discours* (APFUCC 1987).

Hélène Sanko a fait ses études à la Sorbonne (Licence ès Lettres) et à l'Ecole Nationale des Langues Orientales Vivantes; aux Etats-Unis, elle a complété ses études doctorales en langues romanes à l'Université de Case Western Reserve (Cleveland, Ohio). Depuis près de trente ans, elle enseigne la langue et la littérature françaises mais également les cultures slaves, plus particulièrement la culture ukrainienne. Son domaine de recherche et de publication s'étend également au cinéma et à la littérature francophones.

Bettina Soestwohner est née en Allemagne. Elle a fait ses études à Heideilberg, Paris, Tallahassee, Florida et Irvine (Californie) en littérature comparée (français, allemand, philosophie). Depuis 1993, elle enseigne dans le département des langues modernes de "Indiana Northwest" (Gary, Indiana). Ses recherches portent sur des auteurs féminins de l'Afrique francophone. Actuellement, elle travaille sur l'utilisation narrative de la marginalité dans l'oeuvre de Maryse Condé.

Jordan Stump est professeur adjoint de français à l'Université de Nebraska-Lincoln. Il est l'auteur d'articles sur Queneau ("Naming and Forgetting in *Pierrot mon ami*", *International Fiction Review* 1993; "Le voile pervers",

Constructions 1991), Zola ("De la répétition dans *L'Assommoir*", *Chimères* 1986), Sade ("La place du lieu dans *Les Infortunes de la vertu*", *Romance Quarterly* (1992), et Perec ("*Un Homme qui dort* et ses doubles", *French Review* 1994). Jordan Stump vient également de terminer une traduction du triptyque de Marie Redonnet qui paraîtra prochainement aux Presses Universitaires de Nebraska.

Joëlle Vitiello est professeur adjoint à Macalester College (MN) depuis 1990. Elle détient un doctorat de l'Université de Stanford (1990) et une licence ès Lettres de l'Université Paris XIII. Sa recherche porte sur l'épistémologie de l'amitié dans les textes d'écrivaines contemporaines et sur les auteures francophones. Elle a publié *La Vie aux U.S.A.*(Solar, Presses de la Cité, 1991). A paraître: "L'amitié dans les romans d'Andrée Chedid" (*Symposium*), "Ecritures maghrébines et lieux interdits" (*Notre Librairie*, nos 117—118, "Nouvelles écritures féminines"). Joëlle Vitiello co-écrit un livre sur "La Voix, le chant et le cri dans l'oeuvre d'Assia Djebar" et co-édite un recueil d'articles sur la littérature francophone des femmes antillaises.

Évelyne Wilwerth, écrivaine et critique belge née à Spa, en Belgique. Licenciée-agrégée en philologie romane, elle a enseigné le français pendant neuf ans en Belgique, puis a décidé de se consacrer totalement à l'écriture. En tant qu'essayiste, elle a signé *Les femmes dans les livres scolaires* (Bruxelles, Mardaga, 1985; chapitre littérature); Visages de la littérature féminine (Bruxelles, Mardaga, 1987); *Neel Doff* (biographie (Bruxelles, Ed. Bernard Gilson, 1992). Évelyne Wilwerth écrit également de la poésie, des nouvelles, des pièces de théâtre et enfin, des récits pour enfants (e.a. *Mannequin noir dans barque verte* (Montréal, Hurtubise HMH, 1991).

Metka Zupančič est professeur adjointe au département des lettres fançaises à l'Université d'Ottawa. Ses recherches (articles et communications en français, anglais et slovène) portent sur le Nouveau Roman français, la littérature contemporaine des femmes francophones (surtout en France et au

Québec). Elle termine un livre sur *La polyphonie de la structure et du mythe*: *Lectures de Claude Simon*. Metka Zupančič a publié des articles sur Claude Simon, Michel Butor, Anne Hébert, Georges Perec et prépare des articles sur des écrivaines québécoises. Elle a également traduit plusieurs livres vers le slovène (dont deux romans de Claude Simon).

INDEX

TABLE DES MATIÈRES